Leçons de Tawhîd

Al-Qawl Al-Mufîd Fî Adillat At-Tawhîd

Shaykh Muhammad Ibn ᶜAbd Al-Wahhâb
Ibn ᶜAlî Al-Yamanî Al-Wusâbî Al-ᶜAbdalî

Préface

Shaykh Muqbil Ibn Hâdî Al-Wâdiᶜî
Shaykh Ahmad Ibn Yahyâ An-Najmî

éditions
TAWBAH

Traduction : Samîr Ibn ᶜAbd Al-Majîd Abû Bilâl
Relecture : Bureau des traductions des éditions Tawbah

1ère édition

Editions Tawbah

www.tawbah.fr

Email: salafs@gmail.com

ISBN : 978-2-916457-15-4
Dépôt légal : 08/2008

بسم الله الرحمن الرحيم

بسم الله الرحمن الرحيم

الحمد لله رب العالمين والصلاة والسلام على نبينا
محمد وعلى آله وصحبه أجمعين.

أما بعد:

فقد أذنت للأخ الفاضل / سمير بن عبد المجيد أبي بلال
ترجمة كتابي « القول المفيد في أدلة التوحيد » إلى اللغة
الفرنسية، وذلك ليعم الخير جميع المسلمين وخاصة
هذا العلم العظيم النافع علم التوحيد والعقيدة الذي يجب
على كل مسلم أن يتعلمه حتى يعبد الله على علم وبصيرة
كما قال تعالى: « ولقد بعثنا في كل أمة رسولاً أن اعبدوا الله
واجتنبوا الطاغوت فمنهم من هدى الله ومنهم من
حقت عليه الضلالة » النحل: ٢٦

وكما قال النبي صلى الله عليه وعلى آله وسلم لمعاذ بن جبل لما بعثه
إلى اليمن: « إنك تقدم قوماً من أهل الكتاب فليكن أول ما تدعوهم
إلى أن يوحدوا الله تعالى » متفق عليه واللفظ للبخاري.

فنسأل الله تعالى أن ينفع به الإسلام والمسلمين
وأن يرزقنا الإخلاص في القول والعمل.

وصلى الله على نبينا محمد وعلى آله وصحبه وسلم

أبو إبراهيم محمد بن عبد الوهاب الوصابي

١٣/٦/١٤٢٦هـ.

بسم الله الرحمن الرحيم

Louange à Allah, Seigneur des mondes, et que les éloges et le salut d'Allah soient sur notre Prophète Muhammad, sa famille et ses compagnons. Ceci étant :

J'ai donné l'autorisation au frère Samîr Ibn ʿAbd Al-Majîd Abû Bilâl de traduire mon livre « *Al-Qawl Al-Mufîd Fî-Adillat At-Tawhîd* » en langue française afin que le bien qu'il recèle s'étende à tous les musulmans, et surtout en raison du fait qu'il traite de cette science importante et bénéfique qu'est la connaissance du *Tawhîd* (l'unicité) et de la *ʿaqîdah* (la croyance), qu'il est obligatoire à tout musulman d'apprendre afin d'adorer Allah avec science et clairvoyance. Conformément à ce qu'Allah ﷻ dit :

وَلَقَدْ بَعَثْنَا فِي كُلِّ أُمَّةٍ رَسُولًا أَنِ اعْبُدُوا اللَّهَ وَاجْتَنِبُوا الطَّاغُوتَ ۖ فَمِنْهُم مَّنْ
هَدَى اللَّهُ وَمِنْهُم مَّنْ حَقَّتْ عَلَيْهِ الضَّلَالَةُ ۚ فَسِيرُوا فِي الْأَرْضِ فَانظُرُوا كَيْفَ
كَانَ عَاقِبَةُ الْمُكَذِّبِينَ ﴿٣٦﴾

« Nous avons envoyé dans chaque communauté un Messager, [pour leur dire] : ‹Adorez Allah et écartez-vous des fausses divinités (Tâghut). › Alors Allah en guida certains, mais il y en eut qui furent destinés à l'égarement »
An-Nahl, v36

Et comme a dit le Prophète ﷺ à Muʿadh Ibn Jabal lorsqu'il l'envoya au Yémen : « *Tu vas te présenter à un peuple parmi les gens du Livre. La première chose à laquelle tu devras les appeler est de n'adorer qu'Allah (ﷻ).* »[1]

Nous demandons à Allah ﷻ qu'Il en fasse profiter l'Islam et les musulmans et qu'Il nous accorde la sincérité dans nos propos et nos œuvres. Que les éloges et la paix d'Allah soient sur notre Prophète Muhammad, sa famille et ses compagnons.

Abû Ibrâhîm : Muhammad Ibn ʿAbd Al-Wahhâb Al-Wusâbî
Le 3/6/1426 H.

[1] Rapporté par Al-Bukhârî et Muslim, ceci étant la version d'Al-Bukhârî..

Préface du grand savant : Shaykh Muqbil Ibn Hâdî Al-Wâdicî

Au nom d'Allah, le Tout Miséricordieux, le Très Miséricordieux.

Louange à Allah, et que les éloges et le salut d'Allah soient sur le Messager d'Allah (ﷺ), sa famille et ses compagnons. J'atteste qu'il n'y a de divinité digne d'adoration qu'Allah et que Muhammad est Son Serviteur et Messager.

J'ai pris connaissance du livre du cher frère Abû Ibrâhîm Muhammad Ibn cAbd Al-Wahhâb Al-Wusâbî intitulé « *Al-Qawl Al-Mufîd Fî-Adillat At-Tawhîd* ». J'ai par la suite adressé mes louanges à Allah qui a suscité parmi nous des savants Yéménites qui se chargent – comme Allah l'a imposé – de propager le *Tawhîd* dans notre communauté yéménite dont le Prophète ﷺ a fait l'éloge en disant : « *La foi est yéménite, et la sagesse est yéménite* ». [Rapporté par Al-Bukhârî et Muslim.] Et il a invoqué Allah en sa faveur en disant : « *Ô Seigneur ! Accorde-nous Ta bénédiction dans notre Shâm*[1] *et notre Yémen* », trois fois. Et à chaque fois les gens du Najd[2] disaient : et notre Nadj, ô messager d'Allah ? Il dit : « *(Là-bas c'est le pays) des secousses et des subversions, et de ce côté se lèvera la corne du Diable.* »[3]

Lorsque j'ai pris connaissance de ce livre, je me suis souvenu de la parole de celui qui a dit (en vers) :

La domination des innovateurs n'est plus
Leur force s'est affaiblie jusqu'à disparaître
La dispersion de leur groupe a eu pour conséquence
De disperser celui que le Diable avait réuni

C'est avec beaucoup d'optimisme que j'ai pu constater la déroute des innovations et des innovateurs. Le bien s'est répandu et la Sunna prédomine désormais au Yémen en confirmation de la parole du Messager d'Allah ﷺ : « *...et je trouve le soulagement provenant de votre Seigneur du côté du Yémen.* »[4]

---

[1] Région englobant la Syrie, la Jordanie et la Palestine actuelle [NdT]

[2] La région du Najd mentionnée ici désigne l'Irak [NdT]

[3] Rapporté par Al-Bukhârî d'après Ibn cUmar.

[4] Rapporté par Ahmad 2/541

Ce livre est digne d'être enseigné aux étudiants dans les écoles en raison du grand bien qu'il contient. De taille modeste, il recèle cependant des enseignements grandement bénéfiques. Qu'Allah bénisse les efforts du frère Muhammad Ibn cAbd Al-Wahhâb Al-Wusâbî qui s'est chargé de cette éminente tâche. Je demande à Allah de lui accorder la réussite dans la poursuite du chemin menant au salut des sociétés contre les fabulations qui les ont affaiblies.

Et je conseille à tous les savants de la Sunna au Yémen de multiplier leurs efforts pour répandre la science par le biais de la publication des livres et la diffusion des discours.

Par la grâce d'Allah, ce livre a déjà été très profitable aux étudiants et a été inclus dans le programme de beaucoup d'écoles de la Sunna. Et il est d'ailleurs rare de trouver un *Sunnî* qui ne possède pas cet ouvrage chez lui. Qu'Allah rétribue notre frère Abû Ibrâhîm en bien, le récompense, et qu'il en fasse un élément bénéfique pour l'Islam et les musulmans.

En ce qui concerne Abû Ibrâhîm : il s'agit du Shaykh Muhammad Ibn cAbd Al-Wahhâb Al-Wusâbî Al-cAbdalî, qui se charge d'enseigner, d'appeler à la voie d'Allah et de composer des ouvrages. Allah lui a accordé patience et endurance dans le regroupement des voies des hadiths et leur assimilation. Il peut par conséquent juger comme il se doit de l'authenticité ou de la faiblesse d'un hadith. Comme l'a dit Ibn Al-Madînî : « Si, du hadith, toutes les voies ne sont pas regroupées, son inexactitude n'apparaît pas ».

L'ascétisme de notre frère Abû Ibrâhîm - qu'Allah le protège dans ce bas monde - et son dévouement pour la science et l'enseignement l'ont aidé à être assidu dans l'étude de la science et sa propagation, au point de devenir - qu'Allah le protège - une référence aux propos et fatwas duquel on peut se fier. Cela fait partie de la grâce qu'Allah lui a accordée, et la grâce en cela n'appartient qu'à Allah Seul.

Parmi ce qui le caractérise :

1 - Un amour fort pour la Sunna.

2 - L'importance qu'il accorde à la croyance (*Al-cAqîdah*).

3 - Une compréhension saine lui permettant de déduire de bénéfiques enseignements [des textes religieux]

4 - Sa forte hostilité envers le détestable esprit de parti (*Hizbiyyah*) qui a divisé les rangs des musulmans.

5 - Si la vérité lui apparaît, il s'y raccroche à pleines dents et ne prête aucune attention à ceux qui s'y opposent, qui qu'ils soient. Et c'est ainsi que doivent être les gens de science.

6 - Son amour fort pour les gens de la Sunna et son inimitié envers les innovateurs.

7 - L'humilité, la douceur, la patience et l'amabilité qu'Allah lui a accordées, tant et si bien qu'il est aimé des étudiants en science et de l'ensemble des gens.

Je demande à Allah que nous soyons, ainsi que lui, profitables à l'Islam et aux musulmans. Il est certes Capable de toutes choses.

Écrit par Abû ᶜAbd Ar-Rahmân Muqbil Ibn Hâdî Al-Wâdiᶜî

Préface du grand savant : Ahmad Ibn Yahyâ An-Najmî Mufti de la région de Jîzân

Au nom d'Allah, le Tout Miséricordieux, le Très Miséricordieux.

Louange à Allah, et que le les éloges et le salut d'Allah soient sur le Messager d'Allah, sa famille et ses compagnons.

Un signe évident de réussite réside dans l'importance et le soin qu'accorde l'étudiant à la croyance (*Al-ᶜAqîdah*), qu'il puise de sa source pure et munificente, le Livre d'Allah et la Sunna de Son Messager (ﷺ) selon la compréhension qu'avaient les pieux prédécesseurs (*As-Salaf As-Sâlih*) de la législation d'Allah (ﷻ). Ceci est particulièrement vrai quand la personne veille avec attention à appeler les gens à la vérité, selon tous les procédés de la prédication (*Daᶜwah*) comme l'enseignement, la composition d'ouvrages, les conférences…

Le noble savant (*Al-ᶜÂlim*) Shaykh Muhammad Ibn ᶜAbd Al-Wahhâb Al-ᶜAbdalî Al-Wusâbî Al-Yamanî m'a envoyé son livre intitulé « *Al-Qawl Al-Mufîd Fî-Adillat At-Tawhîd* ». Après en avoir pris connaissance, j'ai trouvé qu'il y a exposé la croyance de l'Islam, celle avec laquelle Allah a envoyé tous les messagers. Il a commencé par l'Unicité (*At-Tawhîd*) en éclaircissant ses différentes parties, ainsi que ce qui s'y oppose qu'il s'agisse de polythéisme majeur ou mineur. Il a aussi exposé la croyance des gens de la Sunna concernant la foi (*Al-Imân*) et le fait qu'elle augmente et diminue, la mécréance (*Al-Kufr*) et ses différentes sous catégories, l'hypocrisie (*An-Nifâq*) et ses différentes subdivisions, celles d'entre elles qui font sortir de l'Islam entraînant ainsi l'éternité en Enfer, et ce qui n'est pas de la sorte. Il a également montré ce qu'est la Sunna, l'innovation dans la religion (*Al-Bidᶜah*) et ses différentes ramifications.

Il a éclairci tout cela - qu'Allah lui accorde le succès - avec les preuves adéquates recherchant la brièveté, sans pour autant comporter de lacunes, afin que son livre soit simple à aborder et à comprendre. Qu'Allah le récompense et lui accorde Sa bénédiction, et qu'Il multiplie ses semblables.

Que les éloges et le salut soient sur le Messager d'Allah, sa famille et ses compagnons.

Ecrit par Shaykh Ahmad Ibn Yahyâ An-Najmî
le 8/6/1421H.

Préface de la quatrième édition

Au nom d'Allah, le Tout Miséricordieux, le Très Miséricordieux.

Louange à Allah, Seigneur des mondes, la bonne issue étant pour ceux qui craignent Allah et nulle oppression sauf pour les injustes. Que les éloges et le salut d'Allah soient sur celui qu'Il a envoyé en tant que miséricorde pour les mondes, notre Prophète Muhammad, et sa famille.

Ceci est la quatrième édition du livre « *Al-Qawl Al-Mufîd Fî-Adillat At-Tawhîd* » que je préface afin qu'il soit publié après l'épuisement de l'ancienne édition.

Je demande à Allah, le Noble et le Grand, par Ses noms et attributs, qu'Il fasse que cette œuvre soit faite exclusivement pour Son noble Visage, par Sa grâce et Sa générosité. Et qu'Il en fasse profiter tous les musulmans, d'est en ouest. Allah entend certes les invocations.

Il convient de savoir que j'ai réorganisé, supprimé et ajouté certaines choses en fonction des situations.

Je demande à Allah qu'Il m'accorde, ainsi qu'à mes frères croyants, la science bénéfique et les œuvres pieuses, qu'Il nous accorde le Paradis et nous sauve de l'Enfer. Que les éloges et le salut d'Allah soient sur notre Prophète Muhammad et sa famille.

Yémen, le 1/1/1411H. Ecrit par Abû Ibrâhîm
Shaykh Muhammad Ibn cAbd Al-Wahhâb Al-Wusâbî

Préface de la septième édition

Au nom d'Allah, le Tout Miséricordieux, le Très Miséricordieux.

Louange à Allah, et que les éloges et le salut d'Allah soient sur le Messager d'Allah, sa famille et ses compagnons.

Voici la préface de la septième édition du livre « *Al-Qawl Al-Mufîd Fî-Adillat At-Tawhîd* », authentifiée, révisée et avec des ajouts. Elle se distingue des autres versions par ce qui suit :

1 - Des chapitres ont été ajoutés et annexés comme :

« L'appel à la voie d'Allah »

« Les gens de la Sunna et du Consensus occupent une place de juste milieu entre les divers groupes innovateurs de la communauté »

« Les gens de la Sunna ne taxent aucune personne parmi les musulmans de mécréance »

« L'être humain a un libre arbitre et est à la fois dirigé (selon son destin) »

Et bien d'autres encore…

2 - On y trouve des authentifications, des annotations et des paroles profitables concernant les sciences du hadith et la croyance méritant que l'on voyage (pour les acquérir), que le lecteur trouvera dans ce livre.

3 - Des paroles concernant la légitimité de l'Unicité de conformité à la Sunna du Prophète (ﷺ) (*Tawhîd Al-Mutâbacah*) qui met mal à l'aise et contrarie beaucoup les adeptes de l'esprit de parti (*Al-Hizbiyyûn*) ainsi que les innovateurs (*Al-Mubtadicûn*).

Dix paroles de savants de la communauté attestant de la légitimité de ce type de *Tawhîd* et l'affirmant ont été rapportées. À leur tête, quelques très grands savants de ce siècle :

- Son éminence, considéré comme notre père spirituel, Shaykh cAbd Al cAzîz Ibn cAbdillah Ibn Bâz, qu'Allah lui fasse miséricorde.

- Le grand savant, spécialiste du hadith de cette époque, Shaykh Muhammad Nâsir Ad-Dîn Al-Albânî, qu'Allah lui fasse miséricorde.

- Le grand savant, spécialiste du hadith, Shaykh Muqbil Ibn Hâdî Al-Wâdicî, qu'Allah lui fasse miséricorde.

4 - L'attrait et le charme de cette version sont aussi dus aux nombreux propos rapportés des livres des savants parmi les gens de la Sunna et du Consensus (*Ahl as-sunna wal jamâcah*) passés et contemporains. Et leurs éclaircissements ont été placés aux endroits appropriés, ce qui conforte la quiétude du lecteur concernant ce qu'il lit, puis ce dont il a la conviction.

5 - Le lecteur trouvera également beaucoup d'autres propos profitables tels des perles éparpillées tout au long de cet ouvrage. Le débutant en a certainement besoin et la personne plus accomplie ne saurait s'en passer. Ces propos ont été sélectionnés parmi les livres qui réjouissent ceux qui unifient Allah (*Al-Muwahhidun*) fidèles à la Sunna. Quant à ceux qui ne se préoccupent que de diffamer les livres des gens de science parmi *Ahl as-sunna wal jamâca* et qui ne regardent la vérité qu'à travers le prisme de leurs passions, alors à ceux-là je souhaite, ainsi qu'à moi, d'être guidés, ainsi qu'à tous les musulmans.

Que les éloges et le salut d'Allah soient sur notre Prophète Muhammad et sa famille.

Ecrit par Shaykh Muhammad Ibn cAbd Al-Wahhâb Al-Wusâbî,
à Hudaydah, le 12/5/1421H.

Leçon 1 :
Le sens de « *Lâ ilâha illa Allah* »

Son sens est : Il n'y a de divinité digne d'adoration qu'Allah, et si autre qu'Allah est adoré, cette adoration est alors vaine.

Allah ﷻ dit :

ذَٰلِكَ بِأَنَّ ٱللَّهَ هُوَ ٱلْحَقُّ وَأَنَّ مَا يَدْعُونَ مِن دُونِهِ ٱلْبَٰطِلُ وَأَنَّ ٱللَّهَ هُوَ ٱلْعَلِيُّ ٱلْكَبِيرُ

« ***C'est ainsi qu'Allah est Lui le Vrai, alors que ce qu'ils invoquent en dehors de Lui est le faux ; c'est Allah qui est le Sublime, le Grand.*** »[1]

فَٱعْلَمْ أَنَّهُۥ لَآ إِلَٰهَ إِلَّا ٱللَّهُ

« ***Sache donc qu'en vérité, il n'y a de divinité (digne d'adoration) qu'Allah.*** »[2]

[1] Sourates *Al-Hajj,* v.62 *et Luqmân,* v.30.
[2] Sourate *Muhammad,* v.19.

Leçon 2 : Les conditions de l'attestation qu'il n'y a de divinité digne d'adoration qu'Allah (*Lâ ilâha illa Allah*)

Première condition :

La connaissance du sens de cette attestation avec la négation et l'affirmation qu'elle comprend[1], qui exclut l'ignorance.

Allah ﷻ dit :

فَاعْلَمْ أَنَّهُ لَا إِلَٰهَ إِلَّا اللَّهُ

« ***Sache donc qu'en vérité, il n'y a de divinité (digne d'adoration) qu'Allah.*** »[2]

• D'après ᶜUthmân Ibn ᶜAffân (ﷺ), le Prophète (ﷺ) a dit : « *Quiconque meurt en sachant qu'il n'y a de divinité digne d'adoration qu'Allah (Lâ ilâha illa Allah) entre au Paradis.* »[3]

Deuxième condition :

La certitude qui exclut le doute.

Celui qui prononce cette attestation doit être totalement convaincu par sa signification. Car seule la science certaine est utile à la foi, et non les conjonctures. Qu'en est-il donc si des doutes s'immiscent dans la foi ? Allah (ﷻ) dit :

إِنَّمَا الْمُؤْمِنُونَ الَّذِينَ آمَنُوا بِاللَّهِ وَرَسُولِهِ ثُمَّ لَمْ يَرْتَابُوا وَجَاهَدُوا بِأَمْوَالِهِمْ وَأَنفُسِهِمْ

فِي سَبِيلِ اللَّهِ ۚ أُولَٰئِكَ هُمُ الصَّادِقُونَ ﴿١٥﴾

« ***Les vrais croyants sont seulement ceux qui croient en Allah et en Son messager, qui par la suite ne doutent point et qui luttent avec leurs biens et leurs personnes dans le chemin d'Allah. Ceux-là sont les véridiques.*** »[4]

---

[1] NdT : - La négation « *la ilâha* » [il n'y a de divinité (digne d'adoration…)] : renie tout ce qui est adoré en dehors d'Allah.
- L'affirmation « *illa Allah* » […qu'Allah] : affirme l'adoration d'Allah Seul, sans aucun associé.

[2] Sourate *Mu*h*ammad,* v.19.

[3] Rapporté par Muslim n°26.

[4] Sourate ***Al-*H*ujurât,*** v.15.

Allah a stipulé comme condition à la véracité de leur foi en Allah et en Son messager de ne pas douter. Quant à celui qui doute, il fait partie des hypocrites, qu'Allah nous protège de l'hypocrisie. Allah (ﷻ) dit d'eux :

إِنَّمَا يَسْتَـْٔذِنُكَ ٱلَّذِينَ لَا يُؤْمِنُونَ بِٱللَّهِ وَٱلْيَوْمِ ٱلْـَٔاخِرِ وَٱرْتَابَتْ قُلُوبُهُمْ فَهُمْ فِى رَيْبِهِمْ يَتَرَدَّدُونَ ﴿٤٥﴾

« ***Ne te demandent permission que ceux qui ne croient pas en Allah et au Jour dernier, et dont les coeurs sont emplis de doute. Ils ne font qu'hésiter dans leur incertitude.*** »[1]

- D'après Abû Hurayrah ﷺ, le Prophète ﷺ a dit : « *Annonce la bonne nouvelle du Paradis à quiconque tu trouveras derrière ce mur attestant qu'il n'y a de divinité digne d'adoration qu'Allah (Lâ ilâha illa Allah), le cœur convaincu.* »[2]

Allah a stipulé comme condition à l'entrée au paradis de celui qui prononce cette attestation d'en avoir la totale certitude dans son cœur, de ne pas en douter. Or si une condition n'est pas respectée, ce qui s'y rattache (ici, l'entrée au Paradis) n'est pas accordé.

Troisième condition :

L'acceptation de ce qu'implique cette attestation avec le cœur et la langue, excluant le rejet.

Allah ﷻ dit :

إِنَّهُمْ كَانُوٓا۟ إِذَا قِيلَ لَهُمْ لَآ إِلَٰهَ إِلَّا ٱللَّهُ يَسْتَكْبِرُونَ ﴿٣٥﴾ وَيَقُولُونَ أَئِنَّا لَتَارِكُوٓا۟ ءَالِهَتِنَا لِشَاعِرٍ مَّجْنُونٍۭ ﴿٣٦﴾

« ***Quand on leur disait : « Point de divinité (digne d'adoration) qu'Allah », ils s'enflaient d'orgueil et disaient : « Allons-nous abandonner nos divinités pour un poète fou ? » »***[3]

- D'après Abû Mûsâ Al-Ashᶜarî (ﷺ), le Prophète (ﷺ) a dit : « ... *Telle est la parabole de celui qui est instruit dans la religion d'Allah et qui tire profit du (Message) avec lequel Allah m'a envoyé ; ainsi, il apprend et enseigne. C'est la parabole aussi de celui qui se détourne (de mon Message) en refusant la droiture d'Allah avec laquelle je suis envoyé.* »[4]

---

[1] Sourate *At-Tawbah*, v45.
[2] Rapporté par Muslim n°31.
[3] Sourate *As-Sâfât*, v.35-36.
[4] Rapporté par Al-Bukhârî n°79 et Muslim n°2282.

Quatrième condition :

La soumission et l'assujettissement à ce qu'indique cette attestation, excluant le délaissement.

Allah ﷻ dit :

وَمَن يُسْلِمْ وَجْهَهُۥٓ إِلَى ٱللَّهِ وَهُوَ مُحْسِنٌ فَقَدِ ٱسْتَمْسَكَ بِٱلْعُرْوَةِ ٱلْوُثْقَىٰ ۗ وَإِلَى ٱللَّهِ عَٰقِبَةُ ٱلْأُمُورِ ﴿٢٢﴾

« ***Et quiconque soumet son être à Allah, tout en étant bienfaisant, s'accroche certes à l'anse la plus ferme.*** »[1]

- Le sens de « ***soumet son être*** » est : Lui obéit.

- Et celui de « ***tout en étant bienfaisant*** » est : en unifiant Allah.

- Et « ***l'anse la plus ferme*** » est : *Lâ ilâha illa Allah* (il n'y a de divinité digne d'adoration qu'Allah).

Et Allah ﷻ dit :

وَأَنِيبُوٓا۟ إِلَىٰ رَبِّكُمْ وَأَسْلِمُوا۟ لَهُۥ مِن قَبْلِ أَن يَأْتِيَكُمُ ٱلْعَذَابُ ثُمَّ لَا تُنصَرُونَ

« ***Et revenez repentant à votre Seigneur, et soumettez-vous à Lui, avant que ne vous vienne le châtiment et vous ne recevrez alors aucun secours.*** »[2]

- cAbd Allah Ibn cAmr rapporte un hadith remontant au Prophète (ﷺ) : « *Aucun de vous ne sera totalement croyant tant que ses penchants ne se conformeront pas au message avec lequel je suis venu.* »[3]

Cinquième condition :

La véracité qui exclut le mensonge.

La personne doit prononcer cette attestation en toute véracité, le cœur convaincu de la justesse de cette parole. Mais si elle la dit avec sa langue alors que son cœur n'en atteste pas, elle est alors hypocrite et menteuse.

Allah ﷻ dit :

---

[1] Sourate *Luqmân*, v.22.

[2] Sourate *Az-Zumar*, v.54.

[3] NdT. : Certains savants considèrent ce hadîth comme étant faible (*dacîf*) alors que d'autres non. Le Shaykh fait partie de ces derniers car il le considère comme étant bon (*hasan*) et a expliqué ses raisons. Nous ne citerons pas tout cela pour des raisons de simplification.

الٓمٓ ﴿١﴾ أَحَسِبَ ٱلنَّاسُ أَن يُتْرَكُوٓا۟ أَن يَقُولُوٓا۟ ءَامَنَّا وَهُمْ لَا يُفْتَنُونَ ﴿٢﴾ وَلَقَدْ فَتَنَّا ٱلَّذِينَ مِن
قَبْلِهِمْ ۖ فَلَيَعْلَمَنَّ ٱللَّهُ ٱلَّذِينَ صَدَقُوا۟ وَلَيَعْلَمَنَّ ٱلْكَـٰذِبِينَ ﴿٣﴾

« Alif, Lam, Mim. Est-ce que les gens pensent qu'on les laissera dire: ‹Nous croyons !› sans les éprouver ? Certes, Nous avons éprouvé ceux qui ont vécu avant eux ; [Ainsi] Allah connaît ceux qui disent la vérité et ceux qui mentent. »[1]

Et Allah (ﷻ) dit :

وَمِنَ ٱلنَّاسِ مَن يَقُولُ ءَامَنَّا بِٱللَّهِ وَبِٱلْيَوْمِ ٱلْـَٔاخِرِ وَمَا هُم بِمُؤْمِنِينَ ﴿٨﴾ يُخَـٰدِعُونَ ٱللَّهَ وَٱلَّذِينَ
ءَامَنُوا۟ وَمَا يَخْدَعُونَ إِلَّآ أَنفُسَهُمْ وَمَا يَشْعُرُونَ ﴿٩﴾ فِى قُلُوبِهِم مَّرَضٌ فَزَادَهُمُ ٱللَّهُ مَرَضًا ۖ
وَلَهُمْ عَذَابٌ أَلِيمٌۢ بِمَا كَانُوا۟ يَكْذِبُونَ ﴿١٠﴾

« Parmi les gens, il y a ceux qui disent : « Nous croyons en Allah et au Jour dernier ! » tandis qu'en fait, ils n'y croient pas. Ils cherchent à tromper Allah et les croyants ; mais ils ne trompent qu'eux-mêmes, et ils ne s'en rendent pas compte. Il y a dans leurs coeurs une maladie (de doute et d'hypocrisie), et Allah laisse croître leur maladie. Ils auront un châtiment douloureux pour avoir menti. »[2]

- D'après Anas (ﷺ), le Prophète (ﷺ) a dit : « *Allah a interdit le Feu à toute personne attestant véridiquement du fond du cœur qu'il n'y a de divinité digne d'adoration qu'Allah (Lâ ilâha illa Allah) et que Muhammad est le Messager d'Allah.* »[3]

__Sixième condition__ :

Vouer un culte sincère à Allah (*Al-Ikhlâs*), s'opposant à l'association (*As-Shirk*), à l'hypocrisie (*An-Nifâq*) et au fait d'œuvrer pour être vu (*Ar-Riyâ* : l'ostentation) ou entendu (*As-Sumcâ*).

Al-Ikhlâs consiste à purifier ses œuvres avec une intention saine de toute association qui pourrait les corrompre.

Allah ﷻ dit :

---

1 Sourate ***Al-cAnkabût***, v.1-3.

2 Sourate ***Al-Baqarah***, v.8-10.

3 Rapporté par Al-Bukhârî n°128 et c'est sa version, et Muslim n°32.

فَٱعۡبُدِ ٱللَّهَ مُخۡلِصٗا لَّهُ ٱلدِّينَ

« *Adore donc Allah en Lui vouant un culte exclusif.* »[1]

وَمَآ أُمِرُوٓاْ إِلَّا لِيَعۡبُدُواْ ٱللَّهَ مُخۡلِصِينَ لَهُ ٱلدِّينَ

« ***Il ne leur a été commandé, cependant, que d'adorer Allah, Lui vouant un culte exclusif.*** »[2]

- D'après Abû Hurayrah ﷺ, le Prophète ﷺ a dit : « *Le Jour de la Résurrection, la personne qui se réjouira le plus de mon intercession sera celle qui aura attesté qu'il n'y a de divinité digne d'adoration qu'Allah (Lâ ilâha illa Allah) sincèrement du plus profond de son cœur.* »[3]

- D'après ᶜItbân Ibn Mâlik (ﷺ), le Prophète (ﷺ) a dit : « *Allah a interdit le Feu à toute personne attestant qu'il n'y a de divinité digne d'adoration qu'Allah (Lâ ilâha illa Allah), ne souhaitant par cela que le Visage d'Allah.* »[4]

Septième condition :

L'amour de cette parole primordiale et bénie, de ce qu'elle implique et indique. Ainsi que l'amour de ceux qui œuvrent avec et se conforment à ses conditions, et détester ce qui va à son encontre.

Allah (ﷻ) dit :

وَمِنَ ٱلنَّاسِ مَن يَتَّخِذُ مِن دُونِ ٱللَّهِ أَندَادٗا يُحِبُّونَهُمۡ كَحُبِّ ٱللَّهِۖ وَٱلَّذِينَ ءَامَنُوٓاْ أَشَدُّ حُبّٗا لِّلَّهِۗ وَلَوۡ يَرَى ٱلَّذِينَ ظَلَمُوٓاْ إِذۡ يَرَوۡنَ ٱلۡعَذَابَ أَنَّ ٱلۡقُوَّةَ لِلَّهِ جَمِيعٗا وَأَنَّ ٱللَّهَ شَدِيدُ ٱلۡعَذَابِ

« ***Parmi les hommes, il en est qui prennent, en dehors d'Allah, des égaux à Lui, en les aimant comme on aime Allah. Or les croyants sont les plus ardents en l'amour d'Allah.*** »[5]

يَٰٓأَيُّهَا ٱلَّذِينَ ءَامَنُواْ مَن يَرۡتَدَّ مِنكُمۡ عَن دِينِهِۦ فَسَوۡفَ يَأۡتِي ٱللَّهُ بِقَوۡمٖ يُحِبُّهُمۡ وَيُحِبُّونَهُۥٓ

---

[1] Sourate *Az-Zumar*, v.2.

[2] Sourate ***Al-Bayyinah***, v.5.

[3] Rapporté par Al-Bukhârî n°99.

[4] Rapporté par Al-Bukhârî n°415 et Muslim dans « *Kitâb al-massâjid wa mawâdhiᶜ as-salât* » n°263.

[5] Sourate ***Al-Baqarah***, v.165.

« Ô les croyants ! Quiconque parmi vous apostasie de sa religion... Allah va faire venir un peuple qu'Il aime et qui L'aime. »[1]

- D'après Anas Ibn Mâlik (ﷺ), le Prophète (ﷺ) a dit : « *Celui qui possède ces trois caractéristiques savourera la douceur de la foi : aimer Allah et Son Messager plus que toute chose, n'aimer autrui qu'en vue d'Allah, détester revenir à la mécréance après qu'Allah l'en a sauvé de la même manière qu'on déteste être précipité dans le Feu.* »[2]

Les gens attestant qu'il n'y a de divinité digne d'adoration qu'Allah *(Lâ ilâha illa Allah)* aiment Allah d'un amour sincère. Alors que les gens de l'association (*As-Shirk*) aiment Allah et aiment d'autres avec Lui [3]. Or, cela est en contradiction avec les implications de l'attestation « *Lâ ilâha illa Allah* ».

Huitième condition :

Mécroire aux *Tawâghît* (pl. de *Tâghut*) qui est tout ce qui est adoré en dehors d'Allah[4], ainsi que croire en Allah en tant que Seigneur, Créateur et comme étant le Seul à mériter d'être adoré.

Allah (ﷻ) dit :

لَآ إِكۡرَاهَ فِي ٱلدِّينِۖ قَد تَّبَيَّنَ ٱلرُّشۡدُ مِنَ ٱلۡغَيِّۚ فَمَن يَكۡفُرۡ بِٱلطَّٰغُوتِ وَيُؤۡمِنۢ بِٱللَّهِ
فَقَدِ ٱسۡتَمۡسَكَ بِٱلۡعُرۡوَةِ ٱلۡوُثۡقَىٰ لَا ٱنفِصَامَ لَهَاۗ وَٱللَّهُ سَمِيعٌ عَلِيمٌ ﴿٢٥٦﴾

« Le bon chemin s'est distingué de l'égarement. Donc, quiconque mécroit aux fausses divinités (Tawâghît) tandis qu'il croit en Allah saisit l'anse la plus solide, qui ne peut se briser. Et Allah est Audient et Omniscient. »[5] ***Al-Baqara, v256***

- Târiq Ibn Ashîm (ﷺ) rapporte qu'il a entendu le Prophète (ﷺ) dire : « *Quiconque atteste qu'il n'y a de divinité digne d'adoration qu'Allah (Lâ ilâha illa Allah) et mécroit en tout ce qui est adoré en dehors d'Allah, son sang et ses biens sont sacrés et son jugement appartient à Allah.* »[6]

---

[1] Sourate ***Al-Mâ'idah***, v.54.

[2] Rapporté par Al-Bukhârî n°16 et Muslim n°43.

[3] NdT : C'est-à-dire comme l'amour d'Allah ou plus encore.

[4] NdT : En agréant cette adoration. Ainsi, par exemple, ᶜÎsa (Jésus) ﷺ n'en fait pas partie car il n'a jamais agréé d'être adoré en dehors d'Allah.

[5] Sourate ***Al-Baqarah***, v.256.

[6] Rapporté par Muslim n°23 et Ahmad n°472.

• **Je dis quant à moi** :

L'attestation qu'il n'y a de divinité digne d'adoration qu'Allah (*Lâ ilâha illa Allah*) concilie négation et affirmation :

– La négation « *lâ ilâha* » [il n'y a de divinité (digne d'adoration...)] : renie tout ce qui est adoré en dehors d'Allah.

– L'affirmation « *illa Allah* » [...qu'Allah] : affirme l'adoration d'Allah Seul, sans aucun associé.

Ces huit conditions ont été regroupées dans les vers suivants :

علم يقين و إخلاص و صدقك مع محبة و انقياد و القبول لها

و زيد ثامنها الكفران منك بما سوى الإله من الأشياء قد ألها

Science, certitude, sincérité ainsi que ta véracité avec...
amour, soumission et son acceptation
Ajouter à cela la huitième (condition) qui est le fait que tu renies...
toute chose adorée en dehors d'Allah

Pour plus de détails, il convient de se référer aux conditions de l'attestation « *Lâ ilâha illa Allah* » dans l'ouvrage « *Maᶜârij al-qabûl bi shar<u>h</u> sullam al-wu<u>s</u>ul ila ᶜilm al-u<u>s</u>ul fi-t-taw<u>h</u>îd* » du Shaykh <u>H</u>âfi<u>dh</u> Ibn A<u>h</u>mad <u>H</u>akamî, 2/418-424. Ainsi qu'au second cours de « *Ad-durûs al-muhimma li ᶜâmmati-l-umma* » du Shaykh ᶜAbd Al ᶜAzîz Ibn ᶜAbdillah Ibn Bâz, qu'Allah lui fasse miséricorde.

Leçon 3 :
Les implications de l'attestation qu'il n'y a de divinité digne d'adoration qu'Allah (Lâ ilâha illa Allah)

Les implications de l'attestation qu'il n'y a de divinité digne d'adoration qu'Allah (*Lâ ilâha illa Allah*) sont :

- Délaisser l'adoration de tout ce qui est adoré en dehors d'Allah, et c'est ce qu'indique la négation « *lâ ilâha* » [il n'y a de divinité (digne d'adoration...)].

- Et adorer Allah, Seul, sans aucun associé, et c'est ce qu'indique l'affirmation « *illa Allah* » [...qu'Allah].

Allah (ﷻ) dit :

وَقَضَىٰ رَبُّكَ أَلَّا تَعْبُدُوٓا۟ إِلَّآ إِيَّاهُ

« ***Et ton Seigneur a décrété de n'adorer que Lui.*** »[1]

وَٱعْبُدُوا۟ ٱللَّهَ وَلَا تُشْرِكُوا۟ بِهِۦ شَيْـًٔا

« ***Adorez Allah et ne Lui donnez aucun associé.*** »[2]

[1] Sourate *Al-Isrâ'*, v.23.

[2] Sourate *An-Nisâ'*, v.36.

Leçon 4 :
Le sens de l'attestation que Muhammad est le Messager d'Allah (Muhammad Rasûl Allah)

Son sens est : Nul n'est digne d'être suivi en dehors du Messager d'Allah (ﷺ). Et toute personne suivie sans preuves en dehors du Messager d'Allah (ﷺ) est alors suivie en vain. Allah (ﷻ) dit :

ٱتَّبِعُوا۟ مَآ أُنزِلَ إِلَيْكُم مِّن رَّبِّكُمْ وَلَا تَتَّبِعُوا۟ مِن دُونِهِۦٓ أَوْلِيَآءَ ۗ قَلِيلًا مَّا تَذَكَّرُونَ ﴿٣﴾

« *Suivez ce qui vous a été révélé venant de votre Seigneur et ne suivez pas d'autres alliés que Lui. Mais vous vous souvenez peu.* »[1]

فَلَا وَرَبِّكَ لَا يُؤْمِنُونَ حَتَّىٰ يُحَكِّمُوكَ فِيمَا شَجَرَ بَيْنَهُمْ ثُمَّ لَا يَجِدُوا۟ فِىٓ أَنفُسِهِمْ حَرَجًا مِّمَّا قَضَيْتَ وَيُسَلِّمُوا۟ تَسْلِيمًا ﴿٦٥﴾

« *Non !... Par ton Seigneur ! Ils ne seront pas croyants aussi longtemps qu'ils ne t'auront demandé de juger de leurs disputes et qu'ils n'auront éprouvé nulle angoisse pour ce que tu auras décidé, et qu'ils se soumettent complètement (à ta sentence).* »[2]

وَمَا كَانَ لِمُؤْمِنٍ وَلَا مُؤْمِنَةٍ إِذَا قَضَى ٱللَّهُ وَرَسُولُهُۥٓ أَمْرًا أَن يَكُونَ لَهُمُ ٱلْخِيَرَةُ مِنْ أَمْرِهِمْ ۗ وَمَن يَعْصِ ٱللَّهَ وَرَسُولَهُۥ فَقَدْ ضَلَّ ضَلَٰلًا مُّبِينًا ﴿٣٦﴾

« *Il n'appartient pas à un croyant ou à une croyante, une fois qu'Allah et Son Messager ont décidé d'une chose d'avoir encore le choix dans leur façon d'agir. Et quiconque désobéit à Allah et à Son Messager, s'est égaré certes, d'un égarement évident.* »[3]

[1] Sourate *Al-Acrâf*, v.3.
[2] Sourate *An-Nisâ'*, v.65.
[3] Sourate *Al-Ahzâb*, v.36.

Leçon 5 : Les conditions de l'attestation que Muhammad est le Messager d'Allah (Muhammad Rasûl Allah)

Première condition :

Reconnaître son Message et en avoir la totale conviction dans son cœur.

Deuxième condition :

Prononcer cette attestation et la reconnaître de façon manifeste avec sa langue.

Et la preuve de ces deux conditions réside dans la parole d'Allah :

إِنَّمَا ٱلْمُؤْمِنُونَ ٱلَّذِينَ ءَامَنُوا۟ بِٱللَّهِ وَرَسُولِهِۦ ثُمَّ لَمْ يَرْتَابُوا۟

« *Les vrais croyants sont seulement ceux qui croient en Allah et en Son Messager, et qui par la suite ne doutent point.* »[1]

تِلْكَ ءَايَٰتُ ٱللَّهِ نَتْلُوهَا عَلَيْكَ بِٱلْحَقِّ ۚ وَإِنَّكَ لَمِنَ ٱلْمُرْسَلِينَ ﴿٢٥٢﴾

« ***Voilà les versets d'Allah, que Nous te (Muhammad) récitons avec la vérité. Et tu fais certes partie des Envoyés.*** »[2]

Troisième condition :

Se conformer à la tradition du Prophète ﷺ en oeuvrant avec ce qu'il a apporté comme vérité, et en délaissant ce qu'il a interdit comme choses vaines.

Allah (ﷻ) dit :

قُلْ إِن كُنتُمْ تُحِبُّونَ ٱللَّهَ فَٱتَّبِعُونِى يُحْبِبْكُمُ ٱللَّهُ وَيَغْفِرْ لَكُمْ ذُنُوبَكُمْ ۗ وَٱللَّهُ غَفُورٌ رَّحِيمٌ

« ***Dis : Si vous aimez vraiment Allah, suivez-moi, Allah vous aimera alors et vous pardonnera vos péchés. Allah est Pardonneur et Miséricordieux.*** »[3]

[1] Sourate *Al-Hujurât*, v.15.
[2] Sourate *Al-Baqarah*, v.252.
[3] Sourate *Âl ᶜImrân*, v.31.

وَرَحْمَتِي وَسِعَتْ كُلَّ شَيْءٍ فَسَأَكْتُبُهَا لِلَّذِينَ يَتَّقُونَ وَيُؤْتُونَ الزَّكَوٰةَ وَالَّذِينَ هُم بِـَٔايَـٰتِنَا يُؤْمِنُونَ ﴿١٥٦﴾ الَّذِينَ يَتَّبِعُونَ الرَّسُولَ النَّبِيَّ الْأُمِّيَّ

« *Et Ma miséricorde embrasse toute chose. Je la prescrirai à ceux qui (Me) craignent, acquittent la Zakât, et ont foi en Nos signes. Ceux qui suivent le Messager, le Prophète illettré.* »[1]

فَـَٔامِنُوا۟ بِاللَّهِ وَرَسُولِهِ النَّبِيِّ الْأُمِّيِّ الَّذِي يُؤْمِنُ بِاللَّهِ وَكَلِمَـٰتِهِۦ وَاتَّبِعُوهُ لَعَلَّكُمْ تَهْتَدُونَ

« *Croyez donc en Allah, en Son messager, le Prophète illettré qui croit en Allah et en Ses paroles. Et suivez-le afin que vous soyez bien guidés.* »[2]

<u>*Quatrième condition*</u> :

Considérer véridique ce dont il nous a informé qu'il s'agisse d'ordres, d'interdictions, d'évènements inconnus concernant le passé et l'avenir, ou autre que cela.

Allah (ﷻ) dit :

وَمَآ ءَاتَىٰكُمُ الرَّسُولُ فَخُذُوهُ وَمَا نَهَىٰكُمْ عَنْهُ فَانتَهُوا۟

« *Prenez ce que le Messager vous donne ; et ce qu'il vous interdit, délaissez-le.* »[3]

• D'après Abû Sa^cîd Al-Khudrî (ﷺ), le Prophète (ﷺ) a dit : « *Ne me faîtes-vous donc pas confiance alors que je suis l'homme de confiance (amîn) de Celui qui est au dessus des cieux et dont les nouvelles du ciel me parviennent matin et soir ?* »[4]

<u>*Cinquième condition*</u> :

Aimer le Prophète (ﷺ) plus que notre propre personne, plus que nos biens matériels, nos parents, nos enfants, et plus que l'ensemble des gens.

---

[1] Sourate *Al-A^crâf*, v.156-157.

[2] Sourate *Al-A^crâf*, v.158.

[3] Sourate *Al-Hashr*, v.7.

[4] Rapporté par Al-Bukhârî n°4094 et Muslim n°1064.

- D'après Anas Ibn Mâlik (ﷺ), le Prophète (ﷺ) a dit : « *Aucun de vous ne sera complètement croyant tant que je ne lui serai pas plus cher que son père, ses enfants et tous les gens.* »[1]

- D'après Abû Hurayrah ﷺ, le Prophète ﷺ a dit : « *Par Celui qui détient mon âme dans Sa main, aucun de vous ne sera complètement croyant tant que je ne lui serai pas plus cher que son père et ses enfants.* »[2]

- ᶜAbd Allah Ibn Hishâm (ﷺ) rapporte ceci : « Nous étions avec le Prophète (ﷺ) alors qu'il tenait par la main ᶜUmar Ibn Al-Khattâb. ᶜUmar dit : « Ô messager d'Allah, à part ma propre personne, tu es celui que j'aime plus que toute autre chose ». Le Prophète (ﷺ) dit : « *Non, par Celui qui détient mon âme dans Sa main, [tu ne seras parfaitement croyant] que lorsque tu m'aimeras plus que ta propre personne* ». ᶜUmar dit : « Alors, maintenant : Par Allah, je t'aime plus que ma propre personne ». Le Prophète (ﷺ) dit : « *Maintenant Ô ᶜUmar.* »[3]

Sixième condition :

Faire prévaloir la parole du Prophète ﷺ sur celle de toute autre personne, qui qu'elle soit, et mettre en pratique sa Sunna.

Allah (ﷻ) dit :

يَٰٓأَيُّهَا ٱلَّذِينَ ءَامَنُواْ لَا تُقَدِّمُواْ بَيْنَ يَدَيِ ٱللَّهِ وَرَسُولِهِۦۖ وَٱتَّقُواْ ٱللَّهَۚ إِنَّ ٱللَّهَ سَمِيعٌ عَلِيمٌ ١

« ***Ô vous qui avez cru ! Ne devancez pas Allah et Son messager. Et craignez Allah. Allah est Audient et Omniscient.*** »[4]

Septième condition :

Accorder de l'honneur, de la considération, de l'estime, du respect et de l'importance au Prophète (ﷺ) et à ce que lui a révélé Allah : le Coran et la Sunna authentique. Et cela ne se réalise qu'en œuvrant en conformité avec ces deux sources et en les aimant plus qu'on aime sa propre personne.

Allah ﷻ dit :

إِنَّآ أَرۡسَلۡنَٰكَ شَٰهِدٗا وَمُبَشِّرٗا وَنَذِيرٗا ٨ لِّتُؤۡمِنُواْ بِٱللَّهِ وَرَسُولِهِۦ وَتُعَزِّرُوهُ وَتُوَقِّرُوهُ

[1] Rapporté par Al-Bukhârî n°15 et Muslim n°44.
[2] Rapporté par Al-Bukhârî n°14.
[3] Rapporté par Al-Bukhârî n°6257.
[4] Sourate *Al-Hujurât*, v.1.

« *Nous t'avons envoyé en tant que témoin, annonciateur de la bonne nouvelle et avertisseur, pour que vous croyiez en Allah et en Son Messager, que vous l'honoriez (tu^c^azziruh) et reconnaissiez sa dignité (tuwaqqiruh)...* »[1]

Le sens de « *at-ta^c^zîr* » et « *at-tawqîr* » (dans le verset) :

« ***tu^c^azziruh*** » : Ibn ^c^Abbas a dit, ainsi que d'autres : que vous lui accordiez de la considération.

« ***tuwaqqiruh*** » : vient de *tawqîr* qui est le respect, l'estime, la considération ; comme il est cité dans l'exégèse de Ibn Kathîr en commentaire de ce verset.

[1] Sourate *Al-Fath*, v.8-9.

Leçon 6 :
Les implications de l'attestation que Muhammad est le Messager d'Allah (Muhammad Rasûl Allah)

Elles sont :

- Lui obéir dans ce qu'il a ordonné.

- Considérer véridique ce dont il nous a informé.

- Délaisser ce qu'il a interdit et réprimé.

- N'adorer Allah qu'avec ce que le Prophète ﷺ nous a transmis.

- Et faire prévaloir sa parole sur celle de toute autre personne, qui qu'elle soit.

Pour approfondir la question, se référer aux conditions de l'attestation que Muhammad est le Messager d'Allah et aux implications des deux attestations dans le livre « *kitâb at-tawhîd* » du Shaykh Sâlih Ibn Fawzân al-Fawzân, p.50.

Leçon 7 : Où est Allah ?

Allah (ﷻ) dit :

ٱلرَّحْمَٰنُ عَلَى ٱلْعَرْشِ ٱسْتَوَىٰ ۝٥

« *Le Tout Miséricordieux s'est élevé ‹Istawâ›*[1] *sur le Trône.* »[2]

Et Allah (ﷻ) dit :

ثُمَّ ٱسْتَوَىٰ عَلَى ٱلْعَرْشِ

« *Puis Il s'est élevé ‹Istawâ› sur le Trône.* »

Dans six passages du Coran qui sont :

1- *Al-Acrâf,* v54.
2- *Yûnus,* v3.
3- *Ar-Racd,* v2.
4- *Al-Furqân,* v59.
5- *As-Sajdah,* v4.
6- *Al-Hadîd,* v4.

Et Allah ﷻ dit :

وَهُوَ ٱلْقَاهِرُ فَوْقَ عِبَادِهِۦ

« *C'est Lui le Dominateur Suprême au dessus de Ses serviteurs.* »[3]

Et Allah (ﷻ) dit :

يَخَافُونَ رَبَّهُم مِّن فَوْقِهِمْ وَيَفْعَلُونَ مَا يُؤْمَرُونَ ۩ ۝٥٠

« ***Ils craignent leur Seigneur, au-dessus d'eux, et font ce qui leur est commandé.*** »[4]

---

[1] NdT : *Al-Istiwâ* : c.-à-d. *al-culuw, al-irtifâc, as-sucud* (ces trois termes ayant pour sens l'élévation) et *al-istiqrâr* (l'établissement). Comme l'a cité le Shaykh Muhammad Ibn Sâlih Al-cUthaymîn dans « *Mudhakkirat cala al-caqîda al-Wâssitiyya* » p.36.

[2] Sourate ***Tâ-Hâ***, v.5.

[3] Sourate ***Al-Ancâm***, v.18-61.

[4] Sourate ***An-Nahl***, v.50.

إِلَيْهِ يَصْعَدُ الْكَلِمُ الطَّيِّبُ وَالْعَمَلُ الصَّالِحُ يَرْفَعُهُ

« ***Vers Lui monte la bonne parole, et Il élève haut la bonne action.*** »[1]

• D'après Abû Hurayrah (ﷺ), le Prophète (ﷺ) a dit : « *Lorsqu'Allah eut terminé la création, Il écrivit dans Son Livre qui est auprès de Lui au-dessus du Trône : Ma miséricorde l'emporte sur Ma colère.* »[2]

• D'après Muᶜâwiya Ibn Al-Hakam As-Sulami (ﷺ) : « J'avais une esclave qui s'occupait de mes moutons entre les zones d'*Uhud* et d'*Al-Jawwâniyyah*. Un jour que je vérifiais son travail, j'ai remarqué que le loup en avait dévoré un. Étant un être humain descendant d'Adam, je me suis énervé comme la descendance d'Adam s'énerve et je l'ai giflée. Je suis alors allé voir le Prophète (ﷺ) et lui ai expliqué ce qui s'était passé. Il considéra alors que j'avais commis quelque chose de grave. Je dis : « Ô Messager d'Allah, dois-je l'affranchir ? » Il me répondit : « *Appelle-la.* » Je suis alors parti la chercher. Le Prophète (ﷺ) lui demanda : « *Où est Allah ?* » Elle répondit : « Au-dessus des cieux (*fis-samâ'*). » Il (ﷺ) ajouta : « *Qui suis-je ?* » Elle répondit : « Le Messager d'Allah. » Il (ﷺ) dit alors : « *Affranchis-la, car elle est croyante.* » »[3]

• D'après Abû Saᶜîd Al-Khudrî (ﷺ), le Prophète (ﷺ) a dit : « *Ne me faîtes-vous donc pas confiance alors que je suis l'homme de confiance (amîn) de Celui qui est au dessus des cieux et dont les nouvelles du ciel me parviennent matin et soir ?* »[4]

• **Je dis :** Les hadiths et versets concernant ce chapitre sont très nombreux. Ibn Abî-l-ᶜIzz a ainsi dit dans l'explication du livre « *Al-ᶜAqîdah At-Tahâwiyyah* », p.288 : « *Si toutes les différentes sortes de preuves étaient énoncées une à une, elles atteindraient près de mille (preuves)* ».

• **Je dis :** C'est en raison de l'importance de cette question que les savants passés et contemporains la traitent indépendamment dans leurs ouvrages. Parmi eux, l'Imam Ad-Dhahabî dans son livre « *Al-ᶜUluww lil-ᶜalî al-ghaffâr* ». Se référer pour plus de détails au résumé de ce livre écrit par l'imam dans la science du hadith, Muhammad Nâsir ad-Dîn Al-Albâni, qu'Allah lui fasse miséricorde.

---

[1] Sourate ***Fâtir***, v.10.

[2] Rapporté par Al-Bukhârî dans « *Bad' Al-Khalq* » (4/73), et dans « *At-Tawhîd* » (8/176, 216). Et Muslim dans « *At-Tawbah* » (4/2107).

[3] Rapporté par Muslim dans « *kitâb al-massâjid wa mawâdhiᶜ as-salât* » (1/382).

[4] Rapporté par Al-Bukhârî n°4094 et Muslim n°1064.

Leçon 8 :
Les trois degrés de la religion

Ce sont :

- *Al-Islam (l'Islam).*

- *Al-Imân (la foi).*

- *Al-Ihsân (l'excellence).*

Cette classification est mentionnée dans le hadith rapporté par Muslim dans « *Al-Imân* », 1/36-37 d'après ᶜUmar.

Ainsi, tout *muhsin* [1] est *mu'min* [2] mais la réciproque est fausse. Et tout *mu'min* est *muslim* [3] et la réciproque est fausse.

Et *Al-Ihsân* (l'excellence) est plus spécifique que *Al-Imân* (la foi). Et *Al-Imân* (la foi) est plus spécifique que *Al-Islâm* (l'Islam).

[1] *Muhsin* : nom tiré de *Al-Ihsân* (l'excellence), c'est celui qui excelle dans son adoration.

[2] *Mu'min* : nom tiré de *Al-Imân* (la foi), c'est le croyant.

[3] *Muslim* : nom tiré de *Al-Islâm* (l'Islam), c'est le musulman.

Leçon 9 : Définition de l'Islam

L'*Islam* est la soumission à Allah en n'adorant que Lui, l'assujettissement à Allah en Lui obéissant, et la purification et le désaveu de l'association (*As-Shirk*) et de ses adeptes.

Allah ﷻ dit :

إِنَّ ٱلدِّينَ عِندَ ٱللَّهِ ٱلْإِسْلَٰمُ

« ***Certes, la religion acceptée d'Allah est l'Islam.*** »[1]

وَرَضِيتُ لَكُمُ ٱلْإِسْلَٰمَ دِينًا

« ***Et J'agrée l'Islam comme religion pour vous.*** »[2]

وَأَنِيبُوٓا۟ إِلَىٰ رَبِّكُمْ وَأَسْلِمُوا۟ لَهُۥ مِن قَبْلِ أَن يَأْتِيَكُمُ ٱلْعَذَابُ ثُمَّ لَا تُنصَرُونَ

« ***Et revenez repentant à votre Seigneur, et soumettez-vous à Lui, avant que ne vous vienne le châtiment et vous ne recevrez alors aucun secours.*** »[3]

فَلَا تَمُوتُنَّ إِلَّا وَأَنتُم مُّسْلِمُونَ

« ***Ne mourez donc qu'en Soumis (Muslimûn) (à Allah).*** »[4]

وَلَا تَمُوتُنَّ إِلَّا وَأَنتُم مُّسْلِمُونَ

« ***Et ne mourez qu'en Soumis (Muslimûn) (à Allah).*** »[5]

أَفَغَيْرَ دِينِ ٱللَّهِ يَبْغُونَ وَلَهُۥٓ أَسْلَمَ مَن فِى ٱلسَّمَٰوَٰتِ وَٱلْأَرْضِ طَوْعًا وَكَرْهًا

وَإِلَيْهِ يُرْجَعُونَ ﴿٨٣﴾

1 Sourate *Âl ᶜImrân*, v.19.
2 Sourate *Al-Mâ'idah*, v.3.
3 Sourate *Az-Zumar*, v.54.
4 Sourate *Al-Baqarah*, v.132.
5 Sourate *Âl ᶜImrân*, v.102.

« ***Désirent-ils une autre religion que celle d'Allah, alors que se soumet à Lui, bon gré, mal gré, tout ce qui existe dans les cieux et sur terre, et que c'est vers Lui qu'ils seront ramenés ?*** »[1]

وَمَن يَبْتَغِ غَيْرَ ٱلْإِسْلَٰمِ دِينًا فَلَن يُقْبَلَ مِنْهُ وَهُوَ فِى ٱلْءَاخِرَةِ مِنَ ٱلْخَٰسِرِينَ ﴿٨٥﴾

« ***Et quiconque désire une religion autre que l'Islam, ne sera point agréé, et il sera, dans l'au-delà, parmi les perdants.*** »[2]

[1] Sourate ***Âl cImrân***, v.83.
[2] Sourate ***Âl cImrân***, v.85.

Leçon 10 : Les cinq piliers de l'Islam

- D'après cAbd Allah Ibn cUmar (ﷺ), le Prophète (ﷺ) a dit : « *L'Islam est bâti sur cinq (piliers) : L'attestation qu'il n'y a de divinité digne d'adoration qu'Allah et que Muhammad est le Messager d'Allah, accomplir la Salât (la prière), s'acquitter de la Zakât (l'aumône légale), accomplir le pèlerinage et jeûner le mois de Ramadan.* »[1]

Note : La mention du pèlerinage avant le jeûne est unanimement rapportée par Al-Bukhârî et Muslim. Quant à la mention du jeûne avant le pèlerinage, elle est l'une des deux versions de Muslim.

[1] Al-Bukhârî dans « *Al-Imân* » (1/8), et Muslim également dans « *Al-Imân* » (1/45).

Leçon 11 : Les actes annulant l'Islam sont au nombre de dix

Premier acte annulant l'Islam : As-Shirk, qui est le fait de donner un associé à Allah

Il consiste à ce que la personne mette entre elle et Allah des intermédiaires qu'elle invoque, à qui elle demande l'intercession, en qui elle place sa confiance, auprès desquels elle cherche secours, leur adressant ses vœux et sacrifiant des bêtes en leur nom. C'est aussi le fait de croire que quelqu'un en dehors d'Allah peut repousser le mal ou apporter le bien. La personne ayant cette croyance devient mécréante.

Allah (ﷻ) dit :

إِنَّ ٱللَّهَ لَا يَغْفِرُ أَن يُشْرَكَ بِهِۦ وَيَغْفِرُ مَا دُونَ ذَٰلِكَ لِمَن يَشَآءُ ۚ وَمَن يُشْرِكْ بِٱللَّهِ فَقَدِ ٱفْتَرَىٰٓ إِثْمًا عَظِيمًا

« ***Certes Allah ne pardonne pas qu'on Lui donne quelqu'associé. À part cela, Il pardonne à qui Il veut. Mais quiconque donne à Allah quelqu'associé commet un énorme péché.*** »[1]

إِنَّهُۥ مَن يُشْرِكْ بِٱللَّهِ فَقَدْ حَرَّمَ ٱللَّهُ عَلَيْهِ ٱلْجَنَّةَ وَمَأْوَىٰهُ ٱلنَّارُ ۖ وَمَا لِلظَّٰلِمِينَ مِنْ أَنصَارٍ

« ***Quiconque associe à Allah (d'autres divinités), Allah lui interdit le Paradis ; et son refuge sera le Feu. Et pour les injustes, pas de secoureurs !*** »[2]

Deuxième acte annulant l'Islam:

L'apostasie : c'est sortir de l'Islam de son plein gré au profit du judaïsme, du christianisme, du zoroastrisme[3], du communisme, du ba^{c}thisme, du laïcisme, de la franc-maçonnerie ou toute autre idéologie relevant de la mécréance même si la personne en question prétend être encore de confession musulmane.

Allah (ﷻ) dit :

---

[1] Sourate ***An-Nisâ'***, v.48 et 116.

[2] Sourate ***Al-Mâ'idah***, v.72.

[3] Religion des adorateurs du feu [NdT]

وَلَا يَزَالُونَ يُقَٰتِلُونَكُمْ حَتَّىٰ يَرُدُّوكُمْ عَن دِينِكُمْ إِنِ ٱسْتَطَٰعُوا۟ ۚ وَمَن يَرْتَدِدْ مِنكُمْ عَن دِينِهِۦ فَيَمُتْ وَهُوَ كَافِرٌ فَأُو۟لَٰٓئِكَ حَبِطَتْ أَعْمَٰلُهُمْ فِى ٱلدُّنْيَا وَٱلْءَاخِرَةِ ۖ وَأُو۟لَٰٓئِكَ أَصْحَٰبُ ٱلنَّارِ ۖ هُمْ فِيهَا خَٰلِدُونَ

« Or, ils ne cesseront de vous combattre jusqu'à, s'ils le peuvent, vous détourner de votre religion. Et ceux parmi vous qui abjureront leur religion et mourront infidèles, vaines seront pour eux leurs actions dans la vie immédiate et la vie future. Voilà les gens du Feu: ils y demeureront éternellement. »[1]

يَٰٓأَيُّهَا ٱلَّذِينَ ءَامَنُوا۟ مَن يَرْتَدَّ مِنكُمْ عَن دِينِهِۦ فَسَوْفَ يَأْتِى ٱللَّهُ بِقَوْمٍ يُحِبُّهُمْ وَيُحِبُّونَهُۥٓ أَذِلَّةٍ عَلَى ٱلْمُؤْمِنِينَ أَعِزَّةٍ عَلَى ٱلْكَٰفِرِينَ يُجَٰهِدُونَ فِى سَبِيلِ ٱللَّهِ وَلَا يَخَافُونَ لَوْمَةَ لَآئِمٍ ۚ ذَٰلِكَ فَضْلُ ٱللَّهِ يُؤْتِيهِ مَن يَشَآءُ ۚ وَٱللَّهُ وَٰسِعٌ عَلِيمٌ ﴿٥٤﴾

« Ô les croyants ! Quiconque parmi vous apostasie de sa religion... Allah va faire venir un peuple qu'Il aime et qui L'aime, modeste envers les croyants et fier et puissant envers les mécréants, qui lutte dans le sentier d'Allah, ne craignant aucun blâme. Telle est la grâce d'Allah. Il la donne à qui Il veut. Allah est Immense et Omniscient. »[2]

إِنَّ ٱلَّذِينَ ٱرْتَدُّوا۟ عَلَىٰٓ أَدْبَٰرِهِم مِّنۢ بَعْدِ مَا تَبَيَّنَ لَهُمُ ٱلْهُدَى ۙ ٱلشَّيْطَٰنُ سَوَّلَ لَهُمْ وَأَمْلَىٰ لَهُمْ ﴿٢٥﴾ ذَٰلِكَ بِأَنَّهُمْ قَالُوا۟ لِلَّذِينَ كَرِهُوا۟ مَا نَزَّلَ ٱللَّهُ سَنُطِيعُكُمْ فِى بَعْضِ ٱلْأَمْرِ ۖ وَٱللَّهُ يَعْلَمُ إِسْرَارَهُمْ ﴿٢٦﴾ فَكَيْفَ إِذَا تَوَفَّتْهُمُ ٱلْمَلَٰٓئِكَةُ يَضْرِبُونَ وُجُوهَهُمْ وَأَدْبَٰرَهُمْ ﴿٢٧﴾ ذَٰلِكَ بِأَنَّهُمُ ٱتَّبَعُوا۟ مَآ أَسْخَطَ ٱللَّهَ وَكَرِهُوا۟ رِضْوَٰنَهُۥ فَأَحْبَطَ أَعْمَٰلَهُمْ ﴿٢٨﴾ أَمْ حَسِبَ ٱلَّذِينَ فِى قُلُوبِهِم مَّرَضٌ أَن لَّن يُخْرِجَ ٱللَّهُ أَضْغَٰنَهُمْ

[1] Sourate *Al-Baqarah*, v.217.
[2] Sourate *Al-Mâ'idah*, v.54.

﴿وَلَوْ نَشَآءُ لَأَرَيْنَٰكَهُمْ فَلَعَرَفْتَهُم بِسِيمَٰهُمْ ۚ وَلَتَعْرِفَنَّهُمْ فِى لَحْنِ ٱلْقَوْلِ ۚ وَٱللَّهُ يَعْلَمُ أَعْمَٰلَكُمْ ﴿٣٠﴾﴾ ﴿٢٩﴾

« ***Ceux qui sont revenus sur leurs pas après que le droit chemin leur a été clairement exposé, le Diable les a séduits et trompés. C'est parce qu'ils ont dit à ceux qui ont de la répulsion pour la révélation d'Allah : ‹Nous allons vous obéir dans certaines choses›. Allah cependant connaît ce qu'ils cachent. Qu'adviendra-t-il d'eux quand les Anges les achèveront, frappant leurs faces et leurs dos ? Cela parce qu'ils ont suivi ce qui courrouce Allah, et qu'ils ont de la répulsion pour [ce qui attire] Son agrément. Il a donc rendu vaines leurs œuvres. Ou bien est-ce que ceux qui ont une maladie au coeur escomptent qu'Allah ne saura jamais faire apparaître leur haine ? Or, si Nous voulions Nous te les montrerions. Tu les reconnaîtrais certes à leurs traits; et tu les reconnaîtrais très certainement au ton de leur parler. Et Allah connaît bien vos actions.*** »[1]

﴿وَمَن يَكْفُرْ بِٱلْإِيمَٰنِ فَقَدْ حَبِطَ عَمَلُهُۥ وَهُوَ فِى ٱلْءَاخِرَةِ مِنَ ٱلْخَٰسِرِينَ﴾

« ***Et quiconque abjure la foi, alors vaine devient son action, et il sera dans l'au-delà du nombre des perdants.*** »[2]

- D'après Ibn ᶜAbbas (ﷺ), le Prophète (ﷺ) a dit : « *Appliquez la peine de mort sur quiconque abandonne sa religion (l'Islam).* »[3]

- D'après ᶜAbd Allah Ibn Masᶜud (ﷺ), le Prophète (ﷺ) a dit : « *Il n'est permis de verser le sang d'une personne attestant qu'il n'y a de divinité digne d'adoration qu'Allah (Lâ ilâha illa Allah) que si elle commet l'une des trois choses suivantes : forniquer après s'être marié, commettre un meurtre*[4] *ou apostasier en délaissant la communauté.* »[5]

---

[1] Sourate ***Muhammad***, v.25-30.

[2] Sourate ***Al-Mâ'idah***, v.5.

[3] Rapporté par Al-Bukhârî n°2854.

[4] NdT : C'est-à-dire si elle a tué quelqu'un et que les conditions de la loi du Talion (*Qisâs*) sont remplies, elle doit alors être tuée, comme il est mentionné dans la Sourate *Al-Baqarah* v.178 et *Al-Mâ-idah* v.45.
Voir l'explication du hadith n°14 des *Quarante hadiths* de l'Imam An-Nawawî faite par le Shaykh Ibn ᶜUthaymin, qu'Allah lui fasse miséricorde.

[5] Rapporté par Al-Bukhârî n°6474 et Muslim n°1676.

Troisième acte annulant l'Islam :

Quiconque ne considère pas les mécréants[1] comme étant mécréants, qu'il s'agisse des juifs, des chrétiens, des zoroastriens, des associateurs, des athées ou tout autre type de mécréants; quiconque doute de leur mécréance, ou considère leur voie comme étant bonne, sera lui-même considéré comme mécréant. Car Allah les a considérés impies et cette personne s'est opposée au jugement d'Allah et de Son Prophète ﷺ en ne les considérant pas comme tels, ou en doutant de leur mécréance, ou en approuvant leur voie. Cette personne est donc allée à l'encontre d'Allah.

Allah (ﷻ) dit :

إِنَّ ٱلَّذِينَ كَفَرُوا۟ مِنْ أَهْلِ ٱلْكِتَـٰبِ وَٱلْمُشْرِكِينَ فِى نَارِ جَهَنَّمَ خَـٰلِدِينَ فِيهَآ ۚ أُو۟لَـٰٓئِكَ هُمْ شَرُّ ٱلْبَرِيَّةِ

« ***Les mécréants parmi les Gens du Livre, ainsi que les associateurs iront au feu de l'Enfer, pour y demeurer éternellement. De toute la création, ce sont eux les pires.*** »[2]

Et les Gens du Livre sont : les juifs et les chrétiens. Et les associateurs sont ceux qui adorent une autre divinité avec Allah.

Et Allah (ﷻ) dit :

لَّقَدْ كَفَرَ ٱلَّذِينَ قَالُوٓا۟ إِنَّ ٱللَّهَ هُوَ ٱلْمَسِيحُ ٱبْنُ مَرْيَمَ ۚ

« ***Certes sont mécréants ceux qui disent : « Allah est le Messie, fils de Marie ! »*** »[3]

لَّقَدْ كَفَرَ ٱلَّذِينَ قَالُوٓا۟ إِنَّ ٱللَّهَ ثَالِثُ ثَلَـٰثَةٍ

« ***Ce sont certes des mécréants, ceux qui disent : « Allah est le troisième de trois (la trinité). »*** »[4]

إِنَّ ٱلَّذِينَ يَكْفُرُونَ بِٱللَّهِ وَرُسُلِهِۦ وَيُرِيدُونَ أَن يُفَرِّقُوا۟ بَيْنَ ٱللَّهِ وَرُسُلِهِۦ وَيَقُولُونَ نُؤْمِنُ بِبَعْضٍ وَنَكْفُرُ بِبَعْضٍ
وَيُرِيدُونَ أَن يَتَّخِذُوا۟ بَيْنَ ذَٰلِكَ سَبِيلًا ﴿١٥٠﴾ أُو۟لَـٰٓئِكَ هُمُ ٱلْكَـٰفِرُونَ حَقًّا ۚ وَأَعْتَدْنَا لِلْكَـٰفِرِينَ عَذَابًا مُّهِينًا ﴿١٥١﴾

« ***Ceux qui ne croient pas en Allah et en Ses messagers, et qui veulent faire distinction entre Allah et Ses messagers et qui disent : « Nous croyons en certains d'entre eux mais ne croyons pas en d'autres », et qui veulent***

[1] NdT : c'est-à-dire les mécréants unanimement reconnus comme tels.

[2] Sourate *Al-Bayyinah*, v.6.

[3] Sourate *Al-Mâ'idah*, v.17 et 76.

[4] Sourate *Al-Mâ'idah*, v.73.

prendre un chemin intermédiaire (entre la foi et la mécréance), les voilà les vrais mécréants ! Et Nous avons préparé pour les mécréants un châtiment avilissant. »[1]

إِنَّ ٱللَّهَ جَامِعُ ٱلْمُنَٰفِقِينَ وَٱلْكَٰفِرِينَ فِي جَهَنَّمَ جَمِيعًا

« ***Allah rassemblera, certes, les hypocrites et les mécréants, tous, dans l'Enfer.*** »[2]

Quatrième acte annulant l'Islam :

- Est mécréant quiconque considère que la voie d'un autre est plus complète que la voie droite du Prophète (ﷺ), ou que le jugement d'un autre est meilleur que celui du Prophète (ﷺ), comme ceux qui préfèrent le jugement des *Tawâghît* [3] au sien (ﷺ).

- Est tout aussi mécréant quiconque considère que les règles et les lois forgées par les hommes sont meilleures que la législation musulmane, ou qu'il ne convient pas d'appliquer les jugements de l'Islam à cette époque, ou que l'Islam est une cause du retard des musulmans.

- Cela concerne aussi ceux qui restreignent l'Islam à la relation entre l'individu et son Seigneur, sans que la religion n'intervienne dans les autres aspects de la vie.

- Cet acte invalidant l'Islam englobe aussi quiconque considère que l'application de la prescription d'Allah dans le fait de couper la main du voleur ou de lapider la personne préalablement mariée qui fornique ne convient pas à cette époque.

- Il englobe aussi toute personne qui considère qu'il est permis de juger avec une loi autre que celle d'Allah dans les relations sociales, les peines et autres, même si elle ne considère pas que cette loi est meilleure que les lois divines, car en agissant de la sorte elle a rendu licite ce qu'Allah a unanimement rendu illicite.

---

[1] Sourate ***An-Nisâ'***, v.150-151.

[2] Sourate ***An-Nisâ'***, v.140.

[3] NdT : *Tawâghît* est le pluriel de *Tâghût*. Ibn Al-Qayyim l'a défini comme étant toute chose par laquelle l'être humain outrepasse les limites dans l'adoration, le suivi ou l'obéissance. Les *Tawâghît* sont nombreux et les principaux sont au nombre de cinq : Iblîs (Le Diable), celui qui est adoré en agréant cette adoration, celui qui appelle les gens à l'adorer, celui qui prétend connaître l'Invisible, et celui qui ne juge pas selon les lois qu'Allah a révélées. Voir « *Al-Usûl At-Thalâthah* » du Shaykh Muhammad Ibn ᶜAbd Al-Wahhâb An-Najdî.

- Cela concerne aussi toute personne rendant licite ce qu'Allah et Son Prophète ont rendu illicite parmi les choses qui sont connues de la religion par nécessité telles que la fornication, les intérêts usuraires, l'alcool, juger avec d'autres lois que celles d'Allah, et autres... Cette personne est alors mécréante selon le consensus des musulmans.

Allah (ﷻ) dit :

أَفَحُكْمَ ٱلْجَٰهِلِيَّةِ يَبْغُونَ ۚ وَمَنْ أَحْسَنُ مِنَ ٱللَّهِ حُكْمًا لِّقَوْمٍ يُوقِنُونَ ﴿٥٠﴾

« ***Est-ce donc le jugement du temps de l'Ignorance qu'ils cherchent ? Qu'y a-t-il de meilleur qu'Allah, en matière de jugement pour des gens qui ont une foi ferme?*** »[1]

وَمَن لَّمْ يَحْكُم بِمَآ أَنزَلَ ٱللَّهُ فَأُو۟لَٰٓئِكَ هُمُ ٱلْكَٰفِرُونَ

« ***Et ceux qui ne jugent pas d'après ce qu'Allah a fait descendre, les voilà les mécréants.*** »[2]

وَمَن لَّمْ يَحْكُم بِمَآ أَنزَلَ ٱللَّهُ فَأُو۟لَٰٓئِكَ هُمُ ٱلظَّٰلِمُونَ

« ***Et ceux qui ne jugent pas d'après ce qu'Allah a fait descendre, ceux-là sont des injustes.*** »[3]

وَمَن لَّمْ يَحْكُم بِمَآ أَنزَلَ ٱللَّهُ فَأُو۟لَٰٓئِكَ هُمُ ٱلْفَٰسِقُونَ

« ***Ceux qui ne jugent pas d'après ce qu'Allah a fait descendre, ceux-là sont les pervers.*** »[4]

إِنَّ ٱلدِّينَ عِندَ ٱللَّهِ ٱلْإِسْلَٰمُ

« ***Certes, la religion acceptée d'Allah est l'Islam.*** »[5]

وَمَن يَبْتَغِ غَيْرَ ٱلْإِسْلَٰمِ دِينًا فَلَن يُقْبَلَ مِنْهُ وَهُوَ فِى ٱلْءَاخِرَةِ مِنَ ٱلْخَٰسِرِينَ ﴿٨٥﴾

« ***Et quiconque désire une religion autre que l'Islam, ne sera point agréé, et il sera, dans l'au-delà, parmi les perdants.*** »[1]

---

[1] Sourate *Al-Mâ'idah*, v.50.
[2] Sourate *Al-Mâ'idah*, v.44.
[3] Sourate *Al-Mâ'idah*, v.45.
[4] Sourate *Al-Mâ'idah*, v.47.
[5] Sourate *Âl ᶜImrân*, v.19.

إِنَّ الَّذِينَ كَفَرُوا بِآيَاتِنَا سَوْفَ نُصْلِيهِمْ نَارًا كُلَّمَا نَضِجَتْ جُلُودُهُمْ بَدَّلْنَاهُمْ جُلُودًا غَيْرَهَا
لِيَذُوقُوا الْعَذَابَ إِنَّ اللَّهَ كَانَ عَزِيزًا حَكِيمًا ﴿٥٦﴾

« ***Certes, ceux qui ne croient pas à Nos Versets (le Coran), Nous les brûlerons bientôt dans le Feu. Chaque fois que leurs peaux auront été consumées, Nous leur donnerons d'autres peaux en échange afin qu'ils goûtent au châtiment. Allah est certes Puissant et Sage !*** »[2]

فَلَا وَرَبِّكَ لَا يُؤْمِنُونَ حَتَّىٰ يُحَكِّمُوكَ فِيمَا شَجَرَ بَيْنَهُمْ ثُمَّ لَا يَجِدُوا فِي
أَنْفُسِهِمْ حَرَجًا مِمَّا قَضَيْتَ وَيُسَلِّمُوا تَسْلِيمًا ﴿٦٥﴾

« ***Non !... Par ton Seigneur ! Ils ne seront pas croyants aussi longtemps qu'ils ne t'auront demandé de juger de leurs disputes et qu'ils n'auront éprouvé nulle gêne pour ce que tu auras décidé, et qu'ils se soumettent complètement [à ta sentence].*** »[3]

<u>Cinquième acte annulant l'Islam</u> :

Quiconque a de l'aversion envers n'importe quel précepte transmis par le Prophète (ﷺ), même s'il l'applique lui-même, est un mécréant.

Allah (ﷻ) dit :

وَالَّذِينَ كَفَرُوا فَتَعْسًا لَهُمْ وَأَضَلَّ أَعْمَالَهُمْ ﴿٨﴾ ذَٰلِكَ بِأَنَّهُمْ كَرِهُوا مَا أَنْزَلَ اللَّهُ فَأَحْبَطَ
أَعْمَالَهُمْ ﴿٩﴾

« ***Et quant à ceux qui ont mécru, il y aura un malheur pour eux, et Il rendra leurs œuvres vaines. C'est parce qu'ils ont de la répulsion pour ce qu'Allah a fait descendre. Il a rendu donc vaines leurs œuvres.*** »[4]

إِنَّ الَّذِينَ ارْتَدُّوا عَلَىٰ أَدْبَارِهِمْ مِنْ بَعْدِ مَا تَبَيَّنَ لَهُمُ الْهُدَى الشَّيْطَانُ سَوَّلَ لَهُمْ وَأَمْلَىٰ
لَهُمْ ﴿٢٥﴾ ذَٰلِكَ بِأَنَّهُمْ قَالُوا لِلَّذِينَ كَرِهُوا مَا نَزَّلَ اللَّهُ سَنُطِيعُكُمْ فِي

---

1 Sourate *Âl ᶜImrân*, v.85.
2 Sourate *An-Nisâ'*, v.56.
3 Sourate *An-Nisâ'*, v.65.
4 Sourate *Muhammad*, v.8-9.

بَعۡضِ ٱلۡأَمۡرِۖ وَٱللَّهُ يَعۡلَمُ إِسۡرَارَهُمۡ ﴿٢٦﴾ فَكَيۡفَ إِذَا تَوَفَّتۡهُمُ ٱلۡمَلَٰٓئِكَةُ يَضۡرِبُونَ
وُجُوهَهُمۡ وَأَدۡبَٰرَهُمۡ ﴿٢٧﴾ ذَٰلِكَ بِأَنَّهُمُ ٱتَّبَعُواْ مَآ أَسۡخَطَ ٱللَّهَ وَكَرِهُواْ رِضۡوَٰنَهُۥ
فَأَحۡبَطَ أَعۡمَٰلَهُمۡ ﴿٢٨﴾

« ***Ceux qui sont revenus sur leurs pas après que le droit chemin leur a été clairement exposé, le Diable les a séduits et trompés. C'est parce qu'ils ont dit à ceux qui ont de la répulsion pour la révélation d'Allah : « Nous allons vous obéir dans certaines choses. » Allah cependant connaît ce qu'ils cachent. Qu'adviendra-t-il d'eux quand les anges les achèveront, frappant leur face et leur dos ? Cela parce qu'ils ont suivi ce qui courrouce Allah, et qu'ils ont de la répulsion pour [ce qui amène] Son agrément. Il a donc rendu vaines leurs œuvres.*** »[1]

Sixième acte annulant l'Islam :

Est mécréant quiconque se moque d'Allah, du Prophète, du Coran, de la religion, des anges, des savants en raison de leur science, ou de quelque précepte que ce soit de la religion musulmane comme la prière, la *Zakât* (l'aumône légale), le jeûne, le pèlerinage, les tournées rituelles autour de la *Kacba*, la station à *cArafat* (qui est un des rites du pèlerinage), les mosquées, l'appel à la prière, la barbe, la Sunna prophétique ou d'autres choses faisant partie des lois d'Allah et des préceptes sacrés de l'Islam.

Allah (ﷻ) dit :

قُلۡ أَبِٱللَّهِ وَءَايَٰتِهِۦ وَرَسُولِهِۦ كُنتُمۡ تَسۡتَهۡزِءُونَ ﴿٦٥﴾ لَا تَعۡتَذِرُواْ قَدۡ كَفَرۡتُم بَعۡدَ
إِيمَٰنِكُمۡۚ إِن نَّعۡفُ عَن طَآئِفَةٖ مِّنكُمۡ نُعَذِّبۡ طَآئِفَةَۢ بِأَنَّهُمۡ كَانُواْ مُجۡرِمِينَ ﴿٦٦﴾

« ***Dis : « Est-ce d'Allah, de Ses versets (le Coran) et de Son messager que vous vous moquiez ? » Ne vous excusez pas : vous avez bel et bien rejeté la foi après avoir cru. Si Nous pardonnons à une partie des vôtres, Nous en châtierons une autre pour avoir été des criminels.*** »[2]

إِنَّ ٱلَّذِينَ أَجۡرَمُواْ كَانُواْ مِنَ ٱلَّذِينَ ءَامَنُواْ يَضۡحَكُونَ ﴿٢٩﴾ وَإِذَا مَرُّواْ بِهِمۡ يَتَغَامَزُونَ ﴿٣٠﴾
وَإِذَا ٱنقَلَبُوٓاْ إِلَىٰٓ أَهۡلِهِمُ ٱنقَلَبُواْ فَكِهِينَ ﴿٣١﴾ وَإِذَا رَأَوۡهُمۡ قَالُوٓاْ إِنَّ هَٰٓؤُلَآءِ لَضَآلُّونَ ﴿٣٢﴾

---

[1] Sourate *Muhammad*, v.25-28.

[2] Sourate *At-Tawbah*, v.65-66.

وَمَآ أُرۡسِلُواْ عَلَيۡهِمۡ حَٰفِظِينَ ﴿٣٣﴾ فَٱلۡيَوۡمَ ٱلَّذِينَ ءَامَنُواْ مِنَ ٱلۡكُفَّارِ يَضۡحَكُونَ ﴿٣٤﴾ عَلَى ٱلۡأَرَآئِكِ

يَنظُرُونَ ﴿٣٥﴾ هَلۡ ثُوِّبَ ٱلۡكُفَّارُ مَا كَانُواْ يَفۡعَلُونَ ﴿٣٦﴾

« Les criminels riaient de ceux qui croyaient ; et, passant près d'eux, ils se faisaient des œillades ; et, retournant dans leurs familles, ils retournaient en plaisantant ; et les voyant, ils disaient : ‹Ce sont vraiment ceux-là les égarés›. Or, ils n'ont pas été envoyés pour être leurs gardiens. Aujourd'hui, donc, ce sont ceux qui ont cru qui rient des infidèles, sur les divans, ils regardent. Est-ce que les infidèles ont eu la rétribution de ce qu'ils faisaient ? »[1]

وَإِذَا رَأَيۡتَ ٱلَّذِينَ يَخُوضُونَ فِيٓ ءَايَٰتِنَا فَأَعۡرِضۡ عَنۡهُمۡ حَتَّىٰ يَخُوضُواْ فِي حَدِيثٍ غَيۡرِهِۦۚ وَإِمَّا يُنسِيَنَّكَ

ٱلشَّيۡطَٰنُ فَلَا تَقۡعُدۡ بَعۡدَ ٱلذِّكۡرَىٰ مَعَ ٱلۡقَوۡمِ ٱلظَّٰلِمِينَ ﴿٦٨﴾

« Quand tu vois ceux qui pataugent dans des discussions à propos de Nos versets, éloigne-toi d'eux jusqu'à ce qu'ils entament une autre discussion. Et si le Diable te fait oublier, alors, dès que tu te rappelles, ne reste pas avec les injustes. »[2]

وَقَدۡ نَزَّلَ عَلَيۡكُمۡ فِي ٱلۡكِتَٰبِ أَنۡ إِذَا سَمِعۡتُمۡ ءَايَٰتِ ٱللَّهِ يُكۡفَرُ بِهَا وَيُسۡتَهۡزَأُ بِهَا فَلَا تَقۡعُدُواْ

مَعَهُمۡ حَتَّىٰ يَخُوضُواْ فِي حَدِيثٍ غَيۡرِهِۦٓۚ إِنَّكُمۡ إِذٗا مِّثۡلُهُمۡۗ إِنَّ ٱللَّهَ جَامِعُ ٱلۡمُنَٰفِقِينَ وَٱلۡكَٰفِرِينَ

فِي جَهَنَّمَ جَمِيعًا ﴿١٤٠﴾

« Dans le Livre, il vous a déjà révélé ceci : lorsque vous entendez qu'on renie les versets (le Coran) d'Allah et qu'on s'en raille, ne vous asseyez point avec ceux-là jusqu'à ce qu'ils entreprennent une autre conversation. Sinon, vous serez comme eux. Allah rassemblera, certes, les hypocrites et les mécréants, tous dans l'Enfer. »[3]

ذَٰلِكَ وَمَن يُعَظِّمۡ حُرُمَٰتِ ٱللَّهِ فَهُوَ خَيۡرٞ لَّهُۥ عِندَ رَبِّهِۦ

[1] Sourate *Al-Mutaffifîn*, v.29-36.

[2] Sourate *Al-Ancâm*, v.68.

[3] Sourate *An-Nisâ'*, v.140.

« Et quiconque prend en haute considération les limites sacrées d'Allah, cela lui sera meilleur auprès de Son Seigneur. »[1]

ذَٰلِكَ وَمَن يُعَظِّمْ شَعَٰٓئِرَ ٱللَّهِ فَإِنَّهَا مِن تَقْوَى ٱلْقُلُوبِ ﴿٣٢﴾

« Et quiconque exalte les injonctions sacrées d'Allah, s'inspire en effet de la piété des coeurs. »[2]

Septième acte annulant l'Islam:

As-Sihr (la magie, la sorcellerie). En fait partie : *As-Sarf* et *Al-cAtf.*

Quant au *Sarf* : c'est un acte de sorcellerie visant à détourner la personne de ce qu'elle aime. Comme par exemple transformer l'amour de l'homme pour sa femme en répulsion.

Et quant au *cAtf* : c'est aussi un acte de sorcellerie, visant à susciter chez une personne l'amour d'une chose qu'elle n'aime pas par des procédés diaboliques.

Allah (ﷻ) dit :

وَمَا يُعَلِّمَانِ مِنْ أَحَدٍ حَتَّىٰ يَقُولَآ إِنَّمَا نَحْنُ فِتْنَةٌ فَلَا تَكْفُرْ

« Ceux-ci n'enseignaient rien à personne sans qu'ils n'aient dit d'abord : ‹Nous ne sommes rien qu'une tentation : ne soit pas mécréant› »[3]

- D'après cAbd Allah Ibn Mascud (ﷺ), le Prophète (ﷺ) a dit : « *Les formules de conjuration (Ar-Ruqâ), les amulettes (At-Tamâ'im) et At-Tiwalâ* [4] *sont de l'association (shirk).* »[5]

[1] Sourate ***Al-Hajj,*** v.30.

[2] Sourate ***Al-Hajj,*** v.32.

[3] Sourate ***Al-Baqarah,*** v.102

[4] NdT : *At-Tiwala :* Chose sensée susciter l'amour du mari pour son épouse et inversement. Voir le chapitre n°7 de « *Kitâb at-Tawhîd* » du Shaikh Muhammed Ibn cAbdel-Wahhâb An-Najdî.

[5] Rapporté par Abû Dâwud n°3883. Shaykh Muqbil le considère comme étant *hasan* dans « *As-Sahîh Al-Musnad* » (2/17-18) et l'a attribué à Al-Hâkim. Shaykh Al-Albânî le considère comme étant authentique (*Sahîh*) dans « *Sahîh Al-Jamîc* » n°1632 et dans « *As-Silsilah As-Sahîhah* » n°331. Al-Hâkim le considère également comme étant authentique (*Sahîh*) 4 /217 et Ad-Dhahabî est d'accord avec lui. Et ce hadith est rapporté par Ibn Mâjah n°3530, Ahmad (1/381), At-Tabarânî dans « *Al-Kabîr* » (10/262), Ibn Hibbân (13/456), et Al-Bayhaqî (9/350).

Huitième acte annulant l'Islam :

Aider et secourir les mécréants au dépend des musulmans.

Allah (ﷻ) dit :

وَمَن يَتَوَلَّهُم مِّنكُمْ فَإِنَّهُۥ مِنْهُمْ ۗ إِنَّ ٱللَّهَ لَا يَهْدِى ٱلْقَوْمَ ٱلظَّٰلِمِينَ

« ***Et celui d'entre vous qui les prend pour alliés, devient un des leurs. Allah ne guide certes pas les gens injustes.*** »[1]

يَٰٓأَيُّهَا ٱلَّذِينَ ءَامَنُوٓا۟ إِن تُطِيعُوا۟ فَرِيقًا مِّنَ ٱلَّذِينَ أُوتُوا۟ ٱلْكِتَٰبَ يَرُدُّوكُم بَعْدَ إِيمَٰنِكُمْ كَٰفِرِينَ
﴿١٠٠﴾ وَكَيْفَ تَكْفُرُونَ وَأَنتُمْ تُتْلَىٰ عَلَيْكُمْ ءَايَٰتُ ٱللَّهِ وَفِيكُمْ رَسُولُهُۥ ۗ وَمَن يَعْتَصِم بِٱللَّهِ
فَقَدْ هُدِىَ إِلَىٰ صِرَٰطٍ مُّسْتَقِيمٍ ﴿١٠١﴾

« ***Ô les croyants ! Si vous obéissez à un groupe de ceux auxquels on a donné le Livre, il vous rendra mécréants après que vous ayez eu la foi. Et comment pouvez-vous ne pas croire, alors que les versets d'Allah vous sont récités, et que Son messager est parmi vous ? Quiconque s'attache fortement à Allah est certes guidé vers un droit chemin.*** »[2]

يَٰٓأَيُّهَا ٱلَّذِينَ ءَامَنُوٓا۟ إِن تُطِيعُوا۟ ٱلَّذِينَ كَفَرُوا۟ يَرُدُّوكُمْ عَلَىٰٓ أَعْقَٰبِكُمْ
فَتَنقَلِبُوا۟ خَٰسِرِينَ ﴿١٤٩﴾ بَلِ ٱللَّهُ مَوْلَىٰكُمْ ۖ وَهُوَ خَيْرُ ٱلنَّٰصِرِينَ

« ***Ô les croyants ! Si vous obéissez à ceux qui ne croient pas, ils vous feront retourner en arrière. Et vous reviendrez perdants. Mais c'est Allah votre Maître. Il est Le meilleur des secoureurs.*** »[3]

يَٰٓأَيُّهَا ٱلَّذِينَ ءَامَنُوا۟ لَا تَتَّخِذُوا۟ عَدُوِّى وَعَدُوَّكُمْ أَوْلِيَآءَ تُلْقُونَ إِلَيْهِم بِٱلْمَوَدَّةِ وَقَدْ كَفَرُوا۟ بِمَا
جَآءَكُم مِّنَ ٱلْحَقِّ يُخْرِجُونَ ٱلرَّسُولَ وَإِيَّاكُمْ ۙ أَن تُؤْمِنُوا۟ بِٱللَّهِ رَبِّكُمْ إِن كُنتُمْ خَرَجْتُمْ جِهَٰدًا فِى
سَبِيلِى وَٱبْتِغَآءَ مَرْضَاتِى ۚ تُسِرُّونَ إِلَيْهِم بِٱلْمَوَدَّةِ وَأَنَا۠ أَعْلَمُ بِمَآ أَخْفَيْتُمْ وَمَآ أَعْلَنتُمْ ۚ وَمَن يَفْعَلْهُ

[1] Sourate *Al-Mâ'idah*, v.51.
[2] Sourate *Âl ᶜImrân*, v.100-101.
[3] Sourate *Âl ᶜImrân*, v.149-150.

مِنكُمْ فَقَدْ ضَلَّ سَوَآءَ ٱلسَّبِيلِ ﴿١﴾ إِن يَثْقَفُوكُمْ يَكُونُواْ لَكُمْ أَعْدَآءً وَيَبْسُطُوٓاْ إِلَيْكُمْ أَيْدِيَهُمْ

وَأَلْسِنَتَهُم بِٱلسُّوٓءِ وَوَدُّواْ لَوْ تَكْفُرُونَ ﴿٢﴾

« *Ô vous les croyants ! Ne prenez pas pour alliés Mon ennemi et le vôtre, leur offrant l'amitié, alors qu'ils ont nié ce qui vous est parvenu de la vérité. Ils expulsent le Messager et vous-mêmes parce que vous croyez en Allah, votre Seigneur. Si vous êtes sortis pour lutter sur Mon chemin et pour rechercher Mon agrément, leur témoignerez-vous secrètement de l'amitié, alors que Je connais parfaitement ce que vous cachez et ce que vous divulguez ? Et quiconque d'entre vous le fait s'égare de la droiture du sentier. S'ils vous dominent, ils seront des ennemis pour vous et étendront en mal leurs mains et leurs langues vers vous ; et ils aimeraient que vous deveniez mécréants.* »[1]

يَٰٓأَيُّهَا ٱلَّذِينَ ءَامَنُواْ لَا تَتَوَلَّوْاْ قَوْمًا غَضِبَ ٱللَّهُ عَلَيْهِمْ قَدْ يَئِسُواْ مِنَ ٱلْأَخِرَةِ كَمَا يَئِسَ

ٱلْكُفَّارُ مِنْ أَصْحَٰبِ ٱلْقُبُورِ ﴿١٣﴾

« *Ô vous les croyants ! Ne prenez pas pour alliés des gens contre lesquels Allah est courroucé et qui désespèrent de l'au-delà, tout comme les mécréants désespèrent des gens des tombeaux.* »[2]

Neuvième acte annulant l'Islam :

Est mécréant quiconque considère qu'il est permis à certaines personnes de ne pas se soumettre à la loi de Muhammad (ﷺ), comme cela est arrivé à Al-Khadir[3] avec Mûsâ (Moïse).

Car les prophètes étaient envoyés exclusivement à leurs peuples. Il n'est donc pas obligatoire à toutes les communautés de les suivre. Quant à notre Prophète Muhammad (ﷺ), il a été envoyé à toute l'humanité. Il est donc interdit d'aller à son encontre, et de ne pas se soumettre à sa législation.

---

[1] Sourate *Al-Mumtahanah*, v.1-2.
[2] Sourate *Al-Mumtahanah*, v.13.
[3] NdT. : Shaykh Al-Fawzân dit qu'Al-Khadîr, selon un des dires des savants, était un prophète. Et il ne faisait pas partie des Enfants d'Israël. Or, le message de Mûsâ était destiné exclusivement aux Enfants d'Israël et non pas à l'ensemble des gens, ce qui justifie le fait qu'Al-Khadîr n'avait pas à obéir à Mûsâ (Moïse).
Voir l'explication des actes annulant l'Islâm dans l'ouvrage « *Silsilah sharh ar-rasâ'il* » de Shaykh Al-Fawzân, p232-233.

Allah (ﷻ) dit :

قُلْ يَٰٓأَيُّهَا ٱلنَّاسُ إِنِّى رَسُولُ ٱللَّهِ إِلَيْكُمْ جَمِيعًا

« *Dis: Ô hommes ! Je suis pour vous tous le Messager d'Allah.* »[1]

وَمَآ أَرْسَلْنَٰكَ إِلَّا رَحْمَةً لِّلْعَٰلَمِينَ ﴿١٠٧﴾

« *Et Nous ne t'avons envoyé qu'en miséricorde pour l'univers.* »[2]

تَبَارَكَ ٱلَّذِى نَزَّلَ ٱلْفُرْقَانَ عَلَىٰ عَبْدِهِۦ لِيَكُونَ لِلْعَٰلَمِينَ نَذِيرًا ﴿١﴾

« *Qu'on exalte la Bénédiction de Celui qui a fait descendre le Livre de Discernement sur Son serviteur, afin qu'il soit un avertisseur à l'univers.* »[3]

وَمَآ أَرْسَلْنَٰكَ إِلَّا كَآفَّةً لِّلنَّاسِ بَشِيرًا وَنَذِيرًا وَلَٰكِنَّ أَكْثَرَ ٱلنَّاسِ لَا يَعْلَمُونَ

« *Et Nous ne t'avons envoyé qu'en tant qu'annonciateur et avertisseur pour toute l'humanité. Mais la plupart des gens ne savent pas.* »[4] *Saba, v28*

- D'après Jâbir Ibn ᶜAbd Allah Al-Ansârî (ﷺ), le Prophète (ﷺ) a dit : « *On m'a donné cinq faveurs que personne n'a reçues avant moi : la victoire sur mes ennemis m'a été accordée par la terreur que je leur inspire, même s'ils se trouvent à une distance d'un mois de marche ; toute la terre est pour moi un lieu de prosternation et un moyen de se purifier (rituellement) de sorte que tout homme de ma nation peut faire sa prière là où son heure survient ; les butins de guerre me sont licites alors qu'ils ne l'étaient pour aucune personne avant moi ; on m'a accordé le privilège de faire l'Intercession ; enfin, les autres prophètes étaient envoyés exclusivement à leur peuple, tandis que moi je suis envoyé à toute l'humanité.* »[5]

Et Allah (ﷻ) dit :

إِنَّ ٱلدِّينَ عِندَ ٱللَّهِ ٱلْإِسْلَٰمُ

« *Certes, la religion acceptée d'Allah est l'Islam.* »[6]

---

1 Sourate *Al-Aᶜrâf*, v.158.

2 Sourate *Al-Anbiyâ'*, v.107.

3 Sourate *Al-Furqân*, v.1.

4 Sourate *Saba'*, v.28.

5 Rapporté par Al-Bukhârî n°324 et Muslim n°521.

6 Sourate *Âl ᶜImrân*, v.19.

وَمَن يَبْتَغِ غَيْرَ ٱلْإِسْلَٰمِ دِينًا فَلَن يُقْبَلَ مِنْهُ وَهُوَ فِى ٱلْءَاخِرَةِ مِنَ ٱلْخَٰسِرِينَ ﴿٨٥﴾

« ***Et quiconque désire une religion autre que l'Islam, ne sera point agréé, et il sera, dans l'au-delà, parmi les perdants.*** »[1]

ٱلْيَوْمَ أَكْمَلْتُ لَكُمْ دِينَكُمْ وَأَتْمَمْتُ عَلَيْكُمْ نِعْمَتِى وَرَضِيتُ لَكُمُ ٱلْإِسْلَٰمَ دِينًا

« ***Aujourd'hui, J'ai parachevé pour vous votre religion, et accompli sur vous Mon bienfait. Et J'agrée l'Islam comme religion pour vous.*** »

أَفَغَيْرَ دِينِ ٱللَّهِ يَبْغُونَ وَلَهُۥٓ أَسْلَمَ مَن فِى ٱلسَّمَٰوَٰتِ وَٱلْأَرْضِ طَوْعًا وَكَرْهًا
وَإِلَيْهِ يُرْجَعُونَ ﴿٨٣﴾

« ***Désirent-ils une autre religion que celle d'Allah, alors que se soumet à Lui, bon gré, mal gré, tout ce qui existe dans les cieux et sur terre, et que c'est vers Lui qu'ils seront ramenés?*** »[2]

Et dans le hadith : « *Par Allah ! si Mussa (Moïse) était en vie, il n'aurait eu d'autre choix que de me suivre.* »[3]

Dixième acte annulant l'Islam **:**

Se détourner de la religion d'Allah sans en apprendre les préceptes ni les mettre en pratique. Le détournement de la religion désigné ici est le fait de renoncer à l'apprentissage des bases de la religion par lesquelles la personne devient musulmane, même si cette dernière en ignore les détails car les savants et les étudiants en science religieuse se chargent de cela.

Allah (ﷻ) dit :

وَٱلَّذِينَ كَفَرُوا۟ عَمَّآ أُنذِرُوا۟ مُعْرِضُونَ ﴿٣﴾

« ***Ceux qui ont mécru se détournent de ce dont ils ont été avertis.*** »[4]

---

1 Sourate ***Âl ᶜImrân***, v.85.

2 Sourate ***Âl ᶜImrân***, v.83.

3 Shaykh Al-Albânî le considère comme étant *hasan* dans l'ouvrage « *Al-Irwâ'* » 6/34, n°1589. Il en a cité neuf voies de transmission. Et Ibn Kathîr l'a cité dans son exégèse au verset 81 et 82 de la sourate *Âl ᶜImrân*, 2/78 (de la version authentifiée). Et Shaykh Muqbil le considère comme étant *daᶜîf*.

4 Sourate ***Al-Ahqâf***, v.3.

وَمَنْ أَظْلَمُ مِمَّن ذُكِّرَ بِـَٔايَـٰتِ رَبِّهِۦ ثُمَّ أَعْرَضَ عَنْهَآ ۚ إِنَّا مِنَ ٱلْمُجْرِمِينَ مُنتَقِمُونَ

« Qui est plus injuste que celui à qui les versets d'Allah sont rappelés et qui ensuite s'en détourne ? Nous nous vengerons certes des criminels. » [1]

وَمَنْ أَعْرَضَ عَن ذِكْرِى فَإِنَّ لَهُۥ مَعِيشَةً ضَنكًا وَنَحْشُرُهُۥ يَوْمَ ٱلْقِيَـٰمَةِ أَعْمَىٰ

« Et quiconque se détourne de Mon Rappel, mènera certes une vie pleine de gêne, et le Jour de la Résurrection Nous l'amènerons aveugle au rassemblement. » [2]

كَذَٰلِكَ نَقُصُّ عَلَيْكَ مِنْ أَنۢبَآءِ مَا قَدْ سَبَقَ ۚ وَقَدْ ءَاتَيْنَـٰكَ مِن لَّدُنَّا ذِكْرًا ﴿٩٩﴾ مَّنْ أَعْرَضَ عَنْهُ

فَإِنَّهُۥ يَحْمِلُ يَوْمَ ٱلْقِيَـٰمَةِ وِزْرًا ﴿١٠٠﴾ خَـٰلِدِينَ فِيهِ ۖ وَسَآءَ لَهُمْ يَوْمَ ٱلْقِيَـٰمَةِ حِمْلًا ﴿١٠١﴾

« C'est bien un rappel de Notre part que Nous t'avons apporté. Quiconque s'en détourne (de ce Coran), portera au jour de la résurrection un fardeau ; ils resteront éternellement dans cet état, et quel mauvais fardeau pour eux au Jour de la Résurrection. » [3]

[1] Sourate *As-Sajdah,* v.22.

[2] Sourate *T̲â-Hâ,* v.124.

[3] Sourate *T̲â-Hâ,* v.99-101.

Leçon 12 : Le statut de la personne qui se rend coupable d'un de ces actes annulatifs par plaisanterie, sérieusement, ou sous la contrainte

Il n'y a aucune différence dans tous ces actes annulant l'Islam entre celui qui plaisante, celui qui est sérieux ou celui qui a peur pour son argent et son rang. Seule la personne qui y est contrainte est excusée. Tous ces actes représentent un danger énorme et pourtant beaucoup de gens s'en rendent coupables. Il faut donc que les musulmans les craignent et y prennent garde.

- La preuve à ce sujet réside dans la parole d'Allah (ﷻ) :

قُلْ أَبِاللَّهِ وَءَايَٰتِهِۦ وَرَسُولِهِۦ كُنتُمْ تَسْتَهْزِءُونَ ﴿٦٥﴾ لَا تَعْتَذِرُوا۟ قَدْ كَفَرْتُم بَعْدَ
إِيمَٰنِكُمْ ۚ إِن نَّعْفُ عَن طَآئِفَةٍ مِّنكُمْ نُعَذِّبْ طَآئِفَةًۢ بِأَنَّهُمْ كَانُوا۟ مُجْرِمِينَ ﴿٦٦﴾

« ***Dis : « Est-ce d'Allah, de Ses versets (le Coran) et de Son messager que vous vous moquiez ? » Ne vous excusez pas : vous avez bel et bien rejeté la foi après avoir cru. Si Nous pardonnons à une partie des vôtres, Nous en châtierons une autre pour avoir été des criminels.*** »[1]

- Et la preuve concernant la personne contrainte réside dans la parole d'Allah (ﷻ) :

مَن كَفَرَ بِاللَّهِ مِنۢ بَعْدِ إِيمَٰنِهِۦٓ إِلَّا مَنْ أُكْرِهَ وَقَلْبُهُۥ مُطْمَئِنٌّۢ بِالْإِيمَٰنِ وَلَٰكِن
مَّن شَرَحَ بِالْكُفْرِ صَدْرًا فَعَلَيْهِمْ غَضَبٌ مِّنَ اللَّهِ وَلَهُمْ عَذَابٌ عَظِيمٌ ﴿١٠٦﴾

« ***Quiconque a renié Allah après avoir cru... - sauf celui qui y a été contraint alors que son coeur demeure plein de la sérénité de la foi - mais ceux qui ouvrent délibérément leur coeur à la mécréance, ceux-là ont sur eux une colère d'Allah et ils ont un châtiment terrible.*** »[2]

Pour approfondir la question, se référer aux actes annulant l'Islam de Shaykh Ibn Bâz, qu'Allah lui fasse miséricorde.

---

[1] Sourate *At-Tawbah*, v.65-66.
[2] Sourate *An-Nahl*, v.106.

Leçon 13 : Définition de la foi (*Al-Îmân*)

Al-Îmân (la foi) dans la langue arabe désigne l'approbation (*at-tasdîq*)[1]. Comme il est cité dans l'ouvrage « *Fath Al-Bârî* » (1/46).

Al-Îmân (la foi), dans la législation musulmane, est un ensemble composé de paroles prononcées avec la langue, la conviction du cœur et les œuvres des membres. *Al-Îmân* augmente avec l'obéissance à Allah et diminue avec la désobéissance.

- **Voici quelques propos profitables :**

Ibn Abî-l-ᶜIzz dit dans l'explication du livre « *al ᶜaqîda at-Tahâwiyya* », p.332 : « Les gens ont beaucoup divergé sur ce que désignait le terme *Al-Îmân* (la foi) :

- Mâlik, As-Shâfiᶜî, Ahmad, Al-Awzâᶜî, Ishâq Ibn Râhawayh et le reste des gens du hadith, les gens de Médine, les gens du *Dhâhir* et un groupe parmi les *Mutakallimîn* ont dit que *Al-Îmân* désignait l'approbation (*at-tasdîq*) du cœur, et l'attestation (*al-iqrâr*) avec la langue et les œuvres des membres [2].

- Et beaucoup de nos compagnons[3] sont du même avis que ce qu'a cité At-Tahâwî, à savoir que *Al-Îmân* est l'attestation (*al-iqrâr*) avec la langue et l'approbation (*at-tasdîq*) du cœur [4].

- Et certains disent que l'attestation (*al-iqrâr*) avec la langue est un pilier supplémentaire qui n'est pas fondamental. Et c'est l'opinion d'Abû

[1] NdT : Cette définition a été critiquée par les savants, notamment Shaikh Al-Islâm Ibn Taymiyya dans son livre « *Kitâb al-Imân (le livre de la foi)* ».
Shaykh Ibn ᶜUthaymîn dit : « Beaucoup de gens disent que *Al-Îmân* dans la langue arabe est l'approbation (*at-tasdîq*) [...] Or, cette définition n'est pas correcte. *Al-Îmân* est plutôt dans la langue arabe : l'attestation (*al-iqrâr*) d'une chose avec son approbation (*tasdîq*) [...] Donc, *Al-Îmân* comprend un sens supplémentaire à la simple approbation (*tasdîq*) qui est l'attestation (*al-iqrâr*) et l'admission impliquant l'acceptation de ce dont nous avons été informés, et se soumettre aux jugements. C'est cela *Al-Îmân.* » Fin de citation.
Voir l'explication du livre « *al ᶜaqîda al-Wâssitiyya* » de Shaykh Ibn ᶜUthaymîn, p.41.

[2] **Je dis (Shaykh Al-Wusâbî) :** Et ceci est la croyance des gens de la Sunna et du Consensus (*Ahl as-sunna wal jamâᶜa*).

[3] **Je dis (Shaykh Al-Wusâbî) :** C'est-à-dire les Hanafis.

[4] **Je dis (Shaykh Al-Wusâbî) :** Ce sont les *Murji'ah*, ceux qui excluent les oeuvres de la définition de la foi.

Mansur Al-Mâturidî, et il a été rapporté qu'Abû Hanîfah était également de cet avis.

- *Al-Karrâmiyyah* sont d'avis que *Al-Îmân* est l'attestation (*al-iqrâr*) avec la langue seulement ! Donc, selon eux, les hypocrites sont des croyants à la foi complète. Mais ils disent qu'ils méritent le châtiment qu'Allah a promis. Leurs propos sont manifestement erronés.

- Al-Jahm Ibn Safwân et Abû-l-Hassan[1] As-Sâlihî, un des leaders des *Qadariyyah,* sont d'avis que *Al-Îmân* est la reconnaissance (*al-ma^crifah*) du cœur. Ce propos est manifestement encore plus faux que le précédent car il implique que Pharaon et son peuple étaient des croyants. Ils savaient effectivement que Mûsâ (Moïse) (ﷺ) et Hârûn (Aaron) (ﷺ) étaient véridiques mais n'ont pas cru en eux. C'est ainsi que Mûsâ a dit à Pharaon :

قَالَ لَقَدْ عَلِمْتَ مَآ أَنزَلَ هَٰٓؤُلَآءِ إِلَّا رَبُّ ٱلسَّمَٰوَٰتِ وَٱلْأَرْضِ بَصَآئِرَ

« ***Il dit : ‹Tu sais fort bien que ces choses [les miracles], seul le Seigneur des cieux et de la terre les a fait descendre comme autant de preuves illuminantes›.*** »[2]

Et Allah (ﷻ) dit :

وَجَحَدُوا۟ بِهَا وَٱسْتَيْقَنَتْهَآ أَنفُسُهُمْ ظُلْمًا وَعُلُوًّا ۚ فَٱنظُرْ كَيْفَ كَانَ عَٰقِبَةُ ٱلْمُفْسِدِينَ

« ***Ils les nièrent injustement et orgueilleusement, tandis qu'en eux-mêmes ils y croyaient avec certitude. Regarde donc ce qu'il est advenu des corrupteurs›.*** »[3]

Et les gens du Livre reconnaissaient le Prophète (ﷺ) comme ils reconnaissent leurs propres enfants. Mais ils n'ont pas cru en lui, ils l'ont démenti et l'ont pris en ennemi.

Et selon Al-Jahm Ibn Safwân, Abû Tâlib est aussi croyant car il a dit :

J'ai certes su que la religion de Muhammad
était la meilleure des religions de la création
Sans la crainte des blâmes et des injures,
vous m'auriez certes trouvé dévoué à elle de facon évidente

[1] NdT : Plus certainement Abu-l-Husayn et non Abu-l-Hasan. En effet, lorsque Abu-l-Hasan Al-Ash^carî a cité dans « *Al-Maqâlât* » (1/214) les différents groupes des *Murji'ah,* il a mentionné ces mêmes propos en les attribuant à Abu-l-Husayn As-Sâlihî. Et Allah est plus savant.

[2] Sourate ***Al-Isrâ',*** v.106.

[3] Sourate ***An-Naml,*** v.14.

Bien plus encore : même Iblîs (le Diable) est considéré selon Al-Jahm Ibn Safwân comme étant croyant, un croyant à la foi complète! [1] Car il n'ignore pas qui est son Seigneur, il Le connaît plutôt parfaitement:

قَالَ رَبِّ فَأَنظِرْنِيٓ إِلَىٰ يَوْمِ يُبْعَثُونَ ﴿٣٦﴾

« ***Il dit : ‹Ô mon Seigneur, donne-moi donc un délai jusqu'au jour où ils (les gens) seront ressuscités›.*** »[2]

قَالَ رَبِّ بِمَآ أَغْوَيْتَنِي

« ***Il dit: Ô mon Seigneur, parce que Tu m'as induit en erreur.*** »[3]

قَالَ فَبِعِزَّتِكَ لَأُغْوِيَنَّهُمْ أَجْمَعِينَ ﴿٨٢﴾

« ***Par Ta puissance ! dit [Satan]. Je les séduirai assurément tous.*** »[4] ***Sad, v82***

Et la mécréance est selon Al-Jahm (ibn Safwân) : l'ignorance (de l'existence) du Seigneur le Très-Haut. Or personne n'est plus ignorant de son Seigneur que ce même Jahm ! En effet, il a décrit Allah comme étant l'Existence Absolue et L'a dépouillé de tous Ses attributs. Or, il n'est pas de méconnaissance plus grande que celle-ci. Al-Jahm est donc mécréant de par son propre aveu !

Et il existe d'autres croyances avec des détails et des précisions que je n'ai pas voulu citer par souci de brièveté ». Fin des propos de Ibn Abî-l-ᶜIzz, qu'Allah lui fasse miséricorde.

• **Je dis** : *Al-Îmân* chez les Ashᶜarites est l'approbation (*at-tasdîq*), comme il est cité dans l'ouvrage « *Fath Al-Majîd* » au chapitre :

أَلَمْ تَرَ إِلَى ٱلَّذِينَ يَزْعُمُونَ أَنَّهُمْ ءَامَنُوا۟ بِمَآ أُنزِلَ إِلَيْكَ

---

[1] NdT : Alors que les preuves indiquant la mécréance du Diable sont nombreuses. Entre autre, Allah ﷻ dit :

وَإِذْ قُلْنَا لِلْمَلَٰٓئِكَةِ ٱسْجُدُوا۟ لِءَادَمَ فَسَجَدُوٓا۟ إِلَّآ إِبْلِيسَ أَبَىٰ وَٱسْتَكْبَرَ وَكَانَ مِنَ ٱلْكَٰفِرِينَ ﴿٣٤﴾

« ***Et lorsque Nous ordonnâmes aux Anges de se prosterner devant Adam, ils se prosternèrent à l'exception d'Iblîs qui refusa, s'enfla d'orgueil et fut parmi les mécréants*** » ***Al-Baqarah, v.34.***

[2] Sourate *Al-Hijr*, v.36.

[3] Sourate *Al-Hijr*, v.39.

[4] Sourate *Sâd*, v.82.

« ***N'as-tu pas vu ceux qui prétendent croire à ce qu'on a fait descendre vers toi [prophète] ?*** »[1]

- **Je dis :** Il n'y a aucun doute que la vérité réside dans le propos suivant des gens de la Sunna et du Consensus (*Ahl as-sunna wal jamâ^c^a*) :

Al-Îmân (la foi) est : paroles prononcées avec la langue, conviction du cœur et œuvres des membres. *Al-Îmân* augmente avec l'obéissance à Allah et diminue avec la désobéissance.

[1] Sourate ***An-Nisâ'***, v.60.

Leçon 14 :
Les six piliers de *Al-Îmân* (la foi)

Sache mon frère, qu'Allah nous guide vers ce qu'Il aime et agrée, que lorsque Jibrîl (l'ange Gabriel) questionna le Prophète ﷺ au sujet de *Al-Îmân*, il lui répondit : « *C'est que tu croies en Allah, Ses anges, Ses livres, Ses messagers, au Jour Dernier et au destin favorable ou défavorable.* » Jibrîl ﷺ lui répondit alors : « Tu as dit vrai. »[1]

[1] Rapporté par Al-Bukhârî dans « *Al-Îmân* » n°50. Et Muslim dans « *Al-Îmân* » n°9 et 10, tous deux d'après Abû Hurayrah. Et Muslim également dans « *Al-Îmân* » n°8, d'après ᶜUmar, et c'est sa version.

Leçon 15 : Preuves de l'augmentation de Al-Îmân (la foi)

Allah (ﷻ) dit :

ٱلَّذِينَ قَالَ لَهُمُ ٱلنَّاسُ إِنَّ ٱلنَّاسَ قَدْ جَمَعُوا۟ لَكُمْ فَٱخْشَوْهُمْ فَزَادَهُمْ إِيمَٰنًا وَقَالُوا۟ حَسْبُنَا
ٱللَّهُ وَنِعْمَ ٱلْوَكِيلُ ﴿١٧٣﴾

« Certes ceux auxquels l'on disait : ‹Les gens se sont rassemblés contre vous ; craignez-les› - cela accrut leur foi - et ils dirent : ‹Allah nous suffit ; Il est notre meilleur garant›. »[1]

إِنَّمَا ٱلْمُؤْمِنُونَ ٱلَّذِينَ إِذَا ذُكِرَ ٱللَّهُ وَجِلَتْ قُلُوبُهُمْ وَإِذَا تُلِيَتْ عَلَيْهِمْ ءَايَٰتُهُۥ زَادَتْهُمْ
إِيمَٰنًا وَعَلَىٰ رَبِّهِمْ يَتَوَكَّلُونَ ﴿٢﴾

« Les vrais croyants sont ceux dont les coeurs frémissent quand on mentionne Allah. Et quand Ses versets leur sont récités, cela fait augmenter leur foi. Et ils placent leur confiance en leur Seigneur. »[2]

وَإِذَا مَآ أُنزِلَتْ سُورَةٌ فَمِنْهُم مَّن يَقُولُ أَيُّكُمْ زَادَتْهُ هَٰذِهِۦٓ إِيمَٰنًا فَأَمَّا ٱلَّذِينَ ءَامَنُوا۟
فَزَادَتْهُمْ إِيمَٰنًا وَهُمْ يَسْتَبْشِرُونَ ﴿١٢٤﴾

« Et quand une Sourate est révélée, il en est parmi eux qui disent : « Quel est celui d'entre vous dont elle fait croître la foi ? » Quant aux croyants, elle fait certes croître leur foi, et ils s'en réjouissent. »[3]

وَلَمَّا رَءَا ٱلْمُؤْمِنُونَ ٱلْأَحْزَابَ قَالُوا۟ هَٰذَا مَا وَعَدَنَا ٱللَّهُ وَرَسُولُهُۥ وَصَدَقَ ٱللَّهُ وَرَسُولُهُۥ وَمَا
زَادَهُمْ إِلَّآ إِيمَٰنًا وَتَسْلِيمًا ﴿٢٢﴾

« Et quand les croyants virent les coalisés, ils dirent : « Voilà ce qu'Allah et Son Messager nous avaient promis ; et Allah et Son messager disaient la vérité. » Et cela ne fit que croître leur foi et leur soumission. »[1]

---

[1] Sourate *Âl ᶜImrân*, v.173.
[2] Sourate *Al-Anfâl*, v.2.
[3] Sourate At-Tawbah, v.124.

هُوَ ٱلَّذِىٓ أَنزَلَ ٱلسَّكِينَةَ فِى قُلُوبِ ٱلْمُؤْمِنِينَ لِيَزْدَادُوٓا۟ إِيمَٰنًا مَّعَ إِيمَٰنِهِمْ

« ***C'est Lui qui a fait descendre la quiétude dans les coeurs des croyants afin qu'ils ajoutent foi à leur foi...*** »[2]

وَيَزْدَادَ ٱلَّذِينَ ءَامَنُوٓا۟ إِيمَٰنًا

« ***... et que croisse la foi de ceux qui croient...*** »[3] ***Al-Mudatthîr, v31***

- Jundub Ibn ᶜAbd Allah (ﷺ) rapporte : « *Nous étions avec le Prophète (ﷺ) alors que nous approchions l'âge de la puberté. Nous avons alors appris Al-Îmân (la foi) avant d'apprendre le Coran. Puis, nous avons appris le Coran, ce qui a accru notre foi.* »[4]

- D'après Abû Hurayrah (ﷺ), le Prophète (ﷺ) a dit : « *Le croyant fort*[5] *est meilleur et plus aimé d'Allah que le croyant faible*[6]*. Néanmoins, il y a du bien en chacun d'eux. Veille à ce qui t'est profitable, demande l'aide d'Allah et ne faiblis pas. Et si un malheur quelconque te touche, ne dis pas : « Si j'avais fait telle chose, cela se serait passé de telle ou telle façon ... », mais dis plutôt : « Telle est la prédestination d'Allah ; et ce qu'Il a voulu, Il l'a accompli », car « si » ouvre la voie aux suggestions du Diable.* »[7]

Pour plus de détails, se référer au livre « *L'augmentation et la diminution de la foi* » de ᶜAbd Al-Razzâq Ibn ᶜAbd Al-Muhsin Al-ᶜAbbâd.

---

1 Sourate ***Al-Ahzâb***, v.22.
2 Sourate ***Al-Fath***, v.4.
3 Sourate ***Al-Muddaththir***, v.31.
4 Hadith authentique rapporté par Ibn Mâjah, n°61.
5 NdT : Le croyant à la foi forte.
6 NdT : Le croyant à la foi faible.
7 Rapporté par Muslim n°2664.

Leçon 16 : Parmi les preuves de la diminution de *Al-Îmân* (la foi)

- D'après Abû Hurayrah (ﷺ), le Prophète (ﷺ) a dit : « *Al-Îmân est composé de soixante-treize branches ou un peu plus*[1]. *La meilleure étant le fait d'attester qu'il n'y a de divinité digne d'adoration qu'Allah (Lâ ilâha illa Allah), et la plus basse étant de retirer de la route ce qui peut nuire à autrui. Et la pudeur est une branche de la foi.* »[2]

- Sacîd Al-Khudrî (ﷺ) a dit qu'il a entendu le Prophète (ﷺ) dire : « *Celui d'entre vous qui voit une chose répréhensible, qu'il la change par la force. S'il ne le peut pas, par l'exhortation. Et s'il ne peut pas, qu'il la réprime en son for intérieur, et cela est le degré le plus faible de la foi.* »[3]

- D'après Abû Hurayrah (ﷺ), le Prophète (ﷺ) a dit : « *Le croyant fort est meilleur et plus aimé d'Allah que le croyant faible. Néanmoins, il y a du bien en chacun d'eux. Veille à ce qui t'est profitable, demande l'aide d'Allah et ne faiblis pas. Et si un malheur quelconque te touche, ne dis pas : « Si j'avais fait telle chose, cela se serait passé de telle ou telle façon ... », mais dis plutôt : « Telle est la prédestination d'Allah ; et ce qu'Il a voulu, Il l'a accompli », car « si » ouvre la voie aux suggestions du Diable.* »[4]

- D'après Abû Sacîd Al-Khudrî (ﷺ), le Prophète (ﷺ) a dit : « *Je n'ai jamais vu d'être manquant de raison et de religion plus à même de faire perdre l'esprit d'un homme ferme telle que l'une d'entre vous (les femmes).* » Elles répondirent : « Et en quoi réside notre manque de religion et de raison ? Ô Messager d'Allah ! » Le Prophète (ﷺ) dit : « *Le témoignage de la femme n'équivaut-il pas à la moitié de celui de l'homme ?* » Elles répondirent : « Certes. » Le Prophète (ﷺ) dit : « *Et bien cela est une conséquence du manque de raison... De plus, la femme, lorsqu'elle a ses menstrues, ne cesse-t-elle pas de prier et de jeûner ?* » Elles répondirent : « Certes. » Le Prophète ﷺ dit : « *Et bien voilà une des manifestations de son manque de religion.* »[5]

---

1 NdT : Le terme en arabe « *bidcun wa sabcun* » : *sabcun* signifie 70 et *bidcun* désigne un chiffre compris entre 3 et 9. Ce qui donne un nombre compris entre 73 et 79.

2 Rapporté par Al-Bukhârî n°9, et Muslim n°35.

3 Rapporté par Muslim n°49.

4 Rapporté par Muslim n°2664.

5 Rapporté par Al-Bukhârî n°298 et Muslim n°79-80. Muslim l'a également rapporté d'après Ibn cUmar et Abû Hurayrah n°79-80.

Note : Les preuves concernant l'augmentation de la foi sont également des preuves de sa diminution, car avant d'augmenter elle était plus faible. Donc, ces preuves prouvant l'augmentation de la foi explicitement par le texte indiquent aussi, implicitement, sa diminution.

Voici quelques propos profitables :

1 - Tout *mu'min* (croyant) est *muslim* (musulman) alors que la réciproque est fausse. Allah (ﷻ) dit :

قَالَتِ ٱلْأَعْرَابُ ءَامَنَّا ۖ قُل لَّمْ تُؤْمِنُوا۟ وَلَـٰكِن قُولُوٓا۟ أَسْلَمْنَا وَلَمَّا يَدْخُلِ ٱلْإِيمَـٰنُ فِى قُلُوبِكُمْ ۖ

« ***Les Bédouins ont dit : ‹Nous avons la foi›. Dis : ‹Vous n'avez pas encore la foi. Dites plutôt : Nous nous sommes simplement soumis, car la foi n'a pas encore pénétré dans vos coeurs.*** »[1]

• Sa^c^d Ibn Abî Waqqâs (ﷺ) rapporte que le Prophète (ﷺ) avait fait quelques dons à un groupe de gens - Sa^c^d était assis - « en délaissant un homme, celui qui me plaisait le plus » [souligna Sa^c^d]. « Ô messager d'Allah ! dis-je, pourquoi délaisses-tu untel ? Par Allah ! Je sais de lui que c'est un croyant. » - « *Ou musulman* », rétorqua le Prophète (ﷺ). Sur ce, je gardai le silence pour un petit instant, puis, poussé par ce que je savais de l'homme, je repris : « Pourquoi délaisses-tu untel ? Par Allah ! Je sais de lui que c'est un croyant. - « *Ou musulman* », rétorqua de nouveau le Prophète (ﷺ). » Poussé par ce que je savais de l'homme, je reformulai ma question, et le messager d'Allah (ﷺ) de renouveler sa réplique ; après quoi, il [me] dit : « *Sa^c^d ! Je donne à une personne, bien qu'une autre me soit plus chère, par crainte qu'Allah ne la précipite dans le Feu.* »[2]

Se référer à l'exégèse d'Ibn Kathîr aux sourates *Al-Hujurât* et *Ad-Dhâriyyat*.

2 - Si les termes *Islâm* et *Îmân* sont cités ensemble, alors leur sens diffère. Mais s'ils sont cités séparément, leur sens concorde. C'est-à-dire que si *Al-Islâm* est cité seul, *Al-Îmân* y est inclus. Et si *Al-Îmân* est cité seul, *Al-Islâm* y est inclus. Et si tous deux sont cités ensemble, alors on interprète *Al-Islâm* par les actes apparents, et *Al-Îmân* par les œuvres du cœur.

Se référer au livre « *Al-Îmân* » de Shaykh Al-Islam Ibn Taymiyyah.

---

[1] Sourate ***Al-Hujurât***, v.14.
[2] Rapporté par Al-Bukhârî n°27 et Muslim n°150.

3 - Les croyants se divisent en deux groupes :

1 - *Sâbiqun*[1] : ceux qui concourent aux bonnes œuvres, qui sont les rapprochés d'Allah *(Al-Muqarrabûn).*

2- *Ashâb Al-Yamîn*[2] : les gens de la droite, qui sont les pieux (*Al-Abrâr*).

[1] NdT : *As-Sâbiqun* : ils accomplissent toutes les obligations et délaissent toutes les interdictions, font ce qui est surérogatoire et s'écartent de ce qu'il est préférable de délaisser.

[2] NdT : *Ashâb Al-Yamîn* (*Al-Muqtasidûn)* : ils accomplissent les obligations et s'écartent des interdictions.
Voir l'ouvrage « *Al-Furqân* » de Shaykh Al-Islâm ibn-Taymiyyah p.107, ainsi que « *Ta*c*lîm usûl al-îmân wa bayân mawâni*c *al-îmân* » de Shaykh As-Sacdî, p.16.

Leçon 17 : Quelques preuves indiquant que les oeuvres entrent dans la définition de Al-Îmân (la foi)

Allah (ﷻ) dit :

وَمَا كَانَ ٱللَّهُ لِيُضِيعَ إِيمَٰنَكُمْ

« *Et ce n'est pas Allah qui vous fera perdre [la récompense de] votre foi.* »[1]

C'est-à-dire vos prières. Il a donc désigné la prière (Salât) par le terme : foi (*Îmân*).

Se référer au Sahîh *Al-Bukhârî* 1/23, au chapitre « *La prière (Salât) fait partie de la foi (Îmân)* ».

- D'après Abû Hurayrah (ﷺ), le Prophète (ﷺ) a dit : « *Al-Îmân est composé de soixante-treize branches ou un peu plus. La meilleure étant le fait d'attester qu'il n'y a de divinité digne d'adoration qu'Allah (Lâ ilâha illa Allah), et la plus basse étant de retirer de la route ce qui peut nuire à autrui. Et la pudeur est une branche de l'Imân* »[2]

- D'après Ibn cAbbas (ﷺ), le Prophète (ﷺ) a dit : « *Savez-vous ce qu'est la foi en Allah ?* » Ils dirent : « Allah et Son Prophète sont plus savants. » Il dit : « *Attester qu'il n'y a de divinité digne d'adoration qu'Allah (lâ ilâha illa Allah) et que Muhammad est Son messager, accomplir la prière (Salât), s'acquitter de l'aumône légale (Zakât), jeûner le mois de Ramadan et donner le cinquième du butin.* »[3]

[1] Sourate ***Al-Baqarah***, v.143.

[2] Rapporté par Al-Bukhârî et Muslim, ceci étant la version de Muslim.

[3] Rapporté par Al-Bukhârî n°53 et Muslim n°17.

Leçon 18 :
Fatwa du comité permanent des savants de l'Iftâ

Louange à Allah. Et que les éloges et la salut d'Allah soient sur celui après qui il n'y aura plus aucun Prophète…

Le comité permanent des savants chargé des recherches et des avis juridiques a pris connaissance de ce qui a été envoyé à son éminence le Mufti général de la part d'un bon nombre de personnes demandant un avis juridique (*fatwa*) au comité général de l'organisation des grands savants sous les numéros : n°5411 daté du 7/11/1420 de l'Hégire, n°1026 daté du 17/2/1421, n°1016 daté du 7/2/1421, n°1395 daté du 8/3/1421, n°1650 daté du 17/3/1421, n°1893 daté du 25/3/1421, et n°2106 daté du 7/4/1421.

Ces personnes demandant un avis juridique (*fatwa)* ont posé plusieurs questions dont le sujet est :

« Il est apparu ces derniers temps, de façon effrayante, une idéologie nommée *Al-Irjâ'*[1], que beaucoup d'auteurs ont entrepris de le propager. Ils s'appuient pour cela sur des citations tronquées de Shaykh Al-Islam Ibn Taymiyyah, ce qui a eu pour conséquence de jeter dans la confusion beaucoup de gens concernant la définition de *Al-Îmân* (la foi), vu que ces personnes répandant cette pensée cherchent à exclure les œuvres de la définition de *Al-Îmân.* Ils prétendent que celui qui délaisse l'ensemble des oeuvres sera tout de même sauvé de l'Enfer. Cela pousse les gens à tomber dans les choses répréhensibles, comme l'association ou l'apostasie, à partir du moment où ces personnes, en se basant sur cette idéologie, pensent que *Al-Îmân* leur est assuré, même s'ils n'accomplissent pas les obligations, ne délaissent pas les interdits, et n'oeuvrent selon aucun des préceptes de l'Islam. Il n'y a aucun doute que cette idéologie comporte un danger certain contre les sociétés musulmanes et ce qui concerne les questions de croyance (*ᶜAqîda*) et d'adorations.

Nous espérons donc que vous fassiez lumière sur la réalité de ce mouvement de pensée et ses effets néfastes, que vous dévoiliez la vérité basée sur le Coran et la Sunna au sujet de *Al-Îmân,* et enfin que vous rétablissiez la vérité concernant les propos imputés à Shaykh Al-Islam Ibn Taymiyyah afin que les musulmans connaissent leur religion avec clairvoyance. Qu'Allah vous accorde le succès et vous guide dans le droit chemin.

[1] NdT : L'idéologie de *Al-Irjâ'* exclut les œuvres de la définition de *Al-Îmân* (la foi).

Après étude du comité chargé des avis juridiques, voici sa réponse :

Les propos cités sont ceux des *Murji'ah,* ceux qui excluent les oeuvres de la définition de *Al-Îmân* (la foi) et disent : *Al-Îmân* est seulement l'approbation (*at-tasdîq*) du cœur. Ou bien : l'approbation du cœur et la prononciation (des attestations) avec la langue. Quant aux oeuvres, elles sont seulement une condition pour parfaire la foi, mais n'en font pas partie. Donc, pour les *Murji'ah,* quiconque reconnaît avec son cœur et atteste avec sa langue est un croyant à la foi complète, quelles que soient les obligations qu'il délaisse et les péchés qu'il commet. Et il mérite d'entrer au Paradis, même s'il n'a jamais fait aucun bien.

Cet égarement implique des choses vaines, telles que : restreindre la mécréance au fait de démentir (Allah et Son Prophète), et au fait de juger licite ce qu'Allah a unanimement rendu illicite. Il n'y a aucun doute que cette parole est vaine et est un égarement manifeste contredisant le Coran, la Sunna, et la position des gens de la Sunna et du Consensus (*Ahl as-sunna wal-jamâcah*) par le passé comme dans le présent. Et cela ouvre une porte aux personnes mauvaises et perverses les incitant à se détacher de la religion et à ne pas agir en conformité avec les ordres et les interdictions, sans peur ni crainte d'Allah (ﷻ). Il implique également la suspension du *Jihâd* dans le sentier d'Allah, ainsi que le fait d'ordonner le bien et d'interdire le blâmable. Et il met sur un plan d'égalité au niveau de la foi le pieux et le dépravé, l'obéissant et le transgresseur, la personne suivant avec droiture la religion d'Allah et le pervers qui n'observe pas les obligations et interdictions de l'Islam, du moment que leurs actes ne portent pas préjudice à leur foi, comme ils le prétendent.

C'est pour cela que les savants de l'Islam par le passé comme dans le présent se sont occupés de démontrer l'invalidité de cette voie et de répliquer à ses adeptes. Ils ont ainsi consacré à cette question des chapitres spécifiques dans les livres traitants de la croyance. Bien plus, ils ont écrit des ouvrages indépendants traitant de ce sujet, comme l'a fait Shaykh Al-Islam Ibn Taymiyyah – qu'Allah lui fasse miséricorde – ainsi que bien d'autres.

Shaykh Al-Islam Ibn Taymiyyah – qu'Allah lui fasse miséricorde– dit dans son livre « *Al-caqîda al-Wâssitiyyah* » :

« Il fait partie des fondements des gens de la Sunna et du Consensus (*Ahl as-sunna wal-jamâcah*) que la religion et la foi sont paroles et oeuvres : paroles du cœur et de la langue, et oeuvres du cœur, de la langue et des membres, et que la foi augmente avec l'obéissance et diminue avec la désobéissance. »

Et dans le livre « *Kitâb al-Îmân (le livre de la foi)* », il dit :

« Il y a dans ce chapitre les propos des pieux prédécesseurs (*as-Salaf*) et des savants de la Sunna concernant la définition de la foi (*Al-Îmân*). Ils disent parfois : « (La foi est) paroles et oeuvres ». Et d'autres fois : « Elle est paroles, oeuvres et intention ». Ou bien : « Paroles, oeuvres, intention, et conformité à la Sunna ». Ou encore : « Paroles prononcées par la langue, croyance du cœur et oeuvres des membres ». Et tout cela est juste. »

Il dit aussi – qu'Allah lui fasse miséricorde :

« Les pieux prédécesseurs (*as-Salaf*) ont fortement récusé les *Murji'ah* lorsque ces derniers ont exclu les oeuvres de la foi. »

Il n'y a aucun doute que leur propos concernant l'égalité de la foi chez les gens est une grossière erreur. Bien au contraire, les gens ne sont pas sur un même pied d'égalité dans leur approbation, ni dans leur amour, leur crainte, leur science… Ils se différencient plutôt sur bien des aspects.

Il dit aussi – qu'Allah lui fasse miséricorde :

« En ce qui concerne ce fondement, les *Murji'ah* se sont détournés de ce que mettent en évidence le Coran, la Sunna et les dires des Compagnons et ceux qui les suivent dans le bien. Ils se sont appuyés sur leurs opinions erronées et sur leur interprétation, selon ce qu'ils ont compris de la langue arabe, et cela est la voie des gens de l'innovation. » Fin des propos de Shaykh Al-Islam Ibn Taymiyyah.

Voici quelques preuves montrant que les œuvres participent de la réalité de la foi entraînant son augmentation ou sa diminution, la parole d'Allah (ﷻ) :

إِنَّمَا ٱلْمُؤْمِنُونَ ٱلَّذِينَ إِذَا ذُكِرَ ٱللَّهُ وَجِلَتْ قُلُوبُهُمْ وَإِذَا تُلِيَتْ عَلَيْهِمْ ءَايَٰتُهُۥ زَادَتْهُمْ
إِيمَٰنًا وَعَلَىٰ رَبِّهِمْ يَتَوَكَّلُونَ ﴿٢﴾ ٱلَّذِينَ يُقِيمُونَ ٱلصَّلَوٰةَ وَمِمَّا رَزَقْنَٰهُمْ يُنفِقُونَ ﴿٣﴾
أُوْلَٰٓئِكَ هُمُ ٱلْمُؤْمِنُونَ حَقًّا لَّهُمْ دَرَجَٰتٌ عِندَ رَبِّهِمْ وَمَغْفِرَةٌ وَرِزْقٌ كَرِيمٌ ﴿٤﴾

« Les vrais croyants sont ceux dont les cœurs frémissent quand on mentionne Allah. Et quand Ses versets leur sont récités, cela fait augmenter leur foi. Et ils placent leur confiance en leur Seigneur. Ceux qui accomplissent la prière et qui dépensent [dans le sentier d'Allah] de ce que Nous leur avons attribué. Ceux-là sont, en toute vérité les croyants. »[1]

[1] Sourate *Al-Anfâl*, v.2-4.

Et Allah ﷻ dit :

قَدْ أَفْلَحَ ٱلْمُؤْمِنُونَ ﴿١﴾ ٱلَّذِينَ هُمْ فِى صَلَاتِهِمْ خَٰشِعُونَ ﴿٢﴾ وَٱلَّذِينَ هُمْ عَنِ ٱللَّغْوِ مُعْرِضُونَ ﴿٣﴾ وَٱلَّذِينَ هُمْ لِلزَّكَوٰةِ فَٰعِلُونَ ﴿٤﴾ وَٱلَّذِينَ هُمْ لِفُرُوجِهِمْ حَٰفِظُونَ ﴿٥﴾ إِلَّا عَلَىٰٓ أَزْوَٰجِهِمْ أَوْ مَا مَلَكَتْ أَيْمَٰنُهُمْ فَإِنَّهُمْ غَيْرُ مَلُومِينَ ﴿٦﴾ فَمَنِ ٱبْتَغَىٰ وَرَآءَ ذَٰلِكَ فَأُو۟لَٰٓئِكَ هُمُ ٱلْعَادُونَ ﴿٧﴾ وَٱلَّذِينَ هُمْ لِأَمَٰنَٰتِهِمْ وَعَهْدِهِمْ رَٰعُونَ ﴿٨﴾ وَٱلَّذِينَ هُمْ عَلَىٰ صَلَوَٰتِهِمْ يُحَافِظُونَ ﴿٩﴾

« ***Bienheureux sont les croyants, ceux qui sont humbles dans leur prière, se détournent des futilités, s'acquittent de la Zakât, et préservent leurs sexes [de tout rapport], si ce n'est qu'avec leurs épouses ou les esclaves qu'ils possèdent, car là vraiment, on ne peut les blâmer - alors que ceux qui cherchent [à assouvir leurs désirs] au-delà de ces limites sont des transgresseurs - et qui veillent à la sauvegarde des dépôts qui leur sont confiés et honorent leurs engagements, et qui observent strictement leur prière.*** »[1]

Et le Prophète (ﷺ) a dit : « *Al-Îmân est composé de soixante-treize branches ou un peu plus. La plus élevée étant le fait d'attester qu'il n'y a de divinité digne d'adoration qu'Allah (Lâ ilâha illa Allah), et la plus basse étant de retirer de la route ce qui peut nuire à autrui. Et la pudeur est une branche de Al-Îmân.* »

Shaykh Al-Islam Ibn Taymiyyah – qu'Allah lui fasse miséricorde– dit aussi dans le livre « *Kitâb Al-Îmân (le livre de la foi)* » :

« Le fondement de la foi (*Al-Îmân*) est dans le cœur : elle est la parole du cœur et ses œuvres. C'est l'attestation (*al-iqrâr*) accompagnée d'approbation (*at-tasdîq*), d'amour et de soumission. Il faut donc obligatoirement que les implications de ce qu'il y a dans le cœur se manifestent par les membres. Et si la personne n'œuvre pas selon ce que la foi nécessite et implique, cela indique sa faiblesse, voire son absence. C'est pour cela que les oeuvres apparentes font partie de la manifestation de ce qu'il y a dans le cœur, en attestent, en sont une preuve et en témoignent. Les oeuvres sont une branche ou une partie de la foi complète. »

[1] Sourate *Al-Mu'minûn*, v.1-9.

Il dit également :

« Quiconque observe la définition de *Al-Îmân* selon les *Khawârij* et les *Murji'ah* se rendra forcément compte qu'elle est en contradiction avec ce qu'a apporté le Prophète (ﷺ). Ainsi, on sait de façon notoire que l'obéissance à Allah et à Son Messager participe de la perfection de la foi, et qu'une personne ne devient pas mécréante en commettant un péché. Si l'on supposait que des gens avaient dit au Prophète (ﷺ) : « Nous croyons en ce avec quoi tu es venu avec nos cœurs sans aucunement en douter, et nous reconnaissons avec nos langues les deux attestations. Sauf que nous ne t'obéirons dans aucune chose, ni dans ce que tu as ordonné ni dans ce que tu as interdit. Nous ne prierons donc pas, ne jeûnerons pas, n'accomplirons pas le pèlerinage, nous ne délaisserons pas le mensonge, ne restituerons pas les dépôts, ne respecterons pas nos engagements, n'entretiendrons pas les liens de parenté, n'accomplirons aucun des actes de bien que tu nous as enjoints, boirons de l'alcool, forniquerons ouvertement avec des femmes qui nous sont interdites, tuerons ceux qu'il nous est possible de tuer parmi tes compagnons et ceux de ta communauté et prendrons leurs biens, et, bien plus, nous serons au coté de tes ennemis pour te combattre et te tuer aussi ! ». Est-ce qu'une personne sensée peut s'imaginer un seul instant que le Prophète (ﷺ) leur dise : « Vous êtes des croyants à la foi complète, et de plus vous faites partie des gens méritant mon intercession le Jour de la Résurrection, et il y a bon espoir qu'aucun d'entre vous n'entre en Enfer ?! » N'importe quel musulman sait forcément qu'il leur dirait plutôt : « Vous êtes les personnes qui mécroient le plus en ce avec quoi je suis venu », et qu'il les condamnerait à mort s'ils ne se repentaient pas.) Fin de citation.

Il dit également :

« Si le terme *Îmân* est cité seul dans le Coran et la Sunna, il a alors le même sens que les termes bonté (*al-birr*), piété (*at-taqwâ*) et religion (*ad-dîn*), comme mentionné précédemment. Le Prophète (ﷺ) a montré que *Al-Îmân* était composé de soixante-treize branches ou un peu plus, la meilleure étant le fait d'attester qu'il n'y a de divinité digne d'adoration qu'Allah (*Lâ ilâha illa Allah*), et la plus basse étant de retirer de la route ce qui peut nuire à autrui. Donc, tout ce qu'Allah aime entre dans l'appellation de *Al-Îmân*. De même que tout cela entre dans l'appellation de la bonté (*al-birr*) si elle est citée seule. Il en est également de même pour le terme piété (*at-taqwâ*) et religion (*ad-dîn*), ou religion de l'Islam (*dîn al-Islam*).

Il a été rapporté que lorsqu'ils interrogèrent au sujet de *Al-Îmân*, Allah (ﷻ) révéla le verset :

لَّيْسَ ٱلْبِرَّ أَن تُوَلُّوا۟ وُجُوهَكُمْ قِبَلَ ٱلْمَشْرِقِ وَٱلْمَغْرِبِ وَلَٰكِنَّ ٱلْبِرَّ مَنْ ءَامَنَ بِٱللَّهِ وَٱلْيَوْمِ ٱلْءَاخِرِ وَٱلْمَلَٰٓئِكَةِ وَٱلْكِتَٰبِ وَٱلنَّبِيِّۦنَ وَءَاتَى ٱلْمَالَ عَلَىٰ حُبِّهِۦ ذَوِى ٱلْقُرْبَىٰ وَٱلْيَتَٰمَىٰ وَٱلْمَسَٰكِينَ وَٱبْنَ ٱلسَّبِيلِ وَٱلسَّآئِلِينَ وَفِى ٱلرِّقَابِ وَأَقَامَ ٱلصَّلَوٰةَ وَءَاتَى ٱلزَّكَوٰةَ وَٱلْمُوفُونَ بِعَهْدِهِمْ إِذَا عَٰهَدُوا۟ ۖ وَٱلصَّٰبِرِينَ فِى ٱلْبَأْسَآءِ وَٱلضَّرَّآءِ وَحِينَ ٱلْبَأْسِ ۗ أُو۟لَٰٓئِكَ ٱلَّذِينَ صَدَقُوا۟ ۖ وَأُو۟لَٰٓئِكَ هُمُ ٱلْمُتَّقُونَ ﴿١٧٧﴾

« ***La bonté pieuse (al-birr) ne consiste pas à tourner vos visages vers le Levant ou le Couchant. Mais la bonté pieuse est de croire en Allah, au Jour dernier, aux anges, au Livre et aux prophètes, de donner de ses biens, quelqu'amour qu'on en ait, aux proches, aux orphelins, aux nécessiteux, aux voyageurs indigents et à ceux qui demandent l'aide et pour délier les jougs, d'accomplir la S̲alât et d'acquitter la Zakât. Et ceux qui remplissent leurs engagements lorsqu'ils se sont engagés, ceux qui sont endurants dans la misère, la maladie et quand les combats font rage, les voilà les véridiques et les voilà les vrais pieux !*** »[1]

Puis il dit :

« Ce que l'on retient ici est qu'Allah a fait l'éloge de *Al-Îmân* seulement s'il était accompagné d'oeuvres, et non pas de *Al-Îmân* dépourvu d'oeuvres. »

Tels sont les propos de Shaykh Al-Islam Ibn Taymiyyah concernant *Al-Îmân*. Et quiconque rapporte de lui autre que cela a certes menti à son sujet.

Quant à ce qui est rapporté dans le hadith concernant des gens qui entreront au Paradis sans jamais avoir fait quelque bien : il convient de savoir que ce hadith ne s'applique pas à ceux qui ont abandonné toute œuvre alors qu'ils avaient la possibilité (d'agir en bien). Il concerne seulement ceux qui ont une excuse les ayant empêchés d'œuvrer, tout comme il existe d'autres interprétations valides concordant avec les textes clairs (du Coran et de la Sunna) et le consensus des pieux prédécesseurs sur cette question.

[1] Sourate *Al-Baqarah*, .177.

Le comité permanent des savants de l'*Iftâ*, après cet éclaircissement, met en garde contre toute polémique concernant les bases de la croyance (*Al-ᶜAqîdah*) à cause des graves dangers qui peuvent en découler.

Il (le comité) conseille aussi de revenir aux livres de ceux qui suivent le Coran et la Sunna avec la compréhension des pieux prédécesseurs et met en garde quant au fait de se référer aux ouvrages s'y opposant, ainsi qu'aux livres récemment écrits par des personnes se prenant pour des savants et qui n'ont pas pris la science de ceux qui la possèdent réellement, ni de ses références de base. Ils ont dédaigné les propos des vrais savants concernant ce fondement capital, le fondement de la foi, ont adopté la voie des *Murji'ah* et l'ont imputée injustement à *Ahl as-sunna wal jamâᶜah*, jetant ainsi les gens dans la confusion. Ils se sont outrageusement appuyés sur des propos de Shaykh Al-Islam Ibn Taymiyyah - qu'Allah lui fasse miséricorde - ainsi que d'autres grands savants parmi les pieux prédécesseurs en rapportant d'eux des citations tronquées, ainsi que des propos ambigus, sans se référer aux textes clairs (sans équivoques).

Nous leur conseillons de craindre Allah dans leur for intérieur, de revenir à la raison et de ne pas diviser les rangs des musulmans avec cette voie qui est un égarement.

Le comité met également en garde les musulmans contre le fait de se laisser duper et de tomber dans le piège de ceux qui s'opposent à *Ahl as-sunna wal jamâᶜah*.

Qu'Allah accorde à tous la science bénéfique et les œuvres pieuses ainsi que la bonne compréhension de la religion.

Que les éloges et le salut d'Allah soient sur notre Prophète Muhammad, sa famille et ses compagnons.

Le comité permanent chargé des recherches et des avis juridiques :

Le président :
ᶜAbd Al-ᶜAzîz Ibn ᶜAbd Allah Ibn Muhammad Âl As-Shaykh.

Membre :
ᶜAbd Allah Ibn ᶜAbd Al-Rahmân Al-Ghudayân.

Membre :
Sâlih Ibn Fawzân Al-Fawzân.

Membre :
Bakr Ibn ᶜAbd Allah Abû Zayd.

Leçon 19 : *Al-Ih̲sân* (l'excellence) comprend un seul pilier

Sache que lorsque Jibrîl (l'ange Gabriel) a questionné le Prophète (ﷺ) au sujet de *Al-Ih̲sân* (l'excellence), il lui a répondu : « *Al-Ih̲sân consiste à adorer Allah comme si tu Le voyais, car si tu ne Le vois pas, Lui te voit.* »[1]

- **Shaykh Muh̲ammad Ibn S̲âlih̲ Ibn ᶜUthaymîn** – qu'Allah lui fasse miséricorde – dit, comme dans son recueil de *Fatâwas*, 3/216-219 :

« *Al-Ih̲sân* est le contraire de la malfaisance : *Al-Ih̲sân* consiste à ce que la personne déploie ses efforts dans le bien et se préserve de commettre le mal. Elle dépense donc de ses biens, de sa science, de son rang et de sa personne dans l'intérêt des serviteurs d'Allah.

- **Pour ce qui est de ses biens** :

La personne dépense de ses biens dans le bien, donne des aumônes et s'acquittent de la *Zakât*. Et la meilleure forme d'*Ih̲sân* concernant les biens est la *Zakât*, car elle est l'un des piliers de l'Islam et l'un de ses édifices primordiaux. De plus, l'Islam de la personne ne se réalise qu'avec elle. Enfin, la *Zakât* est la dépense la plus aimée d'Allah (ﷻ). Puis, suivent les dépenses obligatoires faites pour sa femme, sa mère, son père, ses enfants, ses frères, les enfants de ses frères, ses sœurs, ses oncles paternels, ses tantes paternelles, ses tantes maternelles, etc. Puis, suivent les aumônes faites aux pauvres et aux autres personnes les méritant, comme par exemple les étudiants en science religieuse.

- **Quant à son rang** :

Les personnes ont en effet des rangs différents, comme ceux qui ont une position notable auprès de celui qui a de l'autorité. Si quelqu'un s'adresse à eux en leur demandant d'intercéder en sa faveur auprès de cette personne influente, alors ceux-ci l'aident soit en repoussant de lui un mal, soit en lui étant d'une quelconque utilité.

- **Quant à sa science** :

Cela consiste à utiliser de son mieux sa science au profit des serviteurs d'Allah en enseignant dans les assemblées et assises générales et

---

[1] Rapporté par Al-Bukhârî dans « *Al-Îmân* » n°50 et Muslim également dans « *Al- Îmân* » n°9-10, tous deux d'après Abû Hurayrah. Et Muslim l'a aussi rapporté dans « *Al- Îmân* » d'après ᶜUmar, n°8.

particulières. Et même à l'occasion d'un café entre amis, il fait partie du bien et de l'*Ihsân* de les instruire.

Par contre, sur ce point, il convient d'utiliser la sagesse. Il ne faut pas être pesant en sermonnant les gens à chaque fois que l'on s'entretient avec eux quelque part. Car le Prophète (ﷺ) n'abusait pas des rappels, il les faisait en choisissant le moment adéquat car les âmes se fatiguent et se lassent. Et si elles sont lassées, elles perdent de leur vigueur, s'affaiblissent et il se peut même qu'elles se mettent à éprouver de l'aversion pour le bien à cause du trop grand nombre de ceux qui en parlent.

- **Quant à l'*Ihsân* en dépensant de sa personne :**

Le Prophète (ﷺ) a dit : « *Le fait d'aider une personne à monter sur sa monture, ou de l'aider à y monter ses affaires, est une aumône.* » Donc, aider une personne en portant ses affaires avec elle, ou en lui indiquant un chemin, ou d'autres choses semblables, tout cela fait partie de l'*Ihsân*.

Tel est l'*Ihsân* envers les serviteurs d'Allah.

- **En ce qui concerne l'*Ihsân* dans l'adoration d'Allah :**

Il consiste à « *adorer Allah comme si tu Le voyais* », comme l'a dit le Prophète (ﷺ). Cette adoration – c'est-à-dire l'adoration faite comme si on Le voyait – est une adoration de sollicitation et de ferveur. Et la personne trouve en son âme ce qui l'exhorte à cette adoration car elle demande ce qu'elle aime. Elle L'adore donc comme si elle Le voyait, en ne visant qu'Allah, revenant à Lui par l'adoration et se rapprochant de Lui (ﷻ).

« *Car si tu ne Le vois pas, Lui te voit* » : cela est une adoration de fuite et de peur. C'est ainsi le second degré dans l'*Ihsân* : si tu n'adores pas Allah comme si tu Le voyais, en Le sollicitant et exhortant ton âme afin de parvenir à Lui, alors adore Allah (ﷻ) en sachant que Lui, te voit. Tu L'adores donc par peur de Lui, fuyant Son châtiment et Sa punition. Et ce degré est moindre que le premier. L'adoration d'Allah (ﷻ) est, comme l'a dit Ibn Al-Qayyim, qu'Allah lui fasse miséricorde :

L'adoration du Miséricordieux est son amour complet,
Ainsi que la soumission de Son serviteur, formant ainsi deux piliers

L'adoration est donc basée sur ces deux principes :

– Un amour complet.

– Une soumission complète.

Il y a donc dans l'amour la sollicitation, et dans la soumission la peur et la fuite. Tel est l'*Ihsân* dans l'adoration d'Allah (ﷻ). Et si la personne adore Allah de cette façon, elle sera alors sincère envers Lui (ﷻ), ne désirant nullement par son adoration se faire voir ou entendre, ou être couverte d'éloges. Peu lui importe si les gens sont au courant de ce qu'elle fait ou pas, cela lui est égal. Elle parfait ses adorations quoi qu'il en soit. » Fin des propos de Shaykh Muhammad Ibn Sâlih Ibn ᶜUthaymîn.

- **Je dis, en résumé, que** :

– *Al-Ihsân* est le contraire de la malfaisance.

– *Al-Ihsân* se divise en deux parties :

1 – *Al-Ihsân* envers les créatures.

2 – *Al-Ihsân* dans l'adoration du Créateur.

Quant au premier, qui est *Al-Ihsân* envers les créatures, il concerne quatre choses :

1 – Les biens.

2 – Le rang.

3 – La science.

4 – Sa personne.

Quant au second, qui est *Al-Ihsân* dans l'adoration du Créateur, il possède deux degrés :

1 – Adorer Allah comme si tu Le voyais. Et ceci est l'adoration de celui qui sollicite Sa miséricorde et Son pardon.

2 – Car si tu ne Le vois pas, Lui te voit. Et ceci est l'adoration de celui qui fuit Son châtiment et Son feu.

Leçon 20 : La définition de l'Unicité (*At-Tawhîd*)

***At-Tawhîd* dans la langue arabe** est le nom d'action (*masdar*) du verbe « *wahhada/yuwahhidu* », qui signifie rendre une chose unique.

***At-Tawhîd* dans la loi religieuse** consiste à unifier Allah dans Sa seigneurie (*Rubûbiyyah*), Son adoration (*Ulûhiyyah*), Ses noms et attributs (*Asmâ' wa-s-sifât*) et Son jugement (*Hukm*).

- Sache mon frère, qu'Allah nous accorde le succès, que la personne ne fait partie des gens au *Tawhîd* complet qu'en unifiant Allah par toutes les sortes d'adoration.

Allah (ﷻ) dit :

الر كِتَٰبٌ أُحْكِمَتْ ءَايَٰتُهُۥ ثُمَّ فُصِّلَتْ مِن لَّدُنْ حَكِيمٍ خَبِيرٍ ﴿١﴾ أَلَّا تَعْبُدُوٓا۟ إِلَّا ٱللَّهَ ۚ إِنَّنِى لَكُم مِّنْهُ نَذِيرٌ وَبَشِيرٌ ﴿٢﴾

« ***Alif, Lam, Ra. C'est un Livre dont les versets sont parfaits en style et en sens, émanant d'un Sage, Parfaitement Connaisseur. N'adorez qu'Allah. Moi, je suis pour vous, de Sa part, un avertisseur et un annonciateur.*** »[1]

وَلَقَدْ أَرْسَلْنَا نُوحًا إِلَىٰ قَوْمِهِۦٓ إِنِّى لَكُمْ نَذِيرٌ مُّبِينٌ ﴿٢٥﴾ أَن لَّا تَعْبُدُوٓا۟ إِلَّا ٱللَّهَ ۖ إِنِّىٓ أَخَافُ عَلَيْكُمْ عَذَابَ يَوْمٍ أَلِيمٍ ﴿٢٦﴾

« ***Nous avons déjà envoyé Noé à son peuple : ‹Je suis pour vous un avertisseur explicite afin que vous n'adoriez qu'Allah. Je crains pour vous le châtiment d'un jour douloureux›.*** »[2]

وَٱذْكُرْ أَخَا عَادٍ إِذْ أَنذَرَ قَوْمَهُۥ بِٱلْأَحْقَافِ وَقَدْ خَلَتِ ٱلنُّذُرُ مِنۢ بَيْنِ يَدَيْهِ وَمِنْ خَلْفِهِۦٓ أَلَّا تَعْبُدُوٓا۟ إِلَّا ٱللَّهَ إِنِّىٓ أَخَافُ عَلَيْكُمْ عَذَابَ يَوْمٍ عَظِيمٍ ﴿٢١﴾

« ***Et rappelle-toi le frère des ᶜÂd (Hud) quand il avertit son peuple à Al-Ahqâf - alors qu'avant et après lui, des avertisseurs sont passés - [en***

[1] Sourate *Hûd*, v.1-2.

[2] Sourate *Hûd*, v.25-26.

***disant] : ‹N'adorez qu'Allah. Je crains pour vous le châtiment d'un jour terrible›.** »[1]

- Et on ne fait partie de ceux qui suivent sincèrement le Prophète (ﷺ) qu'à partir du moment où on le suit exclusivement (*al-Mutâba^cah*). Ainsi, de la même façon que nous n'adorons qu'Allah, nous ne suivons que le Prophète (ﷺ).

Allah (ﷻ) dit :

قُلْ إِن كُنتُمْ تُحِبُّونَ ٱللَّهَ فَٱتَّبِعُونِى يُحْبِبْكُمُ ٱللَّهُ وَيَغْفِرْ لَكُمْ ذُنُوبَكُمْ ۗ وَٱللَّهُ غَفُورٌ رَّحِيمٌ

« ***Dis : ‹Si vous aimez vraiment Allah, suivez-moi, Allah vous aimera alors et vous pardonnera vos péchés. Allah est Pardonneur et Miséricordieux.*** »[2]

فَلَا وَرَبِّكَ لَا يُؤْمِنُونَ حَتَّىٰ يُحَكِّمُوكَ فِيمَا شَجَرَ بَيْنَهُمْ ثُمَّ لَا يَجِدُوا۟ فِىٓ
أَنفُسِهِمْ حَرَجًا مِّمَّا قَضَيْتَ وَيُسَلِّمُوا۟ تَسْلِيمًا ﴿٦٥﴾

« ***Non !... Par ton Seigneur ! Ils ne seront pas croyants aussi longtemps qu'ils ne t'auront demandé de juger de leurs disputes et qu'ils n'auront éprouvé nulle angoisse pour ce que tu auras décidé, et qu'ils se soumettent complètement [à ta sentence].*** »[3]

---

[1] Sourate *Al-Ahqâf*, v.21.
[2] Sourate *Âl ^cImrân*, v.31.
[3] Sourate *An-Nisâ'*, v.65.

Leçon 21 : Les preuves concernant l'unicité (*At-Tawhîd*)

Allah (ﷻ) dit :

قُلْ هُوَ ٱللَّهُ أَحَدٌ ﴿١﴾ ٱللَّهُ ٱلصَّمَدُ ﴿٢﴾ لَمْ يَلِدْ وَلَمْ يُولَدْ ﴿٣﴾ وَلَمْ يَكُن لَّهُۥ كُفُوًا أَحَدٌۢ ﴿٤﴾

« *Dis : ‹Il est Allah, Unique (Ahad). Allah, Le Seul à être imploré pour ce que nous désirons. Il n'a jamais engendré, n'a pas été engendré non plus. Et nul n'est égal à Lui›.* »[1]

وَإِذَا ذَكَرْتَ رَبَّكَ فِى ٱلْقُرْءَانِ وَحْدَهُۥ وَلَّوْا۟ عَلَىٰٓ أَدْبَٰرِهِمْ نُفُورًا

« ***Et quand, dans le Coran, tu évoques Ton Seigneur l'Unique, ils tournent le dos par répulsion.*** »[2]

وَإِذَا ذُكِرَ ٱللَّهُ وَحْدَهُ ٱشْمَأَزَّتْ قُلُوبُ ٱلَّذِينَ لَا يُؤْمِنُونَ بِٱلْءَاخِرَةِ ۖ وَإِذَا ذُكِرَ ٱلَّذِينَ مِن دُونِهِۦٓ إِذَا هُمْ يَسْتَبْشِرُونَ ﴿٤٥﴾

« ***Et quand Allah est mentionné Seul (sans associés), les coeurs de ceux qui ne croient pas en l'au-delà se crispent et quand on mentionne ceux qui sont en dehors de Lui, voilà qu'ils se réjouissent.*** »[3]

ذَٰلِكُم بِأَنَّهُۥٓ إِذَا دُعِىَ ٱللَّهُ وَحْدَهُۥ كَفَرْتُمْ ۖ وَإِن يُشْرَكْ بِهِۦ تُؤْمِنُوا۟ ۚ فَٱلْحُكْمُ لِلَّهِ ٱلْعَلِىِّ ٱلْكَبِيرِ ﴿١٢﴾

« ***Il en est ainsi car lorsqu'Allah était invoqué Seul (sans associés), vous ne croyiez pas ; et si on Lui donnait des associés, alors vous croyiez. Le jugement appartient à Allah, le Très-Haut, le Très Grand›.*** »[4]

Ce qui est à retenir des versets sont les termes « Unique » (*Ahad*) et « Seul » (*Wahdahu*).

---

[1] Sourate *Al-Ikhlâs*, v.1-4.
[2] Sourate *Al-Isrâ'*, v.46.
[3] Sourate *Az-Zumar*, v.45.
[4] Sourate *Ghâfir*, v.12.

- D'après Ibn cAbbâs (ﷺ), le Messager d'Allah (ﷺ) a dit à Mucadh lorsqu'il l'envoya au Yémen : « *Tu vas te présenter à un peuple parmi les gens du Livre. La première chose à laquelle tu devras les appeler est d'unifier Allah* (ﷻ). »[1]

- D'après Târik Ibn Ashîm (ﷺ) : j'ai entendu le messager d'Allah (ﷺ) dire : « *Celui qui unifie Allah et mécroit en tout ce qui est adoré en dehors de Lui, ses biens et son sang sont sacrés, et son jugement revient à Allah* (ﷻ). »[2]

- D'après Ibn cUmar (ﷺ), le Prophète (ﷺ) a dit : « *L'Islam est bâti sur cinq (piliers) : sur le fait d'unifier Allah, d'accomplir la Salât (la prière), de s'acquitter de la Zakât (l'aumône légale), de jeûner le mois de Ramadan et d'accomplir le pèlerinage.* »[3]

- cAbd Allah Ibn cAmr Ibn Al-cÂs (ﷺ) rapporte que [son grand-père] Al-cÂs Ibn Wâ'il avait fait le serment dans la période d'ignorance (*Al-Jâhiliyyah*) de sacrifier cent chameaux ; Hishâm Ibn Al-cÂs en sacrifia cinquante au nom de son père. cAmr questionna le Prophète (ﷺ) au sujet des cinquante restants. Il (ﷺ) dit : « *Concernant ton père, s'il avait reconnu l'unicité d'Allah (at-tawhîd), alors le fait que tu jeûnes et fasses des aumônes en sa faveur lui aurait été profitable.* »[4]

- **Je dis** : Ce hadith est plutôt bon (*hasan*).

- **Je dis** : Il y a dans ces preuves une réfutation des ignorants qui renient le *Tawhîd*.

[1] Rapporté par Al-Bukhârî dans « *At-Tawhîd* » n°6937, et c'est sa version. Et Muslim dans « *Al-Îmân* » n°30 et 31. Et Muslim l'a rapporté d'après Mucadh Ibn Jabal n°19.

[2] Rapporté par Muslim dans « *Al-Îmân* » chap.8, 1/53. Et Ahmad 3/472.

[3] Al-Bukhârî dans « *Al-Îmân* » n°8. Muslim également dans « *Al-Îmân* » n°16 et c'est sa version.

[4] Rapporté par l'imam Ahmad 2/182, et Shaykh Al-Albâni – qu'Allah lui fasse miséricorde – l'a authentifié dans « *As-Silsila As-Sahîhah* » n°484.

Leçon 22 : *At-Tawhîd* se divise en quatre parties

Sache mon frère, qu'Allah nous raffermisse sur la vérité, que le *Tawhîd* se divise en quatre parties [1] qui sont :

1- *Tawhîd Ar-Rubûbiyyah* (l'unicité de la seigneurie).

2- *Tawhîd Al-Ulûhiyyah* (l'unicité de l'adoration).

3- *Tawhîd Al-Asmâ wa-s-sifât* (l'unicité des noms et attributs).

4- *Tawhîd Al-Mutâbacah* (l'unicité de conformité à la Sunna).

Et ces quatre parties se trouvent toutes dans la sourate « *Al-Fâtihah* ».

- Quant à la parole d'Allah (ﷻ) :

بِسْمِ ٱللَّهِ ٱلرَّحْمَٰنِ ٱلرَّحِيمِ ﴿١﴾

« ***Au nom d'Allah, le Tout Miséricordieux, le Très Miséricordieux.*** »[2]

On y trouve *Tawhîd Al-Ulûhiyya* (l'unicité de l'adoration) et *Tawhîd Al-Asmâ wa-s-sifât* (l'unicité des noms et attributs).

- Quant à Sa parole (ﷻ) :

ٱلْحَمْدُ لِلَّهِ رَبِّ ٱلْعَٰلَمِينَ ﴿٢﴾

« ***Louange à Allah, Seigneur de l'univers.*** »[3]

On y trouve *Tawhîd Al-Ulûhiyyah* (l'unicité de l'adoration), *Tawhîd Ar-Rubûbiyyah* (l'unicité de la seigneurie) et *Tawhîd Al-Asmâ wa-s-sifât* (l'unicité des noms et attributs).

---

[1] NdT : Ce sont les quatre parties de l'unicité (*tawhîd*). Quant à « l'unicité d'Allah » (*tawhîd Allah*), elle se divise en trois parties :
1- *Tawhîd Ar-Rubûbiyyah* (l'unicité de la seigneurie)
2- *Tawhîd Al-Ulûhiyyah* (l'unicité de l'adoration)
3- *Tawhîd Al-Asmâ wa-s-sifât* (l'unicité des noms et attributs)

[2] Sourate ***Al-Fâtihah***, v.1.

[3] Sourate ***Al-Fâtihah***, v.2.

- Quant à Sa parole (ﷻ) :

الرَّحْمَٰنِ الرَّحِيمِ ﴿٣﴾ مَٰلِكِ يَوْمِ الدِّينِ ﴿٤﴾

« ***Le Tout Miséricordieux, le Très Miséricordieux, Maître du Jour de la rétribution.*** »[1]

On y trouve *Tawh̲îd Al-Asmâ wa-s-s̲ifât* (l'unicité des noms et attributs) et *Tawh̲îd Ar-Rububiyya* (l'unicité de la seigneurie).

- Quant à Sa parole (ﷻ) :

إِيَّاكَ نَعْبُدُ وَإِيَّاكَ نَسْتَعِينُ ﴿٥﴾

« ***C'est Toi [Seul] que nous adorons, et c'est Toi [Seul] dont nous implorons secours.*** »[2]

On y trouve *Tawh̲îd Al-Ulûhiyyah* (l'unicité de l'adoration).

- Quant à Sa parole (ﷻ) :

اهْدِنَا الصِّرَاطَ الْمُسْتَقِيمَ ﴿٦﴾ صِرَاطَ الَّذِينَ أَنْعَمْتَ عَلَيْهِمْ غَيْرِ الْمَغْضُوبِ عَلَيْهِمْ وَلَا الضَّالِّينَ ﴿٧﴾

« ***Guide-nous dans le droit chemin, le chemin de ceux que Tu as comblés de faveurs, non pas de ceux qui ont encouru Ta colère, ni des égarés.*** »[3]

On y trouve *Tawh̲îd Al-Ulûhiyyah* (l'unicité de l'adoration) et *Tawh̲îd Al-Mutâbacah* (l'unicité de conformité à la Sunna).

Se référer à « *Sharh̲ Al-caqîda At-T̲ah̲âwiyyah* », p.89. Et « *Al-Jâmic Al-Farîd* », p.276.

[1] Sourate ***Al-Fâtih̲ah***, v.3-4.
[2] Sourate ***Al-Fâtih̲ah***, v.5.
[3] Sourate ***Al-Fâtih̲ah***, v.6-7.

Leçon 23 : Première partie : *Tawhîd Ar-Rubûbiyyah*

***Tawhîd Ar-Rubûbiyyah* (l'unicité de la seigneurie)** : c'est unifier Allah dans Ses actes.

Cela signifie qu'Allah est le seul Créateur, Commandeur, Roi et Gérant. Il est le Créateur de toutes choses, les faisant exister à partir du néant, sans associé ni assistant. C'est donc Lui le Créateur, Celui qui détient le commandement, Il est le Souverain, le Gérant (de toute affaire), Seul sans aucun associé.

Allah (ﷻ) dit :

ٱلْحَمْدُ لِلَّهِ رَبِّ ٱلْعَـٰلَمِينَ ﴿٢﴾

« ***Louange à Allah, Seigneur de l'univers.*** »[1]

Dans six passages du Coran qui sont :

1- *Al-Fâtiha*, v2.
2- *Al-Ancâm*, v45.
3- *Yûnus*, v10.
4- *As-Sâffât*, v182.
5- *Az-Zumar*, v75.
6- *Ghâfir*, v65.

Allah (ﷻ) dit :

إِنَّ رَبَّكُمُ ٱللَّهُ ٱلَّذِى خَلَقَ ٱلسَّمَـٰوَٰتِ وَٱلْأَرْضَ فِى سِتَّةِ أَيَّامٍ ثُمَّ ٱسْتَوَىٰ عَلَى ٱلْعَرْشِ يُغْشِى ٱلَّيْلَ ٱلنَّهَارَ يَطْلُبُهُۥ حَثِيثًا وَٱلشَّمْسَ وَٱلْقَمَرَ وَٱلنُّجُومَ مُسَخَّرَٰتٍۭ بِأَمْرِهِۦٓ ۗ أَلَا لَهُ ٱلْخَلْقُ وَٱلْأَمْرُ ۗ تَبَارَكَ ٱللَّهُ رَبُّ ٱلْعَـٰلَمِينَ ﴿٥٤﴾

« ***Votre Seigneur est Allah, qui a créé les cieux et la terre en six jours, puis S'est élevé (Istawâ) sur le Trône. Il couvre le jour de la nuit qui poursuit celui-ci sans arrêt. (Il a créé) le soleil, la lune et les étoiles, soumis à Son commandement. La création et l'ordre n'appartiennent qu'à Lui. Toute gloire à Allah, Seigneur de l'Univers !*** »[2]

---

[1] Sourate *Al-Fâtihah*, v.2.
[2] Sourate *Al-Acrâf*, v.54.

ٱلرَّحۡمَٰنِ ٱلرَّحِيمِ ﴿٣﴾ مَٰلِكِ يَوۡمِ ٱلدِّينِ ﴿٤﴾

« Maître du Jour de la rétribution. »[1]

قُلۡ أَعُوذُ بِرَبِّ ٱلنَّاسِ ﴿١﴾ مَلِكِ ٱلنَّاسِ ﴿٢﴾

« Dis : Je cherche protection auprès du Seigneur des hommes. Le Souverain des hommes. »[2]

يُدَبِّرُ ٱلۡأَمۡرَ مِنَ ٱلسَّمَآءِ إِلَى ٱلۡأَرۡضِ ثُمَّ يَعۡرُجُ إِلَيۡهِ فِي يَوۡمٖ كَانَ مِقۡدَارُهُۥٓ أَلۡفَ سَنَةٖ مِّمَّا تَعُدُّونَ ﴿٥﴾

« Du ciel à la terre, Il administre l'affaire, laquelle ensuite monte vers Lui en un jour équivalant à mille ans de votre calcul. »[3]

وَمَن يُدَبِّرُ ٱلۡأَمۡرَۚ فَسَيَقُولُونَ ٱللَّهُۚ فَقُلۡ أَفَلَا تَتَّقُونَ ﴿٣١﴾

« Qui administre tout ? Ils diront : « Allah. » Dis alors : « Ne le craignez-vous donc pas ? » »[4]

تَبَٰرَكَ ٱلَّذِي بِيَدِهِ ٱلۡمُلۡكُ وَهُوَ عَلَىٰ كُلِّ شَيۡءٖ قَدِيرٌ ﴿١﴾

« Béni soit Celui dans la main de qui est la royauté, et Il est Omnipotent. »[5]

قُلۡ مَنۢ بِيَدِهِۦ مَلَكُوتُ كُلِّ شَيۡءٖ وَهُوَ يُجِيرُ وَلَا يُجَارُ عَلَيۡهِ إِن كُنتُمۡ تَعۡلَمُونَ ﴿٨٨﴾ سَيَقُولُونَ لِلَّهِۚ قُلۡ فَأَنَّىٰ تُسۡحَرُونَ ﴿٨٩﴾

« Dis : « Qui détient dans sa main la royauté absolue de toute chose, et qui protège et n'a pas besoin d'être protégé ? [Dites], si vous le savez ! » Ils diront : « Allah. » Dis : « Comment donc se fait-il que vous soyez ensorcelés ? » [au point de ne pas croire en Lui] »[6]

---

1 Sourate *Al-Fâtihah*, v.3-4.

2 Sourate *An-Nâs*, v.1-2.

3 Sourate *As-Sajdah*, v.5.

4 Sourate *Yûnus*, v.31.

5 Sourate *Al-Mulk*, v.1.

6 Sourate *Al-Mu'minûn*, v.88-89.

- **Je dis** : Personne n'a renié cette partie du *Tawhîd* exceptés Pharaon, *An-Numrud, Ad-Dahriyyah*[1] par le passé, et les communistes de nos jours. Et la personne qui la renie est considérée mécréante et athée.

[1] Il s'agit des matérialistes qui ne croient qu'en la réalité de la matière [NdT]

Leçon 24 : Seconde partie : *Tawh̲îd Al-Ulûhiyyah*

***Tawh̲îd Al-Ulûhiyyah* (l'unicité de l'adoration)** : c'est unifier Allah dans les actes des serviteurs.

Son sens est de vouer toutes les formes d'adoration à Allah, Seul, sans aucun associé qu'il s'agisse du sacrifice (*ad-dhabh̲*), du vœu (*an-nadhr*), de l'invocation (*ad-du*ᶜ*â*), de la pleine confiance (*at-tawakkul*), de la peur (*al-khawf*), de l'espérance (*ar-rajâ'*), du retour par l'adoration (*al-inâbah*), du désir (*ar-raghbah*), de la frayeur (*ar-rahbah*), de la crainte (*al-khachyah*)… et autres types d'adoration.

Allah (ﷻ) dit :

وَٱعۡبُدُوا۟ ٱللَّهَ وَلَا تُشۡرِكُوا۟ بِهِۦ شَيۡـًٔاۖ

« ***Adorez Allah et ne Lui donnez aucun associé.*** »[1]

وَقَضَىٰ رَبُّكَ أَلَّا تَعۡبُدُوٓا۟ إِلَّآ إِيَّاهُ

« ***Et ton Seigneur a décrété de n'adorer que Lui.*** »[2]

وَمَا خَلَقۡتُ ٱلۡجِنَّ وَٱلۡإِنسَ إِلَّا لِيَعۡبُدُونِ ﴿٥٦﴾

« ***Je n'ai créé les djinns et les hommes que pour qu'ils M'adorent.*** »[3]

- C'est-à-dire afin de M'unifier, suivre Mes ordres et délaisser Mes interdits.

Et c'est cela le sens de « *Ash-hadu alLâ ilâha illa Allah* » (J'atteste qu'il n'y a de divinité digne d'adoration qu'Allah).

- **Je dis** : Ceux qui renient cette partie du *Tawh̲îd* sont les polythéistes par le passé, et les adorateurs des tombes de nos jours.

[1] Sourate *An-Nisâ'*, v.36.
[2] Sourate *Al-Isrâ'*, v.23.
[3] Sourate *Ad-Dhâriyât*, v.56.

Leçon 25 :
Troisième partie : *Tawhîd Al-Asmâ wa-s-sifât*

Tawhîd Al-Asmâ wa-s-sifât (l'unicité des noms et attributs) : c'est unifier Allah par les noms avec lesquels Il s'est Lui-même nommé, ou ceux avec lesquels le Prophète (ﷺ) L'a nommé, par ce qu'Il s'est Lui-même décrit, ou ce avec quoi le Prophète (ﷺ) L'a décrit. Et ceci sans s'interroger sur le comment (de Ses noms et attributs) (*Takyîf*)[1], sans recourir à des comparaisons (entre Ses attributs et les attributs de Sa création) (*Tamthîl*)[2], sans déformation (*Tahrîf*)[3] ni négation (*Tacṯîl*)[4]. Conformément à ce qu'Allah ﷻ dit :

لَيْسَ كَمِثْلِهِۦ شَىْءٌ ۖ وَهُوَ ٱلسَّمِيعُ ٱلْبَصِيرُ

« ***Il n'y a rien qui Lui ressemble, et c'est Lui l'Audient, le Clairvoyant.*** »[5]

وَلِلَّهِ ٱلْأَسْمَآءُ ٱلْحُسْنَىٰ فَٱدْعُوهُ بِهَا ۖ وَذَرُوا۟ ٱلَّذِينَ يُلْحِدُونَ فِىٓ أَسْمَٰٓئِهِۦ ۚ سَيُجْزَوْنَ مَا كَانُوا۟ يَعْمَلُونَ ﴿١٨٠﴾

---

[1] NdT : *At-Takyîf* : le fait de citer le comment (*al-kayfiyyah*) des attributs d'Allah. Par exemple, le fait de questionner sur le comment de l'élévation (*istiwâ*) d'Allah sur Son Trône, « comment s'est-Il élevé ? ».

[2] ***At-Tamthîl*** : L'anthropomorphisme : le fait de dire dans son cœur ou avec sa langue que les attributs d'Allah (ﷻ) sont semblables à ceux de Ses créatures.

[3] ***At-Tahrîf*** : la modification des termes d'un texte ou de son sens.
Exemple de modification des termes d'un texte :
Entre autre par l'ajout d'une lettre, comme transformer « *istawâ* » (s'élever) par « *istawlâ* » (s'emparer). C.-à-d. au lieu de dire qu'Allah s'est élevé « *istawâ* » sur Son Trône, dire qu'Il s'est emparé ou a pris possession du Trône « *istawlâ* ».
Exemple de modification du sens d'un texte :
Ceux qui déforment le sens du terme « mains » dans le verset بَلْ يَدَاهُ مَبْسُوطَتَانِ : « ***Ses deux mains sont largement ouvertes (mabsutatâni)*** », en disant que les mains signifient Sa puissance (*qudrah*), ou Ses bienfaits (*nicmah*), ou autre…

[4] ***At-Tacṯîl*** : Nier ce qu'il est obligatoire d'affirmer comme Noms et Attributs. Soit totalement comme le *Tacṯîl* des *Jahmiyyah*, soit en partie comme le *Tacṯîl des Ashcariyyah* qui n'affirment que sept attributs à Allah.
Voir « *cAqîda ahl as-sunna wal-jamâcah* » p.21, « *Mudhakkirat cala al-caqîda al-Wâssitiyyah* » p.6-7, et « *Sharh al-caqîda al-Wâssitiyyah* » p.77, tous de Shaykh Muhammad Ibn Sâlih Al-cUthaymîn. Ainsi que « *Sharh al-caqîda al-Wâssitiyyah* » de Shaykh Harrâss (éditions Ibn Taymiyyah) p.16.

[5] Sourate *As-Shûrâ*, v.11.

« *C'est à Allah qu'appartiennent les plus beaux Noms. Invoquez-Le par ces noms et laissez ceux qui profanent Ses noms : ils seront rétribués pour ce qu'ils ont fait.* »[1]

Nous n'affirmons pour Allah que les noms et attributs cités dans le Coran ou la Sunna authentique, d'une façon convenant à Sa majesté.

Il fait donc partie de notre credo de croire qu'Allah entend, voit, parle quand Il veut et comme Il le veut, qu'Il est élevé sur Son Trône d'une façon convenant à Sa majesté, conformément à la parole d'Allah ﷻ :

ٱلرَّحۡمَٰنُ عَلَى ٱلۡعَرۡشِ ٱسۡتَوَىٰ ٥

« *Le Tout Miséricordieux S'est élevé ‹Istawâ› sur le Trône.* »[2] *Ta-Ha, v5*

Règle : Nous nous en tenons, pour les noms et attributs d'Allah, à ce qui est mentionné dans le Coran et la Sunna authentique.

C'est-à-dire que nous ne nommons Notre Seigneur qu'avec les noms par lesquels Il s'est Lui-même nommé, ou ceux avec lesquels le Prophète (ﷺ) L'a nommé. Et nous ne Le décrivons qu'avec les attributs par lesquels Il s'est Lui-même décrit, ou ceux avec lesquels le Prophète (ﷺ) L'a décrit.

Voici deux paroles profitables :

Premièrement : Les noms et attributs d'Allah se divisent en deux parties :

1- Ceux qui ne conviennent qu'à Allah Seul[3] comme *Allah*, *Ar-Rahmân* (Le Tout Miséricordieux), *Ar-Rabb* avec les lettres « *Al* » devant *Rabb* (*Al-Rabb*) (Le Seigneur avec « Le » devant Seigneur).

2- Ceux qui peuvent convenir à autre qu'Allah, comme : *Rahîm* (clément), *Malik* (maître), *ᶜAzîz* (puissant), *Karîm* (noble, généreux).

Deuxièmement : Les polythéistes ont renié certains Noms d'Allah tel *Ar-Rahmân* (Le Tout Miséricordieux), conformément à la parole d'Allah ﷻ :

وَهُم بِذِكۡرِ ٱلرَّحۡمَٰنِ هُمۡ كَٰفِرُونَ

« *Et ils nient [tout] rappel du Tout Miséricordieux (Ar-Rahmân).* »[4]

---

[1] Sourate *Al-Aᶜrâf*, v.180.

[2] Sourate *Tâ-Hâ*, v.5.

[3] N. du T. : C.-à-d. qu'il n'est pas permis de nommer ou décrire autre qu'Allah par ces noms et attributs.

[4] Sourate *Al-Anbiyâ'*, v.36.

وَهُمْ يَكْفُرُونَ بِٱلرَّحْمَٰنِ ۚ قُلْ هُوَ رَبِّى لَآ إِلَٰهَ إِلَّا هُوَ عَلَيْهِ تَوَكَّلْتُ وَإِلَيْهِ مَتَابِ

« Cependant ils ne croient pas au Tout Miséricordieux (Ar-Rahmân). Dis : ‹C'est Lui mon Seigneur. Pas d'autre divinité (digne d'adoration) à part Lui. En Lui je place ma confiance et à Lui je me repens›. »[1]

Quant aux *Jahmiyyah*, aux *Muctazillah*, aux *Ashâcirah*, aux *Mâtudiriyyah* et aux *Ibâdiyyah*, ils ont changé et déformé les noms et attributs d'Allah, chaque secte à sa façon.

إِنَّ رَبَّكَ هُوَ يَفْصِلُ بَيْنَهُمْ يَوْمَ ٱلْقِيَٰمَةِ فِيمَا كَانُوا۟ فِيهِ يَخْتَلِفُونَ ﴿٢٥﴾

« Ton Seigneur, c'est Lui qui décidera entre eux, au Jour de la Résurrection, de ce sur quoi ils divergeaient. »[2]

---

[1] Sourate *Ar-Racd*, v.30.

[2] Sourate *As-Sajdah*, v.25.

Leçon 26 :
Quatrième partie : *Tawhîd Al-Mutâbacah*

Tawhîd Al-Mutâbacah (l'unicité de conformité à la Sunna) : c'est fait de suivre exclusivement le Prophète (ﷺ) : nous ne suivons donc que le Prophète ﷺ de façon sincère.

Allah (ﷻ) dit :

قُلْ إِن كُنتُمْ تُحِبُّونَ ٱللَّهَ فَٱتَّبِعُونِى يُحْبِبْكُمُ ٱللَّهُ وَيَغْفِرْ لَكُمْ ذُنُوبَكُمْ ۗ وَٱللَّهُ غَفُورٌ رَّحِيمٌ ﴿٣١﴾

قُلْ أَطِيعُوا۟ ٱللَّهَ وَٱلرَّسُولَ ۖ فَإِن تَوَلَّوْا۟ فَإِنَّ ٱللَّهَ لَا يُحِبُّ ٱلْكَٰفِرِينَ ﴿٣٢﴾

« *Dis : ‹Si vous aimez vraiment Allah, suivez-moi, Allah vous aimera alors et vous pardonnera vos péchés. Allah est Pardonneur et Miséricordieux. Dis : ‹Obéissez à Allah et au Messager. Et si vous tournez le dos... alors Allah n'aime pas les infidèles !* »[1]

وَمَآ ءَاتَىٰكُمُ ٱلرَّسُولُ فَخُذُوهُ وَمَا نَهَىٰكُمْ عَنْهُ فَٱنتَهُوا۟ ۚ وَٱتَّقُوا۟ ٱللَّهَ ۖ إِنَّ ٱللَّهَ شَدِيدُ ٱلْعِقَابِ

« *Prenez ce que le Messager vous donne ; et ce qu'il vous interdit, délaissez-le ; et craignez Allah car Allah est dur en punition.* »[2]

وَمَن يُشَاقِقِ ٱلرَّسُولَ مِنۢ بَعْدِ مَا تَبَيَّنَ لَهُ ٱلْهُدَىٰ وَيَتَّبِعْ غَيْرَ سَبِيلِ ٱلْمُؤْمِنِينَ نُوَلِّهِۦ مَا
تَوَلَّىٰ وَنُصْلِهِۦ جَهَنَّمَ ۖ وَسَآءَتْ مَصِيرًا ﴿١١٥﴾

« *Et quiconque fait scission d'avec le Messager, après que le droit chemin lui est apparu et suit un sentier autre que celui des croyants, alors Nous le laisserons comme il s'est détourné, et le brûlerons dans l'Enfer. Et quelle mauvaise destination !* »[3]

Et c'est cela le sens de l'attestation « *Ash-hadu anna Muhammad Rasûl Allah* » (J'atteste que Muhammad est le Messager d'Allah).

- Il est cité dans l'explication de « *Al caqîda At-Tahâwiyyah* », p.200, édition comprenant l'authentification des hadiths faite par Shaykh Al-Albânî, qu'Allah lui fasse miséricorde :

---

[1] Sourate *Âl cImrân*, v.31-32.
[2] Sourate *Al-Hashr*, v.7.
[3] Sourate *An-Nisâ'*, v.115.

« Ce qui est obligatoire est de s'en remettre totalement au Prophète (ﷺ) et de se soumettre à ses ordres, ainsi qu'accepter et considérer véridique ce dont il nous informe, sans s'y opposer avec une fausse considération que l'on nomme « *macqûl* » (chose qu'accepte la raison), ou en y émettant des soupçons et des doutes, ou en privilégiant les avis des gens et ce qu'il y a dans le contenu restreint de leur cerveau. On se réfère donc à lui exclusivement dans le jugement, l'acceptation, l'obéissance comme nous unifions *Al-Mursil* (Allah) par l'adoration, l'assujettissement, la soumission, le retour par l'adoration et la pleine confiance. Ce sont deux types de *tawh̲îd* sans lesquels il n'y a pas de salut contre le châtiment d'Allah pour le serviteur :

Tawh̲îd Al-Mursil (l'unicité d'Allah), et ***tawh̲îd Al-Mutâba'ah*** **(l'unicité de conformité à la Sunna)**. Nous ne nous référons donc à personne d'autre que lui concernant nos litiges, n'agréons pas le jugement d'un autre, et n'agissons pas comme celui qui conditionnerait l'exécution des ordres du Prophète et l'acceptation de ses informations aux propos d'un maître spirituel, d'un guide, des membres d'une école juridique, d'un groupe ou bien de personnes admirées. Ainsi, si ces derniers le lui permettent, il obéit alors au Prophète (ﷺ) et accepte ses informations. Sinon, pour plus de sécurité, il s'en remet à eux et se détourne des ordres et des informations du Prophète (ﷺ). Ou bien, il détourne les mots de leur contexte en prétendant que cela est de l'interprétation (*ta'wîl*) en disant : nous l'interprétons donc et lui accordons sens particulier.

Que le serviteur rencontre son Seigneur avec tous les péchés - hormis celui de donner un associé à Allah - est préférable que de Le rencontrer dans cet état.

Quiconque à qui il parvient un hadith authentique se doit plutôt de le considérer comme l'ayant entendu de la bouche même du Messager d'Allah (ﷺ). Est-il admissible de retarder son acceptation et de ne pas le mettre en pratique tant qu'il ne l'a pas soumis à l'avis d'untel, de ses pensées et de son *madh-hab* ?!

Ce qui est obligatoire est de se hâter d'obéir au Prophète (ﷺ), sans prendre en considération les propos de quiconque va à son encontre. Et il n'est pas permis de mettre en doute sa parole si jamais l'avis de telle ou telle personne la contredit. Ce sont plutôt leurs avis qui doivent poser problème. Il n'est pas non plus permis de s'opposer à ses textes par des analogies, il faut au contraire en faire peu de cas. On se doit d'accepter ses textes sans les détourner de leur sens réel sous prétexte d'une fausse considération qu'ils nomment « *macqûl* » (déduction rationnelle) alors qu'il s'agit plutôt d'une déduction teintée d'ignorance et très loin de la vérité. On ne doit donc pas conditionner l'acceptation des propos du Prophète à l'avis d'une quelconque personne, qui qu'elle soit. » Fin de citation.

- **Je dis** : Cette catégorie du *Tawh̲îd – Tawh̲îd Al-Mutâbacah* (l'unicité de conformité à la Sunna) – dérange. Elle dérange les innovateurs et les adeptes de l'esprit de parti sous toutes ses formes et tous ses aspects. Seuls s'en réjouissent les gens de la vérité qui sont *Ahl as-sunna wal jamâcah,* et ils sont le parti d'Allah, ceux qui réussissent par la volonté d'Allah. Quant aux innovateurs et aux adeptes des passions, cette partie du *tawh̲îd* les trouble et les embarrasse, et de quelle façon ! Car elle les empêche d'assujettir leurs adeptes, de les dominer et de s'accaparer de leurs biens. En effet, en se conformant au *Tawh̲îd Al-Mutâbacah,* seul le Prophète (ﷺ) doit être suivi. Quant aux autres personnes en dehors du Prophète (ﷺ), elles ne sont suivies que dans ce qui est en accord avec le Coran et la Sunna. Il n'y a donc d'obéissance absolue, sans aucune condition ni restriction qu'à Allah et Son Prophète (ﷺ). En dehors de cela, c'est une obéissance restreinte dans les limites du Coran et de la Sunna.

- Sept savants ont fait l'éloge du livre « *Al Qawl Al-Mufîd* », et tous ont approuvé *Tawh̲îd Al-Mutâbacah,* aucun d'eux ne l'a renié. L'un d'entre eux l'a même soutenu dans ses compliments : il s'agit de Shaykh Ah̲mad Ibn Ah̲mad As-Salâmah, qu'Allah lui fasse miséricorde. El lorsque j'ai vu la façon dont les adeptes de l'esprit de parti (*h̲izbiyyun*) se détournaient du *Tawh̲îd Al-Mutâbaca* :

▫ J'ai questionné Shaykh Muqbil Ibn Hâdî Al-Wâdicî - qu'Allah lui fasse miséricorde - à son sujet. Il l'a alors soutenu et a dit : Affirme-le et ne fais pas attention à eux.

▫ Puis j'ai questionné Shaykh Nâs̲ir Ad-Dîn Al-Albânî - qu'Allah lui fasse miséricorde - à son sujet lorsque que je l'ai rencontré. Il l'a alors soutenu et a dit qu'il était parmi ceux qui y appelaient.

▫ Une personne qui côtoyait Shaykh cAbd Al-cAzîz Ibn cAbdillah Ibn Bâz - qu'Allah lui fasse miséricorde - m'a informé que le livre « *Al Qawl Al-Mufîd* » lui a été lu. L'ouvrage lui a beaucoup plu, il a alors ordonné de le faire publier.

▫ Quand Shaykh Ibrâhîm Ibn Ibrâhîm Quraybî a écrit son livre « *Al-Lubâb Fî sharh̲ al-caqîda cala d̲haw as-sunna wal-kitâb* », il l'a cité et l'a considéré comme étant une quatrième partie du *tawh̲îd* comme cité à la page 19 et 30.

▫ Un noble frère a écrit un ouvrage spécifique sur ce sujet intitulé « La défense du *Tawhîd Al-Mutâbacah* ».

▫ Le docteur Shams-ad-Dîn as-Salafî al-Afghânî, fondateur de la *Jamâca al-athariyyah* à *Bîchâwur*, a également cité *Tawhîd Al-Mutâbacah* dans son essai de doctorat « *Juhud culamâ al-hanafiya fî ibtâl caqâ-id al-quburiyyah* » 1/104-106, en préparation à l'université islamique de Médine. Ce sujet a été débattu la nuit du mardi 20/12/1414H.

- **Shaykh cAbd Al-cAzîz Ibn cAbdillah Ibn Bâz** - qu'Allah lui fasse miséricorde - a répondu à une question concernant les différentes parties du *Tawhîd*. Voici sa réponse :

Ceci est pris de l'examen minutieux (des versets et hadiths). Les savants ont examiné les textes du Coran et de la Sunna et cette subdivision leur est apparue. Et certains ont ajouté une quatrième catégorie qui est *Tawhîd Al-Mutâbacah*, tout cela par l'examen minutieux (des versets et hadiths).

Celui qui médite le Noble Coran y trouvera sans aucun doute des versets ordonnant de vouer un culte sincère à Allah Seul, et c'est cela *Tawhîd Al-Ulûhiyyah* (l'unicité de l'adoration). Et il y trouvera des versets montrant qu'Allah est le Créateur, Celui qui pourvoit à la subsistance et gère les ordres, et c'est cela *Tawhîd Ar-Rubûbiyyah* (l'unicité de la Seigneurie) qu'ont reconnu les polythéistes sans pour autant que cela ne les fasse entrer dans l'Islam. Il trouvera aussi d'autres versets indiquant qu'Il possède les noms magnifiques et les attributs de perfection, et qu'Il n'a pas de semblable ni d'égal. C'est cela *Tawhîd Al-Asmâ wa-s-sifât* (l'unicité des noms et attributs) qu'ont renié les innovateurs parmi les *Jahmiyyah*, les *Muctazillah*, les *Mushabbihah* et ceux qui ont emprunté leur voie.

Et il y trouvera également des versets prouvant l'obligation de suivre le Prophète (ﷺ) et de rejeter ce qui contredit sa législation, et c'est cela *Tawhîd Al-Mutâbacah*. Cette subdivision du *Tawhîd* a été déduite à partir de l'examen minutieux et méthodique des versets et des hadiths, parmi lesquels on trouve la parole d'Allah ﷻ :

إِيَّاكَ نَعْبُدُ وَإِيَّاكَ نَسْتَعِينُ ﴿٥﴾

« ***C'est Toi [Seul] que nous adorons, et c'est Toi [Seul] dont nous implorons secours.*** »[1]

[1] Sourate ***Al-Fâtihah***, v.5.

يَٰٓأَيُّهَا ٱلنَّاسُ ٱعۡبُدُواْ رَبَّكُمُ ٱلَّذِي خَلَقَكُمۡ وَٱلَّذِينَ مِن قَبۡلِكُمۡ لَعَلَّكُمۡ تَتَّقُونَ ﴿٢١﴾

***« Ô hommes ! Adorez votre Seigneur, qui vous a créés vous et ceux qui vous ont précédés. Ainsi atteindriez-vous à la piété. »*[1]**

وَإِلَٰهُكُمۡ إِلَٰهٞ وَٰحِدٞۖ لَّآ إِلَٰهَ إِلَّا هُوَ ٱلرَّحۡمَٰنُ ٱلرَّحِيمُ ﴿١٦٣﴾

***« Et votre Divinité est une divinité unique. Pas de divinité (digne d'adoration) à part lui, le Tout Miséricordieux, le Très Miséricordieux. »*[2]**

شَهِدَ ٱللَّهُ أَنَّهُۥ لَآ إِلَٰهَ إِلَّا هُوَ وَٱلۡمَلَٰٓئِكَةُ وَأُوْلُواْ ٱلۡعِلۡمِ قَآئِمَۢا بِٱلۡقِسۡطِۚ لَآ إِلَٰهَ إِلَّا هُوَ ٱلۡعَزِيزُ
ٱلۡحَكِيمُ ﴿١٨﴾

***« Allah atteste, ainsi que les Anges et les doués de science, qu'il n'y a point de divinité (digne d'adoration) à part Lui, le Mainteneur de la justice. Point de divinité (digne d'adoration) à part Lui, le Puissant, le Sage ! »*[3]**

وَمَا خَلَقۡتُ ٱلۡجِنَّ وَٱلۡإِنسَ إِلَّا لِيَعۡبُدُونِ ﴿٥٦﴾ مَآ أُرِيدُ مِنۡهُم مِّن رِّزۡقٖ وَمَآ أُرِيدُ أَن يُطۡعِمُونِ
﴿٥٧﴾ إِنَّ ٱللَّهَ هُوَ ٱلرَّزَّاقُ ذُو ٱلۡقُوَّةِ ٱلۡمَتِينُ ﴿٥٨﴾

***« Je n'ai créé les djinns et les hommes que pour qu'ils M'adorent. Je ne cherche pas d'eux une subsistance ; et Je ne veux pas qu'ils me nourrissent. En vérité, c'est Allah qui est le Grand Pourvoyeur, Le Détenteur de la force, l'Inébranlable. »*[4]**

إِنَّ رَبَّكُمُ ٱللَّهُ ٱلَّذِي خَلَقَ ٱلسَّمَٰوَٰتِ وَٱلۡأَرۡضَ فِي سِتَّةِ أَيَّامٖ ثُمَّ ٱسۡتَوَىٰ عَلَى ٱلۡعَرۡشِ
يُغۡشِي ٱلَّيۡلَ ٱلنَّهَارَ يَطۡلُبُهُۥ حَثِيثٗا وَٱلشَّمۡسَ وَٱلۡقَمَرَ وَٱلنُّجُومَ مُسَخَّرَٰتِۢ بِأَمۡرِهِۦٓۗ أَلَا لَهُ ٱلۡخَلۡقُ
وَٱلۡأَمۡرُۗ تَبَارَكَ ٱللَّهُ رَبُّ ٱلۡعَٰلَمِينَ ﴿٥٤﴾

« Votre Seigneur, c'est Allah, qui a créé les cieux et la terre en six jours, puis S'est élevé ‹Istawâ› sur le Trône. Il couvre le jour de la nuit qui poursuit celui-ci sans arrêt. (Il a créé) le soleil, la lune et les étoiles, soumis

[1] Sourate *Al-Baqarah*, v.21.
[2] Sourate *Al-Baqarah*, v.163.
[3] Sourate *Âl cImrân*, v.18.
[4] Sourate *Ad-Dhâriyât*, v.56-58.

à Son commandement. La création et l'ordre n'appartiennent qu'à Lui. Toute gloire à Allah, Seigneur de l'univers ! »[1]

قُلْ مَن يَرْزُقُكُم مِّنَ ٱلسَّمَآءِ وَٱلْأَرْضِ أَمَّن يَمْلِكُ ٱلسَّمْعَ وَٱلْأَبْصَٰرَ وَمَن يُخْرِجُ ٱلْحَىَّ مِنَ ٱلْمَيِّتِ وَيُخْرِجُ ٱلْمَيِّتَ مِنَ ٱلْحَىِّ وَمَن يُدَبِّرُ ٱلْأَمْرَ ۚ فَسَيَقُولُونَ ٱللَّهُ ۚ فَقُلْ أَفَلَا تَتَّقُونَ ﴿٣١﴾

« Dis : « Qui vous attribue de la nourriture du ciel et de la terre ? Qui détient l'ouïe et la vue, et qui fait sortir le vivant du mort et fait sortir le mort du vivant, et qui administre tout ? » Ils diront : « Allah. » Dis alors: « Ne le craignez-vous donc pas ? » »[2]

لَيْسَ كَمِثْلِهِۦ شَىْءٌ ۖ وَهُوَ ٱلسَّمِيعُ ٱلْبَصِيرُ

« Il n'y a rien qui Lui ressemble; et c'est Lui l'Audient, le Clairvoyant. »[3]

قُلْ هُوَ ٱللَّهُ أَحَدٌ ﴿١﴾ ٱللَّهُ ٱلصَّمَدُ ﴿٢﴾ لَمْ يَلِدْ وَلَمْ يُولَدْ ﴿٣﴾ وَلَمْ يَكُن لَّهُۥ كُفُوًا أَحَدٌۢ ﴿٤﴾

« Dis : ‹Il est Allah, Unique (Ahad). Allah, Le Seul à être imploré pour ce que nous désirons. Il n'a jamais engendré, n'a pas été engendré non plus. Et nul n'est égal à Lui›. »[4]

قُلْ إِن كُنتُمْ تُحِبُّونَ ٱللَّهَ فَٱتَّبِعُونِى يُحْبِبْكُمُ ٱللَّهُ وَيَغْفِرْ لَكُمْ ذُنُوبَكُمْ ۗ وَٱللَّهُ غَفُورٌ رَّحِيمٌ

« Dis : ‹Si vous aimez vraiment Allah, suivez-moi, Allah vous aimera alors et vous pardonnera vos péchés. Allah est Pardonneur et Miséricordieux. »[5]

قُلْ أَطِيعُوا۟ ٱللَّهَ وَأَطِيعُوا۟ ٱلرَّسُولَ ۖ فَإِن تَوَلَّوْا۟ فَإِنَّمَا عَلَيْهِ مَا حُمِّلَ وَعَلَيْكُم مَّا حُمِّلْتُمْ ۖ وَإِن تُطِيعُوهُ تَهْتَدُوا۟ ۚ وَمَا عَلَى ٱلرَّسُولِ إِلَّا ٱلْبَلَٰغُ ٱلْمُبِينُ ﴿٥٤﴾

« Dis : ‹Obéissez à Allah et obéissez au messager. S'ils se détournent,... il [le messager] n'est alors responsable que de ce dont il est chargé ; et vous

[1] Sourate *Al-A^crâf*, v.54.
[2] Sourate *Yûnus*, v.31.
[3] Sourate *As-Shûrâ*, v.11.
[4] Sourate *Al-Ikhlâs*, v.1-4.
[5] Sourate *Âl ^cImrân*, v.31.

assumez ce dont vous êtes chargés. Et si vous lui obéissez, vous serez bien guidés›. Et il n'incombe au messager que de transmettre explicitement (son message). »[1]

Les versets indiquant le caractère judicieux de cette subdivision sont nombreux.

Parmi les hadiths, on trouve la parole du Prophète (ﷺ) rapportée par Mu[c]adh (ﷺ), hadith unanimement reconnu authentique : « *Le devoir des serviteurs envers Allah est de L'adorer sans rien Lui associer.* »

En outre, le Prophète (ﷺ) a dit : « *Quiconque meurt en donnant un égal à Allah entrera en Enfer.* » Rapporté par Al-Bukhârî dans son Sahîh.

Et le Prophète (ﷺ) a dit à Jibrîl (l'ange Gabriel) lorsqu'il l'interrogea à propos de l'Islam : « *C'est adorer Allah sans rien Lui associer, accomplir les prières décrétées et s'acquitter de la Zakât prescrite.* » Le hadith est unanimement reconnu authentique.

De plus, le Prophète (ﷺ) a dit : « *Celui qui m'obéit obéit à Allah, et celui qui me désobéit a certes désobéi à Allah.* » Le hadith est unanimement reconnu authentique.

Le Prophète (ﷺ) a aussi dit : « *Toute ma communauté entrera au Paradis sauf celui qui le refuse.* » On lui demanda : « Et qui donc le refuse ? » Il dit : « *Celui qui m'obéit entrera au Paradis, et celui qui me désobéit a certes refusé.* » Rapporté par Al-Bukhârî dans son Sahîh.

Et les hadiths concernant ce sujet sont nombreux.

Shaykh Al-Islâm Ibn Taymiyyah – qu'Allah lui fasse miséricorde – dit :

« *Al-Ilâh* est Celui qui est adoré et auquel on obéit. *Al-Ilâh* est *Al-Ma'luh,* qui est Celui qui mérite d'être adoré du fait de toutes les descriptions par lesquelles Il s'est caractérisé, impliquant qu'Il soit aimé du plus parfait amour et qu'on se soumette à Lui de la plus complète des soumissions. »

Et il dit : « *Al-Ilâh* est Celui qui est aimé et adoré. Les cœurs L'adorent avec amour, se soumettent et s'humilient pour Lui, Le craignent, ont espoir en Lui, reviennent à Lui dans les moments de difficulté, L'invoquent, placent en Lui leur pleine confiance, recourent à Lui, s'apaisent à son évocation et trouvent quiétude dans Son amour. Or tout ceci n'est possible que pour Allah. C'est pour cette raison que « *lâ ilâha illa Allah* » est la plus

[1] Sourate *An-Nûr*, v.54.

véridique des paroles. Ceux qui en attestent sont les alliés d'Allah et Son parti, tandis que ceux qui la nient sont Ses ennemis qui encourent Sa colère et Son courroux. Si son attestation est correcte, l'homme verra toutes ses affaires, les situations qu'il vit et ses penchants spirituels s'assainir. Dans le cas contraire, la perversion accompagnera son savoir et ses œuvres. » Fin de citation.

Tiré de « *Fath Al-Majîd* » qui est l'explication de « *Kitâb at-Tawhîd* », au chapitre « *Le mérite de l'Unicité* ».

Nous demandons à Allah qu'Il accorde le succès à tous les musulmans, gouvernants et gouvernés, dans la bonne compréhension et le raffermissement sur Sa religion, la sincérité envers Allah et le bon conseil à Ses serviteurs, et qu'Il nous écarte de ce qui s'y oppose. Il est certes Celui qui nous soutient et en est Capable. Que les éloges et le salut d'Allah soient sur notre Prophète Muhammad, sa famille et ses compagnons. »[1] Fin de citation.

- **Et Shaykh ᶜAbd Al-ᶜAzîz Ibn ᶜAbdillah Ibn Bâz** - qu'Allah lui fasse miséricorde - a également dit concernant les différents types de *Tawhîd* :

« D'après ce que nous avons cité à partir du Livre d'Allah et des propos de Son Prophète Muhammad (ﷺ), ainsi que des faits avérés, il apparaît clairement que le *tawhîd* se divise en différentes parties, les savants ayant déduit cela d'après l'étude du Livre d'Allah et de la Sunna de Son Messager Muhammad (ﷺ).

Ainsi, le ***Tawhîd*** se divise en trois parties :

1- ***Tawhîd Ar-Rubûbiyyah*** (l'unicité de la seigneurie).

C'est croire fermement qu'Allah (ﷻ) est Unique dans Ses actes, Sa Création, la gérance de Ses serviteurs, et qu'Il dispose d'eux comme Il le souhaite selon Sa science et Sa puissance (ﷻ).

2- ***Tawhîd Al-Asmâ wa-s-sifât*** (l'unicité des noms et attributs).

Allah (ﷻ) est décrit par les noms parfaits et les attributs de perfection, et Il est parfait dans Son entité, Ses noms, Ses attributs et Ses actes. Il (ﷻ) n'a ainsi aucun pareil, semblable ou égal.

3- ***Tawhîd Al-ᶜIbâdah*** (l'unicité de l'adoration).

Allah est le Seul, en dehors de toute autre chose, à mériter d'être adoré sans aucun associé.

[1] *Majmuᶜ al-Fatâwâ* (1/84-87).

Et nous pouvons aussi dire : L'unicité d'Allah (ﷻ) c'est croire fermement qu'Il est le Seigneur, le Créateur, Celui qui pourvoit à la subsistance de toute chose, et qu'Il n'a aucun associé dans l'ensemble de Ses actes, aucun associé dans Sa création, Son octroi de la subsistance à Ses serviteurs, aucun associé dans Sa gérance. Allah (ﷻ) est le Souverain de toute chose, conformément à ce qu'Il (ﷻ) dit :

لِلَّهِ مُلْكُ ٱلسَّمَٰوَٰتِ وَٱلْأَرْضِ وَمَا فِيهِنَّ وَهُوَ عَلَىٰ كُلِّ شَيْءٍ قَدِيرٌۢ ﴿١٢٠﴾

« ***À Allah Seul appartient le royaume des cieux, de la terre et de ce qu'ils renferment et Il est Omnipotent.*** »[1]

Allah est donc le Souverain de toute chose, Celui qui régit toute chose, l'ordre Lui appartient entièrement ainsi que toute la création, conformément à ce qu'Allah (ﷻ) dit :

أَلَا لَهُ ٱلْخَلْقُ وَٱلْأَمْرُ ۗ تَبَارَكَ ٱللَّهُ رَبُّ ٱلْعَٰلَمِينَ

« ***La création et l'ordre n'appartiennent qu'à Lui. Toute gloire à Allah, Seigneur de l'Univers !*** »[2]

Il est décrit par les attributs de perfection et possède les noms parfaits, il n'y a rien qui Lui soit semblable en quoi que ce soit parmi Ses créatures. Il est plutôt Parfait dans Son entité, Ses noms, Ses attributs et Ses actes. Il est celui qui mérite d'être adoré et exclusivement adoré par toutes les formes d'adoration comme l'invocation (*ad-du*c*â*), la peur (*al-khawf*), l'espérance (*ar-rajâ'*), la pleine confiance (*at-tawakkul*), le désir (*ar-raghbah*), la frayeur (*ar-rahbah*), la prière, le jeûne, le sacrifice (*ad-dhabh*), le vœu (*an-nadhr*) et autres…

Tout cela entre dans l'appellation de l'Unicité, l'unicité d'Allah (ﷻ), l'unicité à laquelle ont appelé les prophètes et les envoyés, celle avec laquelle est venu le sceau, maître et guide des prophètes : Muhammad (ﷺ).

Et il est également possible de formuler cela autrement : l'unicité d'Allah avec laquelle sont venus tous les prophètes se divise en deux parties :

L'unicité dans la connaissance et l'affirmation (*Tawhîd fil-Ma*c*rîfa wal Ithbât*). Son sens est la croyance aux noms, attributs, et entité d'Allah (ﷻ) ; mais aussi au fait qu'Il a créé les individus, leur accorde leur subsistance et gère leurs affaires.

---

[1] Sourate ***Al-Mâ'idah***, v.120.

[2] Sourate ***Al-A*c*râf***, v.54.

Ceci est l'unicité dans la connaissance et l'affirmation (*Tawhîd fil-Ma*c*rîfa wal Ithbât*) : croire et attester qu'Allah (ﷻ) est Unique dans Sa seigneurie (*Rubûbiyyah*), Unique dans Ses noms, Ses attributs et Sa gérance des individus ; Il les a créés et pourvoit à leur subsistance, Il est décrit par les attributs de perfection et est purifié de toute diminution et défaut, sans aucun associé, ni pareil, ni égal dans tout cela.

La seconde partie est l'unicité dans l'intention et la sollicitation (*Tawhîd fil-Qasd wa-t-Talab*) : c'est unifier Allah par son intention, ses demandes, sa prière, son jeûne ainsi que tout le reste de ses adorations, en ne visant que le Visage d'Allah (ﷻ). Il s'agit aussi de L'unifier par ses aumônes et tout ce avec quoi on se rapproche d'Allah, ne désirant par ce biais que Son Visage. Cette partie de l'unicité consiste donc à n'invoquer que Lui, ne vouer ses vœux qu'à Lui, ne se rapprocher par les différentes bonnes œuvres que de Lui, ne demander la guérison des malades ainsi que la victoire contre les ennemis qu'à Lui (ﷻ). C'est dans tout cela que nous devons donc L'unifier.

Nous pouvons par conséquent diviser ces types d'unicité en deux parties, ou si nous le souhaitons en trois, ou bien même l'énoncer en une seule partie comme cité précédemment. Et il n'y a aucune controverse dans la façon de les exprimer et de les subdiviser, l'essentiel étant de savoir quel est le *tawhîd* avec lequel Allah a envoyé Ses messagers et Ses Livres, et quel type de *tawhîd* a déclenché les conflits entre les messagers et leurs peuples : à savoir *Tawhîd Al-*c*Ibâdah* (l'unicité de l'adoration). »[1] Fin de citation.

Cf « *Majmu*c *Fatâwa wa Maqâlat Mutanawwi*c*a* » du Shaykh cAbd Al-cAzîz Ibn cAbdillah Ibn Bâz - qu'Allah lui fasse miséricorde - vol.2/p.68-71.

[1] *Majmû*c *Fatâwâ wa Maqâlat Mutanawwi*c*ah* » de Shaykh cAbd Al-cAzîz Ibn cAbdillah Ibn Bâz - qu'Allah lui fasse miséricorde - vol.2/p.68-71.

Leçon 27 : Tout le Coran est *Tawh̲îd*

- **L'imam Ibn Al-Qayyim - qu'Allah lui fasse miséricorde - a dit :**

« Toutes les sourates du Coran incluent les deux types de *tawh̲îd* [1], en témoignent et y exhortent. Le Coran comporte :

- Soit une information relative à Allah, Ses noms, Ses attributs, Ses actes et Ses paroles : c'est l'unicité de connaissance et d'information (*At-Tawh̲îd al-ᶜIlmî al-Khabarî*).

- Soit un appel à l'adoration d'Allah Seul sans rien Lui associer et à l'abandon de toute autre adoration : c'est l'unicité dans l'intention et la sollicitation (*At-Tawh̲îd al-Irâdî at-T̲alabî*).

- Soit un ordre et une interdiction ainsi que l'obligation d'obéir à Ses ordres et de délaisser Ses interdictions. Ce sont les droits de l'unicité et ses compléments.

- Soit une information relative aux honneurs dus aux adeptes du *tawh̲îd*, ce qu'ils ont dans la vie présente et la façon dont ils seront honorés dans l'au-delà, c'est la récompense de Son unicité.

- Soit une information relative aux adeptes de l'association, ce qu'ils endureront comme châtiments dans la vie présente et la punition qui les attend dans l'au-delà : c'est le châtiment qui frappera ceux qui dévient de l'unicité.

Le Coran entier porte donc sur le *tawh̲îd*, traite de ses droits et de sa récompense, tout comme il traite de l'association, de ses adeptes ainsi que du châtiment qu'ils subiront.

Comme cité dans « *Fath̲ Al-Majîd* » p.17-18, propos extraits du livre « *Madârij As-Sâlikîn* » 3/468-469. Et voir l'explication de « *Al-ᶜaqîda At-T̲ah̲âwiyyah* » p.89.

[1] NdT : L'unicité dans la connaissance et l'affirmation (*Tawh̲îd fil-Maᶜrîfa wal Ithbât*) et l'unicité dans l'intention et la sollicitation (*Tawh̲îd fil-Qas̲d wa-t-T̲alab*).

Leçon 28 : Les différentes demeures et leurs occupants

- **Les demeures sont au nombre de trois** :

1- *Dâr Ad-dunya* : la demeure de ce bas monde.

2- *Dâr Al-barzakh* : la demeure intermédiaire (laps de temps séparant la mort du Jour de la Résurrection).

3- *Dâr Al-âkhirah* : la demeure de l'au-delà.

Les gens se divisent par rapport à ces trois demeures en trois parties, chacune d'elles se divisant elle-même en d'autres parties :

1- Les croyants, et ils se divisent en deux parties.

2- Les hypocrites. Ils se divisent aussi en deux parties.

3- Les mécréants qui se divisent également en deux parties.

- **Les croyants se divisent en deux parties** :

1- *Sâbiqun* : ceux qui concourent aux bonnes œuvres, qui sont les rapprochés d'Allah *(Al-Muqarrabûn)*.

2- *Ashâb Al-Yamîn* : les gens de la droite, qui sont les pieux (*Al-Abrâr*). [1]

Se référer à l'exégèse d'Ibn Kathîr 4/290.

Remarques :

1- Les preuves concernant ce chapitre « *Les différentes demeures et leurs occupants* » sont nombreuses et connues.

2- La classification des hypocrites et des mécréants viendra par la suite *inshâ Allah*.

[1] Voir chap.16.

Leçon 29 :
Le danger de donner un associé à Allah (*As-Shirk*)

Allah (ﷻ) dit :

إِنَّ ٱللَّهَ لَا يَغْفِرُ أَن يُشْرَكَ بِهِۦ وَيَغْفِرُ مَا دُونَ ذَٰلِكَ لِمَن يَشَآءُ ۚ وَمَن يُشْرِكْ بِٱللَّهِ فَقَدِ ٱفْتَرَىٰٓ
إِثْمًا عَظِيمًا ﴿٤٨﴾

« *Certes Allah ne pardonne pas qu'on Lui donne quelqu'associé. À part cela, Il pardonne à qui Il veut. Quiconque donne des associés à Allah commet un énorme péché.* »[1]

إِنَّ ٱللَّهَ لَا يَغْفِرُ أَن يُشْرَكَ بِهِۦ وَيَغْفِرُ مَا دُونَ ذَٰلِكَ لِمَن يَشَآءُ ۚ وَمَن يُشْرِكْ بِٱللَّهِ فَقَدْ
ضَلَّ ضَلَٰلًۢا بَعِيدًا ﴿١١٦﴾

« *Certes, Allah ne pardonne pas qu'on Lui donne des associés. A part cela, Il pardonne à qui Il veut. Quiconque donne des associés à Allah s'égare, très loin dans l'égarement.* »[2]

لَقَدْ كَفَرَ ٱلَّذِينَ قَالُوٓا۟ إِنَّ ٱللَّهَ هُوَ ٱلْمَسِيحُ ٱبْنُ مَرْيَمَ ۖ وَقَالَ ٱلْمَسِيحُ يَٰبَنِىٓ
إِسْرَٰٓءِيلَ ٱعْبُدُوا۟ ٱللَّهَ رَبِّى وَرَبَّكُمْ ۖ إِنَّهُۥ مَن يُشْرِكْ بِٱللَّهِ فَقَدْ حَرَّمَ ٱللَّهُ عَلَيْهِ ٱلْجَنَّةَ
وَمَأْوَىٰهُ ٱلنَّارُ ۖ وَمَا لِلظَّٰلِمِينَ مِنْ أَنصَارٍ ﴿٧٢﴾

« *Sont mécréants ceux qui disent : « Allah est le Messie, fils de Marie. » Alors que le Messie a dit : « Ô Enfants d'Israël, adorez Allah, mon Seigneur et votre Seigneur. » Quiconque associe à Allah (d'autres divinités) Allah lui interdit le Paradis ; et son refuge sera le Feu. Et pour les injustes, pas de secoureurs !* »[3]

---

[1] Sourate *An-Nisâ'*, v.48.
[2] Sourate *An-Nisâ'*, v.116.
[3] Sourate *Al-Mâ'idah*, v.72.

ذَٰلِكَ وَمَن يُعَظِّمْ حُرُمَٰتِ ٱللَّهِ فَهُوَ خَيْرٌ لَّهُۥ عِندَ رَبِّهِۦ ۗ وَأُحِلَّتْ لَكُمُ
ٱلْأَنْعَٰمُ إِلَّا مَا يُتْلَىٰ عَلَيْكُمْ ۖ فَٱجْتَنِبُوا۟ ٱلرِّجْسَ مِنَ ٱلْأَوْثَٰنِ وَٱجْتَنِبُوا۟
قَوْلَ ٱلزُّورِ ﴿٣٠﴾ حُنَفَآءَ لِلَّهِ غَيْرَ مُشْرِكِينَ بِهِۦ ۚ وَمَن يُشْرِكْ بِٱللَّهِ فَكَأَنَّمَا خَرَّ مِنَ
ٱلسَّمَآءِ فَتَخْطَفُهُ ٱلطَّيْرُ أَوْ تَهْوِى بِهِ ٱلرِّيحُ فِى مَكَانٍ سَحِيقٍ

« *Voilà [ce qui doit être observé] et quiconque prend en haute considération les limites sacrées d'Allah, cela lui sera meilleur auprès de Son Seigneur. Le bétail, sauf ce qu'on vous a cité, vous a été rendu licite. Abstenez-vous de la souillure des idoles et abstenez-vous des paroles mensongères. (Soyez) exclusivement [acquis à la religion] d'Allah ne Lui associez rien ; car quiconque associe à Allah, c'est comme s'il tombait du haut du ciel et que les oiseaux le happaient, ou que le vent le précipitait dans un abîme très profond.* »[1]

وَإِذْ قَالَ لُقْمَٰنُ لِٱبْنِهِۦ وَهُوَ يَعِظُهُۥ يَٰبُنَىَّ لَا تُشْرِكْ بِٱللَّهِ ۖ إِنَّ ٱلشِّرْكَ لَظُلْمٌ عَظِيمٌ ﴿١٣﴾

« *Et lorsque Luqmân dit à son fils tout en l'exhortant : ‹Ô mon fils, ne donne pas d'associé à Allah, car l'association [à Allah] est vraiment une injustice énorme›.* »[2]

وَلَوْ أَشْرَكُوا۟ لَحَبِطَ عَنْهُم مَّا كَانُوا۟ يَعْمَلُونَ

« *Mais s'ils avaient donné à Allah des associés, alors, tout ce qu'ils auraient fait eût certainement été vain.* »[3]

وَلَقَدْ أُوحِىَ إِلَيْكَ وَإِلَى ٱلَّذِينَ مِن قَبْلِكَ لَئِنْ أَشْرَكْتَ لَيَحْبَطَنَّ عَمَلُكَ وَلَتَكُونَنَّ مِنَ
ٱلْخَٰسِرِينَ ﴿٦٥﴾ بَلِ ٱللَّهَ فَٱعْبُدْ وَكُن مِّنَ ٱلشَّٰكِرِينَ ﴿٦٦﴾

« *En effet, il t'a été révélé, ainsi qu'à ceux qui t'ont précédé : ‹Si tu donnes des associés à Allah, ton oeuvre sera certes vaine ; et tu seras très certainement du nombre des perdants. Tout au contraire, adore Allah Seul et sois du nombre des reconnaissants›.* »[4]

---

[1] Sourate *Al-Hajj*, v.30-31.
[2] Sourate *Luqmân*, v.13.
[3] Sourate *Al-An^câm*, v.88.
[4] Sourate *Az-Zumar*, v.65-66.

وَلَا تَكُونَنَّ مِنَ ٱلْمُشْرِكِينَ

« ***Et ne sois jamais du nombre des associateurs.*** »[1]

مُنِيبِينَ إِلَيْهِ وَٱتَّقُوهُ وَأَقِيمُوا۟ ٱلصَّلَوٰةَ وَلَا تَكُونُوا۟ مِنَ ٱلْمُشْرِكِينَ ﴿٣١﴾

« ***Revenez repentants vers Lui ; craignez-Le, accomplissez la <u>S</u>alât et ne soyez pas parmi les associateurs.*** »[2]

Les versets concernant ce sujet sont nombreux. Et parmi les hadiths :

1- Jâbir Ibn ᶜAbdillah (ﷺ) rapporte qu'un homme vint au Prophète (ﷺ) et lui dit : « Ô Messager d'Allah ! Quelles sont les deux caractéristiques faisant mériter le Paradis ou l'Enfer ? » Le Prophète (ﷺ) répondit : « *Celui qui meurt sans rien associer à Allah entrera au Paradis. Et celui qui meurt en donnant des associés à Allah entrera en Enfer.* »[3]

2- Jâbir Ibn ᶜAbdillah (ﷺ) a aussi rapporté qu'il a entendu le Prophète ﷺ dire : « *Celui qui rencontrera Allah sans rien Lui avoir associé entrera au Paradis. Et celui qui rencontrera Allah en Lui ayant donné un associé entrera en Enfer.* »[4]

3- Abû Ad-Dardâ (ﷺ) rapporte que le Prophète (ﷺ) a dit : « *Ne donne jamais aucun associé à Allah, même si tu devais te faire découper ou brûler…* »[5]

4- D'après Abû Bakrah (ﷺ), le Prophète (ﷺ) a dit : « *Ne voulez-vous pas que je vous informe des péchés majeurs ?* » - Mais si, Messager d'Allah ! répondîmes-nous. Il dit : « *C'est donner un associé à Allah et avoir une mauvaise conduite envers ses parents.* » Là, étant accoudé, il s'assit et dit : « *Et les propos mensongers…* ». Il ne cessa de répéter cela au point où nous nous dîmes [par compassion] : « Si seulement il s'arrêtait. »[6]

---

[1] Sourates ***Al-Anᶜâm***, v.14 ; ***Yûnus***, v.105 ; ***Al-Qa<u>s</u>a<u>s</u>***, v.87.

[2] Sourate ***Ar-Rûm***, v.31.

[3] Rapporté par Muslim n°93.

[4] Rapporté par Muslim n°93.

[5] Rapporté par Al-Bukhârî dans « *Al-Adab Al-Mufrad* » n°18 et Ibn Mâjah n°3034. Et Shaykh Al-Albâni le considère authentique dans l'ouvrage « *As-<u>S</u>a<u>h</u>î<u>h</u> Al-Jâmiᶜ* » n°7339, bon (*<u>h</u>asan*) dans « *<u>S</u>a<u>h</u>î<u>h</u> Al-Adab Al-Mufrad* » et authentique dans « *Al-Irwâ'* » 7/89-91, par d'autres hadiths attestant en sa faveur. L'avis le plus correct est que le hadith est bon (*<u>h</u>asan*) en raison de la présence de Shahr Ibn <u>H</u>awshab dans la chaîne de transmission, au sujet duquel les savants du hadith ont divergé quant à la recevabilité de ses récits. Cependant, l'avis le plus correct est que les hadiths qu'il rapporte sont bons.

[6] Rapporté par Al-Bukhârî n°2511 et 5918, et Muslim n°87.

5- D'après Abû Hurayrah (ﷺ), le Prophète (ﷺ) a dit : « *Éloignez-vous des sept péchés causant la perte.* » Les compagnons demandèrent : « Ô Messager d'Allah ! Quels sont-ils ? » Il (ﷺ) répondit : « *Donner un associé à Allah, as-sihr (la magie, la sorcellerie), le fait de tuer sans aucun droit une âme qu'Allah a interdite, manger le fruit de l'usure, manger les biens de l'orphelin, fuir le jour du combat, et accuser les femmes chastes, croyantes et innocentes.* »[1]

[1] Rapporté par Al-Bukhârî n°2615 et Muslim n°89.

Leçon 30 : L'association (*as-shirk*) se divise en plusieurs parties. Parmi celles-ci, j'en ai cité 15, qui sont :

1 – L'association dans la Seigneurie (*Ar-Rubûbiyyah*)

C'est par exemple le fait de considérer qu'autre qu'Allah peut créer, pourvoir à la subsistance, faire vivre et mourir… et autres caractéristiques de la Seigneurie (*Rubûbiyyah*).

2 – L'association dans l'adoration (*Al-Ulûhiyyah*)

C'est le fait de vouer un type d'adoration à autre qu'Allah, quel qu'il soit, type d'adoration qui peut être de l'ordre du sacrifice, du vœu, de l'invocation, du serment…

3 – L'association dans les noms et attributs (*Al-Asmâ wa-s-sifât*)

Comme le fait qu'une personne décrive une créature avec certains attributs qui sont spécifiques à Allah, comme par exemple la science de l'invisible, et autres caractéristiques propres à Notre Seigneur, qu'Il soit glorifié.

4 – L'association majeure (*Shirk Akbâr*)

C'est le fait de considérer qu'autre qu'Allah crée, pourvoit à la subsistance, fait vivre et mourir, connaît l'invisible, ou dispose de la création. C'est aussi le fait de vouer un type d'adoration à autre qu'Allah, tels le sacrifice, le vœu, l'invocation, ou bien s'incliner et se prosterner devant autre qu'Allah. Et l'association majeure fait sortir de l'Islam.

5 – L'association mineure (*Shirk Asghâr*)

Elle a beaucoup de formes, comme jurer par autre qu'Allah sans pour autant vénérer outrageusement cet autre, ainsi que le fait de dire : « *Ce que veut Allah et untel* ». En fait également partie le fait d'œuvrer pour être vu (*ar-riyâ*) ou entendu (*as-sumᶜa*). Cette forme d'association ne fait pas sortir de l'Islam mais il faut s'en repentir car elle est l'un des plus grands péchés après l'association majeure.

- D'après Jundub Ibn ᶜAbdillah Ibn Sufyân (ﷺ), le Prophète (ﷺ) a dit : « *Quiconque œuvre pour être vu ou entendu, Allah le dévoilera.* »[1]

[1] Rapporté par Al-Bukhârî n°6134 et Muslim n°2987.

Note importante : L'ostentation (*ar-riyâ*) fait partie de l'association majeure si la personne n'œuvre qu'en vue des gens, et elle fait partie de l'association mineure si l'ostentation survient alors que la personne œuvre pour Allah [1].

6 - L'association latente (*Shirk Khafî*)

Elle consiste par exemple à œuvrer à la vue d'une personne ayant un certain statut, et c'est également de l'ostentation. Et comme nous l'avons vu, elle ne fait pas sortir de l'Islam mais il faut s'en repentir.

- D'après Abû Sa^c^îd Al-Khudrî (ﷺ), le Prophète (ﷺ) a dit : « *L'association latente consiste à œuvrer en vue du rang d'une personne.* »[2]

Et l'association latente peut être majeure ou mineure en fonction de la catégorie d'association dans laquelle est tombée la personne.

Voir à ce sujet « *Majmu^c^ Fatâwâ* » de Shaykh ^c^Abd Al-^c^Azîz Ibn ^c^Abdillah Ibn Bâz - qu'Allah lui fasse miséricorde - vol.13/p.46-47.

Et nous pouvons également dire que l'association se manifeste sous les formes suivantes :

7 - L'association dans la croyance

C'est l'association majeure qui fait sortir de l'Islam, qu'Allah nous en protège. C'est le fait de considérer qu'autre qu'Allah crée, pourvoit à la subsistance, fait vivre et mourir, connaît l'invisible, ou dispose de la création. C'est aussi le fait de vouer un type d'adoration à autre qu'Allah, tels le sacrifice, le vœu, l'invocation, ou bien s'incliner et se prosterner devant autre qu'Allah…

8 - L'association dans les œuvres

Ce sont toutes les œuvres que la législation musulmane juge comme étant de l'association, comme le sacrifice ou le vœu voués à autre qu'Allah… Cela peut-être de l'association majeure ou mineure selon son genre. Le sacrifice pour autre qu'Allah est de l'association majeure. De même qu'accrocher des amulettes en ayant la conviction qu'elles peuvent apporter quelque bien ou repousser quelque mal indépendamment d'Allah. Cela est aussi de l'association majeure. Mais si la personne considère que cela n'est qu'une cause, c'est alors de l'association mineure.

---

[1] NdT : Et qu'elle ne la repousse pas.

[2] Rapporté par Ibn Mâjah n°4204, Ibn Sâ^c^id, Ibn ^c^Adî et Al-Hâkim. Shaykh Al-Albâni le considère comme bon (*hasan*) dans « *Sahîh Al-Jâmi^c^* » n°3729.

Voir « *Kitâb At-Tawhîd* » de Shaykh Al-Fawzân, p.12.

9 – L'association dans les paroles

Ce sont toutes les paroles que la législation musulmane juge comme étant de l'association. Comme le fait de jurer par autre qu'Allah. Ou bien, les propos tenus par certaines personnes tels : « Je n'ai qu'Allah et toi », « Je place ma confiance en Allah et en toi », « Sans Allah et untel, cela se serait déroulé de telle et telle façon »... ainsi que d'autres paroles impliquant l'association. Et l'association dans les paroles peut être majeure ou mineure selon son genre.

10 – L'association dans la législation et le jugement

C'est le fait de rejeter le Coran et la Sunna ou certains de leurs jugements, en optant pour les avis des hommes et les lois qu'ils ont forgées.

Allah (ﷻ) dit :

أَمْ لَهُمْ شُرَكَـٰٓؤُا۟ شَرَعُوا۟ لَهُم مِّنَ ٱلدِّينِ مَا لَمْ يَأْذَنۢ بِهِ ٱللَّهُ

« ***Ou auraient-ils des associés [à Allah] qui auraient établi pour eux des lois religieuses qu'Allah n'a jamais permises ?*** »[1]

ٱتَّخَذُوٓا۟ أَحْبَارَهُمْ وَرُهْبَـٰنَهُمْ أَرْبَابًا مِّن دُونِ ٱللَّهِ وَٱلْمَسِيحَ ٱبْنَ مَرْيَمَ وَمَآ أُمِرُوٓا۟ إِلَّا لِيَعْبُدُوٓا۟ إِلَـٰهًا وَٰحِدًا ۖ لَّآ إِلَـٰهَ إِلَّا هُوَ ۚ سُبْحَـٰنَهُۥ عَمَّا يُشْرِكُونَ ﴿٣١﴾

« ***Ils ont pris leurs rabbins et leurs moines, ainsi que le Christ fils de Marie, comme Seigneurs en dehors d'Allah, alors qu'on ne leur a commandé que d'adorer un Dieu unique. Pas de divinité (digne d'adoration) à part Lui ! Gloire à Lui ! Il est au-dessus de ce qu'ils [Lui] associent.*** »[2]

Et Yûsuf (ﷺ) a dit :

إِنِ ٱلْحُكْمُ إِلَّا لِلَّهِ ۚ أَمَرَ أَلَّا تَعْبُدُوٓا۟ إِلَّآ إِيَّاهُ ۚ ذَٰلِكَ ٱلدِّينُ ٱلْقَيِّمُ وَلَـٰكِنَّ أَكْثَرَ ٱلنَّاسِ لَا يَعْلَمُونَ

« ***Le jugement n'appartient qu'à Allah. Il vous a commandé de n'adorer que Lui. Telle est la religion droite; mais la plupart des gens ne savent pas.*** »[3]

---

[1] Sourate *As-Shûrâ*, v.21.
[2] Sourate *At-Tawbah*, v.31.
[3] Sourate *Yûsuf*, v.40.

Et Allah (ﷻ) dit :

وَلَا يُشْرِكُ فِي حُكْمِهِۦٓ أَحَدًا

« *Il n'associe personne à Son commandement.* »[1]

أَفَحُكْمَ ٱلْجَٰهِلِيَّةِ يَبْغُونَ ۚ وَمَنْ أَحْسَنُ مِنَ ٱللَّهِ حُكْمًا لِّقَوْمٍ يُوقِنُونَ ﴿٥٠﴾

« ***Est-ce donc le jugement du temps de l'Ignorance qu'ils cherchent ? Qu'y a-t-il de meilleur qu'Allah, en matière de jugement pour des gens qui ont une foi ferme ?*** »[2]

أَلَمْ تَرَ إِلَى ٱلَّذِينَ يَزْعُمُونَ أَنَّهُمْ ءَامَنُوا۟ بِمَآ أُنزِلَ إِلَيْكَ وَمَآ أُنزِلَ مِن قَبْلِكَ يُرِيدُونَ أَن يَتَحَاكَمُوٓا۟ إِلَى ٱلطَّٰغُوتِ وَقَدْ أُمِرُوٓا۟ أَن يَكْفُرُوا۟ بِهِۦ وَيُرِيدُ ٱلشَّيْطَٰنُ أَن يُضِلَّهُمْ ضَلَٰلًۢا بَعِيدًا ﴿٦٠﴾

« ***N'as-tu pas vu ceux qui prétendent croire à ce qu'on a fait descendre vers toi [Prophète] et à ce qu'on a fait descendre avant toi ? Ils veulent prendre pour juge le Tâghut, alors que c'est en lui qu'on leur a commandé de ne pas croire. Mais le Diable veut les égarer très loin, dans l'égarement.*** »[3]

Voir le chapitre : « *L'obligation de se conformer aux lois qu'a révélées Allah* ».

11 - L'association dans l'amour

C'est le fait que la personne aime autre qu'Allah aussi intensément qu'elle aime Allah ou plus encore.

Allah (ﷻ) dit :

وَمِنَ ٱلنَّاسِ مَن يَتَّخِذُ مِن دُونِ ٱللَّهِ أَندَادًا يُحِبُّونَهُمْ كَحُبِّ ٱللَّهِ ۖ وَٱلَّذِينَ ءَامَنُوٓا۟ أَشَدُّ حُبًّا لِّلَّهِ

« ***Parmi les hommes, il en est qui prennent, en dehors d'Allah, des égaux à Lui, en les aimant comme on aime Allah. Or les croyants sont les plus ardents en l'amour d'Allah.*** »[4]

Se référer aux différentes parties de l'amour (*al-mahabbah*), leçon 37.

---

[1] Sourate *Al-Kahf*, v.26.
[2] Sourate *Al-Mâ'idah*, v.50.
[3] Sourate *An-Nisâ'*, v.60.
[4] Sourate *Al-Baqarah*, v.165.

12 – L'association dans la peur et la crainte

Se référer aux différentes parties de la peur, leçon 36.

13 – L'association dans l'intention et la volonté

C'est le fait de désirer par ses œuvres autre qu'Allah et de ne pas avoir pour intention le Visage d'Allah.

Allah (ﷻ) dit :

فَمَن كَانَ يَرْجُوا لِقَاءَ رَبِّهِ فَلْيَعْمَلْ عَمَلًا صَالِحًا وَلَا يُشْرِكْ بِعِبَادَةِ رَبِّهِ أَحَدًا

« ***Quiconque, donc, espère rencontrer son Seigneur, qu'il fasse de bonnes actions et qu'il n'associe dans son adoration aucun à son Seigneur.*** »[1]

- D'après Abû Hurayrah (ﷺ), le Prophète (ﷺ) a dit : « *Allah (ﷻ) dit : Je suis Celui qui se passe le plus d'associés. Quiconque accomplit une oeuvre où il M'associe à un autre, je le délaisse, lui et son association.* »[2]

14 – L'association dans l'obéissance

C'est le fait d'obéir à une personne dans le fait de rendre licite ce qu'Allah a rendu illicite, ou de rendre illicite ce qu'Allah a rendu licite.

Allah (ﷻ) dit :

اتَّخَذُوا أَحْبَارَهُمْ وَرُهْبَانَهُمْ أَرْبَابًا مِّن دُونِ اللَّهِ

« ***Ils ont pris leurs rabbins et leurs moines, ainsi que le Christ fils de Marie, comme Seigneurs en dehors d'Allah*** »[3]

15 – L'association dans l'invocation.

Allah (ﷻ) dit :

لَهُ دَعْوَةُ الْحَقِّ وَالَّذِينَ يَدْعُونَ مِن دُونِهِ لَا يَسْتَجِيبُونَ لَهُم بِشَيْءٍ إِلَّا كَبَاسِطِ كَفَّيْهِ إِلَى الْمَاءِ لِيَبْلُغَ فَاهُ وَمَا هُوَ بِبَالِغِهِ وَمَا دُعَاءُ الْكَافِرِينَ إِلَّا فِي ضَلَالٍ ﴿١٤﴾

« ***À Lui l'appel de la Vérité ! Ceux qu'ils invoquent en dehors de Lui ne leur répondent d'aucune façon ; semblables à celui qui étend ses deux mains***

---

[1] Sourate *Al-Kahf*, v.110.

[2] Rapporté par Muslim n°2985.

[3] Sourate *At-Tawbah*, v.31.

vers l'eau pour la porter à sa bouche, mais qui ne parvient jamais à l'atteindre. L'invocation des mécréants n'est que vanité. »[1]

ذَٰلِكَ بِأَنَّ ٱللَّهَ هُوَ ٱلْحَقُّ وَأَنَّ مَا يَدْعُونَ مِن دُونِهِۦ هُوَ ٱلْبَٰطِلُ وَأَنَّ ٱللَّهَ هُوَ ٱلْعَلِيُّ ٱلْكَبِيرُ

« ***C'est ainsi qu'Allah est Lui le Vrai, alors que ce qu'ils invoquent en dehors de Lui est le faux ; c'est Allah qui est le Sublime, le Grand.*** »[2]

Voici une parole profitable d'Ibn Ql-Qayyim - qu'Allah lui fasse miséricorde - dans son livre « *Madârij As-Sâlikîn* », 1/347 :

« Les genres d'association sont multiples. Seul Allah en connaît le nombre. Si nous voulions les citer, les propos s'étendraient en prenant une ampleur considérable. Puisse Allah faciliter l'écriture d'un ouvrage traitant de l'association : ses différentes parties, ses causes, ses fondements, ses méfaits et ce qui permet de la repousser). Fin de citation.

Se référer au livre « *Les efforts des savants hanafites pour montrer la fausseté des croyances des adorateurs des tombes* », 1/395-396.

[1] Sourate *Ar-Ra^c^d*, v.14.

[2] Sourate *Al-Hajj*, v.62.

Leçon 31 :
Résumé concernant l'association (*as-shirk*)

- **L'association (*as-shirk*) se divise en deux parties :**

1 – L'association majeure (*Shirk Akbar*).

2 – L'association mineure (*Shirk Asghar*).

– L'association majeure fait sortir de l'Islam.

– L'association mineure ne fait pas sortir de l'Islam, mais c'est le plus grand péché majeur.

- **Fait partie de l'association majeure** : Le sacrifice pour autre qu'Allah, le vœu pour autre qu'Allah, invoquer autre qu'Allah, se prosterner devant autre qu'Allah etc…

- **Et fait partie de l'association mineure** : Oeuvrer pour être vu (*ar-riyâ*) ou entendu (*as-sumᶜâ*), jurer par autre qu'Allah sans vénérer outrageusement cet autre, dire : « Je n'ai qu'Allah et toi », « Je compte sur Allah et toi » etc…

- **Remarque** : L'ostentation (*ar-riyâ*) fait partie de l'association majeure si la personne n'œuvre qu'en vue des gens, et elle fait partie de l'association mineure si l'ostentation survient alors que la personne œuvre pour Allah[1].

Se référer aux *Fatâwas* du comité permanent des savants de l'*Iftâ*, volume n°1.

[1] NdT : Et qu'elle ne la repousse pas.

Leçon 32 : La mécréance (*al-kufr*)

- **La mécréance se divise en deux parties :**

1- La mécréance majeure (*Kufr Akbar*).

2- La mécréance mineure (*Kufr Asghar*).

Et nous pouvons aussi dire :

1- La mécréance faisant sortir de l'Islam.

2- La mécréance ne faisant pas sortir de l'Islam.

- **Quant à la mécréance majeure (*Kufr Akbar*)**, qui est celle qui fait sortir de l'Islam, elle se divise en plusieurs parties :

1- *Kufr at-takdhîb* : mécroire en démentant (ce dont le Messager d'Allah (ﷺ) nous a informé).

2- *Kufr al-ilhâd* : mécroire en s'écartant de la religion d'Allah vers le vain.

3- *Kufr al-juhud* : mécroire en reniant (par la langue ce que le cœur reconnaît).

4- *Kufr as-shirk* : mécroire en donnant un associé à Allah.

5- *Kufr al-inkâr* : la mécréance de rejet.

6- *Kufr as-shakk* : la mécréance de doute.

7- *Kufr al-istihzâ was-sukhriyyah* : mécroire en prenant en raillerie ou en se moquant (de quoi que ce soit relatif à l'Islam).

8- *Kufr al-icrâd* : mécroire en étant indifférent à ce avec quoi le Messager d'Allah (ﷺ) est venu.

9- *Kufr al-ibâ wal-istikbâr* : la mécréance de refus et d'orgueil.

10- *Kufr an-nifâq* : la mécréance d'hypocrisie.

11- *Kufr al-cinâd* : la mécréance d'obstination.

12- *Kufr az-zandaqah* : la mécréance de *zandaqah*[1] . (Se référer à l'ouvrage « *Sharh at-Tahâwiyyah* », p.342).

13- *Kufr al-muwâlah* : mécroire en prenant pour alliés les ennemis de l'Islam.

14- *Kufr ar-riddah* : la mécréance d'apostasie.

15- La mécréance des astrologues et des magiciens. (Se référer à l'ouvrage « *Madârij As-Sâlikîn* », 1/337).

16- Mécroire en tenant pour vrai ce que disent les astrologues et les voyants. Se conférer aux *Fatâwas* du comité permanent des savants de l'*Iftâ*, 1/412.

- **Quant à la mécréance mineure (*Kufr Asghar*)**, qui est celle qui ne fait pas sortir de l'Islam, elle se divise en plusieurs parties. Parmi elles :

1- Le *Kufr* lié à l'ingratitude envers les bienfaits d'Allah.

2- Le *Kufr* lié au non respect des liens fraternels.

3- Le *Kufr* correspondant à la violation des liens familiaux.

4- Le *Kufr* relatif à la diffamation des lignées.

5- Le *Kufr* relatif aux lamentations sur le mort.

6- Le *Kufr* consistant à renier son propre père.

[1] NdT : Le *zindîq* désigne l'incroyant (*al-mulhid*) ; et chez les jurisconsultes (*al-fuqahâ*) c'est l'hypocrite (*al-munâfiq*) qui affiche l'Islam et cache la mécréance.

Leçon 33 :
Les mécréants se divisent en deux catégories

1- Mécréants à l'origine.

2- Mécréants par apostasie.

Nous pouvons aussi dire : les mécréants se divisent en deux autres catégories :

1- Mécréants appelant à la mécréance.

2- Mécréants par imitation.

Voici une parole profitable d'Ibn Al-Qayyim, qu'Allah lui fasse miséricorde :

« La mécréance (*kufr*) est de deux types : majeure et mineure. La mécréance majeure est celle qui entraîne l'éternité en Enfer. Quant à la mécréance mineure, elle est celle qui fait encourir le châtiment mais pas l'éternité en Enfer. » Fin de citation.

Tiré de son livre « *Madârij As-Sâlikîn* », 1/364.

Leçon 34 : Le grave danger de se moquer du Coran, de la Sunna, ou de ceux qui y prêchent, ainsi que de s'y opposer

Allah (ﷻ) dit :

فَلْيَحْذَرِ ٱلَّذِينَ يُخَالِفُونَ عَنْ أَمْرِهِۦٓ أَن تُصِيبَهُمْ فِتْنَةٌ أَوْ يُصِيبَهُمْ عَذَابٌ أَلِيمٌ

« *Que ceux, donc, qui s'opposent à son commandement prennent garde qu'une épreuve ne les atteigne, ou que ne les atteigne un châtiment douloureux.* »[1]

وَلَئِن سَأَلْتَهُمْ لَيَقُولُنَّ إِنَّمَا كُنَّا نَخُوضُ وَنَلْعَبُ ۚ قُلْ أَبِٱللَّهِ وَءَايَٰتِهِۦ وَرَسُولِهِۦ
كُنتُمْ تَسْتَهْزِءُونَ ﴿٦٥﴾ لَا تَعْتَذِرُوا۟ قَدْ كَفَرْتُم بَعْدَ إِيمَٰنِكُمْ ۚ إِن نَّعْفُ عَن طَآئِفَةٍ
مِّنكُمْ نُعَذِّبْ طَآئِفَةًۢ بِأَنَّهُمْ كَانُوا۟ مُجْرِمِينَ ﴿٦٦﴾

« *Et si tu les interrogeais, ils diraient très certainement : « Vraiment, nous ne faisions que bavarder et jouer. » Dis : « Est-ce d'Allah, de Ses versets (le Coran) et de Son messager que vous vous moquiez ? » Ne vous excusez pas : vous avez bel et bien rejeté la foi après avoir cru. Si Nous pardonnons à une partie des vôtres, Nous en châtierons une autre pour avoir été des criminels.* »[2]

إِنَّ ٱلَّذِينَ أَجْرَمُوا۟ كَانُوا۟ مِنَ ٱلَّذِينَ ءَامَنُوا۟ يَضْحَكُونَ ﴿٢٩﴾ وَإِذَا مَرُّوا۟ بِهِمْ يَتَغَامَزُونَ ﴿٣٠﴾
وَإِذَا ٱنقَلَبُوٓا۟ إِلَىٰٓ أَهْلِهِمُ ٱنقَلَبُوا۟ فَكِهِينَ ﴿٣١﴾ وَإِذَا رَأَوْهُمْ قَالُوٓا۟ إِنَّ هَٰٓؤُلَآءِ لَضَآلُّونَ ﴿٣٢﴾
وَمَآ أُرْسِلُوا۟ عَلَيْهِمْ حَٰفِظِينَ ﴿٣٣﴾ فَٱلْيَوْمَ ٱلَّذِينَ ءَامَنُوا۟ مِنَ ٱلْكُفَّارِ يَضْحَكُونَ ﴿٣٤﴾ عَلَى ٱلْأَرَآئِكِ
يَنظُرُونَ ﴿٣٥﴾ هَلْ ثُوِّبَ ٱلْكُفَّارُ مَا كَانُوا۟ يَفْعَلُونَ ﴿٣٦﴾

« *Les criminels riaient de ceux qui croyaient, et, passant près d'eux, ils se faisaient des oeillades, et, retournant dans leurs familles, ils retournaient en plaisantant, et les voyant, ils disaient : ‹Ce sont vraiment ceux-là les égarés›. Or, ils n'ont pas été envoyés pour être leurs gardiens.*

[1] Sourate *An-Nûr*, v.63.
[2] Sourate *At-Tawbah*, v.65-66.

Aujourd'hui, donc, ce sont ceux qui ont cru qui rient des infidèles, sur les divans, ils regardent. Est-ce que les infidèles ont eu la récompense de ce qu'ils faisaient ? »[1]

حَتَّىٰٓ إِذَا جَآءَ أَحَدَهُمُ ٱلۡمَوۡتُ قَالَ رَبِّ ٱرۡجِعُونِ ﴿٩٩﴾ لَعَلِّيٓ أَعۡمَلُ صَٰلِحٗا فِيمَا تَرَكۡتُۚ كَلَّآۚ إِنَّهَا كَلِمَةٌ هُوَ
قَآئِلُهَاۖ وَمِن وَرَآئِهِم بَرۡزَخٌ إِلَىٰ يَوۡمِ يُبۡعَثُونَ ﴿١٠٠﴾ فَإِذَا نُفِخَ فِي ٱلصُّورِ فَلَآ أَنسَابَ بَيۡنَهُمۡ يَوۡمَئِذٖ وَلَا
يَتَسَآءَلُونَ ﴿١٠١﴾ فَمَن ثَقُلَتۡ مَوَٰزِينُهُۥ فَأُوْلَٰٓئِكَ هُمُ ٱلۡمُفۡلِحُونَ ﴿١٠٢﴾ وَمَنۡ خَفَّتۡ مَوَٰزِينُهُۥ فَأُوْلَٰٓئِكَ
ٱلَّذِينَ خَسِرُوٓاْ أَنفُسَهُمۡ فِي جَهَنَّمَ خَٰلِدُونَ ﴿١٠٣﴾ تَلۡفَحُ وُجُوهَهُمُ ٱلنَّارُ وَهُمۡ فِيهَا كَٰلِحُونَ ﴿١٠٤﴾ أَلَمۡ تَكُنۡ
ءَايَٰتِي تُتۡلَىٰ عَلَيۡكُمۡ فَكُنتُم بِهَا تُكَذِّبُونَ ﴿١٠٥﴾ قَالُواْ رَبَّنَا غَلَبَتۡ عَلَيۡنَا شِقۡوَتُنَا وَكُنَّا قَوۡمٗا ضَآلِّينَ
﴿١٠٦﴾ رَبَّنَآ أَخۡرِجۡنَا مِنۡهَا فَإِنۡ عُدۡنَا فَإِنَّا ظَٰلِمُونَ ﴿١٠٧﴾ قَالَ ٱخۡسَـُٔواْ فِيهَا وَلَا تُكَلِّمُونِ ﴿١٠٨﴾ إِنَّهُۥ كَانَ
فَرِيقٞ مِّنۡ عِبَادِي يَقُولُونَ رَبَّنَآ ءَامَنَّا فَٱغۡفِرۡ لَنَا وَٱرۡحَمۡنَا وَأَنتَ خَيۡرُ ٱلرَّٰحِمِينَ ﴿١٠٩﴾ فَٱتَّخَذۡتُمُوهُمۡ سِخۡرِيًّا
حَتَّىٰٓ أَنسَوۡكُمۡ ذِكۡرِي وَكُنتُم مِّنۡهُمۡ تَضۡحَكُونَ ﴿١١٠﴾ إِنِّي جَزَيۡتُهُمُ ٱلۡيَوۡمَ بِمَا صَبَرُوٓاْ أَنَّهُمۡ هُمُ ٱلۡفَآئِزُونَ

« ***Puis, lorsque la mort vient à l'un deux, il dit : « Ô Seigneur ! Fais-moi revenir (sur terre), afin que je fasse du bien dans ce que je délaissais. » Non, c'est simplement une parole qu'il dit. Derrière eux, cependant, il y a une barrière, jusqu'au jour où ils seront ressuscités. Puis quand on soufflera dans la Trompe, il n'y aura plus de parenté entre eux ce jour là, et ils ne se poseront pas de questions. Ceux dont la balance sera lourde seront les bienheureux ; et ceux dont la balance sera légère seront ceux qui ont ruiné leurs propres âmes et ils demeureront éternellement en Enfer. Le feu brûlera leurs visages et ils auront les lèvres crispées. Mes versets ne vous étaient-ils pas récités et vous les traitiez alors de mensonges ? Ils diront : « Seigneur ! Notre malheur nous a vaincus, et nous étions des gens égarés. Seigneur, fais-nous-en sortir ! Et si nous récidivons, nous serons alors des injustes. » Il dira : « Soyez-y refoulés (humiliés) et ne Me parlez plus. » Il y eut un groupe de Mes serviteurs qui dirent : « Seigneur, nous croyons ; pardonne-nous donc et fais-nous miséricorde, car Tu es le meilleur des Miséricordieux » ; mais vous les avez pris en raillerie jusqu'à oublier de M'invoquer, et vous vous riiez d'eux. Vraiment, Je les ai récompensés aujourd'hui pour ce qu'ils ont enduré ; et ce sont eux les triomphants.*** »[2]

---

[1] Sourate *Al-Mutaffifîn*, v.29-36.
[2] Sourate *Al-Mu'minûn*, v.99-111.

يَٰٓأَيُّهَا ٱلَّذِينَ ءَامَنُواْ ٱسۡتَجِيبُواْ لِلَّهِ وَلِلرَّسُولِ إِذَا دَعَاكُمۡ لِمَا يُحۡيِيكُمۡۖ وَٱعۡلَمُوٓاْ أَنَّ ٱللَّهَ يَحُولُ بَيۡنَ ٱلۡمَرۡءِ وَقَلۡبِهِۦ وَأَنَّهُۥٓ إِلَيۡهِ تُحۡشَرُونَ ﴿٢٤﴾

« ***Ô vous les croyants ! Répondez à Allah et au Messager lorsqu'il vous appelle à ce qui vous donne la (vraie) vie, et sachez qu'Allah s'interpose entre l'homme et son coeur, et que c'est vers Lui que vous serez rassemblés.*** »[1]

إِنَّا كَفَيۡنَٰكَ ٱلۡمُسۡتَهۡزِءِينَ ﴿٩٥﴾

« ***Nous t'avons effectivement défendu vis-à-vis des railleurs.*** »[2]

Parmi les hadiths :

1- Abû Humayd As-Sâcidî dit : « Nous participâmes avec le Prophète (ﷺ) à l'expédition de Tabûk. En arrivant à Wâdi-l-Qurâ, nous trouvâmes une femme dans son jardin. Le Prophète (ﷺ) dit alors à ses Compagnons : « *Estimez approximativement la quantité de dattes présente.* ». Le Prophète (ﷺ) lui-même fit une approximation de dix *wisq* (de dattes). Il dit à la femme : « *Retiens le compte du produit de ton jardin.* » A notre arrivée à Tabûk, il nous dit : « *Un vent violent se déchaînera cette nuit. Qu'aucun de vous ne se lève ; et celui qui a un chameau, qu'il l'attache bien !* » Nous attachâmes les chameaux et une violente tempête souffla. Un homme se leva, il fut alors emporté par le vent jusqu'à la montagne *Tay.* »[3]

2- Selon Salama Ibn Al-Akwac : « Un homme mangea avec la main gauche auprès du Messager d'Allah (ﷺ). Ce dernier lui dit : « *Mange avec ta main droite.* » Il dit : « Je ne le peux pas. » Il (ﷺ) lui dit : « *Puisses-tu ne jamais le pouvoir !* » Seul son orgueil l'en avait empêché. Et effectivement, il ne put plus porter sa main droite à sa bouche. »[4]

3- Al-Barâ Ibn cÂzib (ﷺ) rapporte : « Le jour de la bataille d'Uhud, le Prophète (ﷺ) désigna cAbd Allah Ibn Jubayr à la tête des fantassins dont le nombre était de cinquante hommes. Il leur dit : « *Ne quittez pas vos postes, même si vous nous voyez subir une défaite, et ce jusqu'à ce que je vous envoie [quelqu'un vous le dire]. De même si vous nous voyez infliger à l'ennemi une grande défaite !* » Ce furent les musulmans qui emportèrent la victoire. Et Al-

---

[1] Sourate ***Al-Anfâl***, v.24.
[2] Sourate ***Al-Hijr***, v.95.
[3] Rapporté par Al-Bukhârî n°1411 et Muslim n°1392.
[4] Rapporté par Muslim n°2021.

Barâ de continuer : Je jure que je vis les femmes courir en relevant leurs robes qui laissaient apparaître leurs jambes. Quant aux compagnons de cAbd Allah Ibn Jubayr, ils se dirent : « Au butin ! Eh vous, au butin ! Les musulmans sont vainqueurs, qu'attendons-nous ? » - Avez-vous oublié ce que vous a dit le Messager d'Allah (ﷺ) ? - Tenta de leur rappeler cAbd Allah Ibn Jubayr - « Par Allah ! Nous allons prendre part au butin avec les gens. » répondirent-ils. Mais en se dirigeant vers le reste des musulmans, ces derniers furent mis en déroute et prirent la fuite. Et c'était à cette occasion que le Prophète (ﷺ) les appela pour leur demander de revenir. En fait, il ne resta avec lui que douze hommes [pour résister].

D'autre part, les polythéistes causèrent dans cette bataille la mort de soixante-dix hommes musulmans. Lors de la bataille de Badr, ce furent les musulmans qui tuèrent soixante-dix polythéistes et en capturèrent soixante-dix autres, ce qui poussa Abû Sufyân à s'écrier par trois fois [en s'adressant aux musulmans retranchés] : « Est-ce que Muhammad est parmi vous ? » Et le Messager d'Allah (ﷺ) d'interdire aux fidèles de lui répondre ; mais Abû Sufyân s'écria de nouveau : « Et [Abû Bakr] Ibn Abî Quhâfah, est-il parmi vous ? » Puis : « Et cUmar Ibnu-l-Khattâb, est-il parmi vous ? » Et à chaque reprise il répétait la question trois fois. Enfin, il retourna au camp des polythéistes et leur dit : « Pour ce qui est de ces trois hommes, ils sont morts. » Et cUmar, qui ne pouvait se retenir, tonna : « Je jure par Allah que tu n'es qu'un menteur, Ô ennemi d'Allah ! Ceux dont tu viens de citer les noms sont tous encore vivants... Et il reste encore parmi nous de quoi te contrarier. » Il répondit : « Ce jour est notre revanche pour le jour de Badr, car c'en est ainsi pour les guerres : des victoires et des défaites. Cela dit, vous allez trouver qu'on a mutilé les corps de vos victimes, je n'ai pas donné l'ordre de le faire mais cela ne me chagrine point. » Puis il se mit à répéter : « Elevé soit Hubal ! Elevé soit Hubal ! » Alors le Prophète (ﷺ) s'adressa aux musulmans : « *N'allez-vous pas lui répondre ?* » - Mais que doit-on lui dire Ô Messager d'Allah ? Demandèrent les compagnons. - « *Dites-lui qu'Allah est plus Elevé et plus Haut !* » Ils répondirent mais Abû Sufyân répliqua en disant : « Nous avons [la déesse] cUzzah et vous n'avez aucune cUzzah. » - « *N'allez-vous pas lui répondre ?* » s'exclama le Prophète (ﷺ) en s'adressant aux musulmans. - Et que devons-nous lui dire ? - Dites-lui ceci : « *Allah est notre protecteur tandis que vous, vous n'en avez aucun.* » »[1]

[1] Rapporté par Al-Bukhârî n°2874.

Parmi les récits :

1- Le récit concernant celui qui s'est moqué du *siwâk* (petit bâton d'arak servant à se curer les dents), comme cité dans l'ouvrage « *Al-Bidâya wan-Nihâyah* » d'Ibn Kathîr :

« Ibn Khillikân raconte d'après ce qu'il rapporte des écrits de Shaykh Qutb Ad-Dîn Al-Yunânî : (Il nous est parvenu qu'il fut un jour cité les vertus du *siwâk* à un homme se faisant appeler Abû Salam, de la région de Busrâ, qui était quelque peu débauché et impudique. Il dit alors : « *Par Allah ! Je ne me cure avec que mon derrière !* » Il prit alors un *siwâk* et le rentra dans son derrière puis l'en ressortit. Il demeura après cela neuf mois en se plaignant de douleurs au ventre et au derrière. Il mit alors au monde un enfant à l'image d'un rat avec quatre pattes et une tête de poisson (qui avait quatre canines saillantes et une longue queue de la taille d'un empan et quatre doigts), et il possédait un derrière tel celui d'un lapin. Quand cet animal vint au monde, il poussa trois cris. La fille de cet homme se leva et écrasa sa tête, il mourut alors. Cet homme vécut après l'avoir mis au monde deux jours et mourut le troisième. Il disait : « *Cet animal m'a tué, il a coupé mes intestins !* » Plusieurs personnes et orateurs de cette région en ont été témoins. Certains ont vu l'animal vivant, et d'autres après sa mort. » Fin.

2- Le récit de celui dont la tête a été transformée en celle d'un âne par Allah, comme rapporté dans l'ouvrage « *Al-Qawl Al-Mubîn Fî-Akhta Al-Musallîn* », p.252 :

« Ibn Hajar rapporte d'un traditionniste que celui-ci s'était rendu à Damas afin de prendre des cours de hadiths auprès d'un Shaykh réputé. Ce Shaykh lui transmit un certain nombre de hadiths mais de derrière un voile de telle sorte qu'on ne voyait pas son visage. Mais vu que son séjour se prolongeait et que le Shaykh eut observé le soin qu'il portait aux hadiths, il leva ce voile et on put enfin voir son visage : il avait une tête d'âne ! Le Shaykh lui dit : « *Prends garde mon fils à ne jamais précéder l'imam (dans la prière). Lorsque j'ai lu le hadith[1], j'étais loin d'imaginer que cela puisse arriver, j'ai alors précédé l'imam et ma tête est devenue telle que tu la vois.* » » Fin.

- **Je dis** : Les versets, les hadiths et les récits à ce sujet sont nombreux.

---

[1] NdT : Référence au hadith rapporté par Abu Hurayrah dans Sahîh Al-Bukhârî, n°691 : le Prophète (ﷺ) a dit : « *L'un de vous ne craint-il pas, en relevant sa tête avant l'imam, qu'Allah lui transforme la tête en une tête d'âne – ou qu'Allah lui transforme la face en une face d'âne ?* ».

Leçon 35 :
Le désaveu de l'association (*as-shirk*) et de ses adeptes

Allah (ﷻ) dit :

قُلْ إِنَّمَا هُوَ إِلَٰهٌ وَاحِدٌ وَإِنَّنِي بَرِيءٌ مِّمَّا تُشْرِكُونَ

« Dis : « Il n'y a qu'une Divinité Unique. Et moi, je désavoue ce que vous (Lui) associez. » »[1]

فَلَمَّا رَأَى الشَّمْسَ بَازِغَةً قَالَ هَٰذَا رَبِّي هَٰذَا أَكْبَرُ ۖ فَلَمَّا أَفَلَتْ قَالَ يَا قَوْمِ إِنِّي بَرِيءٌ
مِّمَّا تُشْرِكُونَ ﴿٧٨﴾

« Lorsqu'ensuite il observa le soleil levant, il dit : « Voilà donc mon Seigneur (?!) Celui-ci est plus grand » Puis lorsque le soleil disparut, il dit : « Ô mon peuple, je désavoue tout ce que vous associez à Allah. » »[2]

بَرَاءَةٌ مِّنَ اللَّهِ وَرَسُولِهِ إِلَى الَّذِينَ عَاهَدتُّم مِّنَ الْمُشْرِكِينَ ﴿١﴾

« Désaveu de la part d'Allah et de Son messager à l'égard des associateurs avec qui vous avez conclu un pacte. » At-Tawba, v1

وَأَذَانٌ مِّنَ اللَّهِ وَرَسُولِهِ إِلَى النَّاسِ يَوْمَ الْحَجِّ الْأَكْبَرِ أَنَّ اللَّهَ بَرِيءٌ مِّنَ الْمُشْرِكِينَ ۙ
وَرَسُولُهُ

« Et proclamation aux gens, de la part d'Allah et de Son Messager, au jour du Grand Pèlerinage, qu'Allah et Son Messager désavouent les associateurs. »[3]

وَمَا كَانَ اسْتِغْفَارُ إِبْرَاهِيمَ لِأَبِيهِ إِلَّا عَن مَّوْعِدَةٍ وَعَدَهَا إِيَّاهُ فَلَمَّا تَبَيَّنَ لَهُ
أَنَّهُ عَدُوٌّ لِّلَّهِ تَبَرَّأَ مِنْهُ ۚ إِنَّ إِبْرَاهِيمَ لَأَوَّاهٌ حَلِيمٌ ﴿١١٤﴾

1 Sourate *Al-Anʿâm*, v.19.
2 Sourate *Al-Anʿâm*, v.78.
3 Sourate *At-Tawbah*, v.3.

« *Abraham ne demanda pardon en faveur de son père qu'à cause d'une promesse qu'il lui avait faite. Mais, dès qu'il lui apparut clairement qu'il était un ennemi d'Allah, il le désavoua. Abraham était certes plein de sollicitude et indulgent.* »[1]

Et Hud (ﷺ) a dit à son peuple :

قَالَ إِنِّيٓ أُشۡهِدُ ٱللَّهَ وَٱشۡهَدُوٓاْ أَنِّي بَرِيٓءٞ مِّمَّا تُشۡرِكُونَ ٥٤ مِن دُونِهِۦۖ فَكِيدُونِي جَمِيعٗا ثُمَّ لَا تُنظِرُونِ ٥٥

« *Il dit : Je prends Allah à témoin - et vous aussi soyez témoins - qu'en vérité, je désavoue ce que vous associez en dehors de Lui. Rusez donc tous contre moi et ne me donnez pas de répit.* »[2]

Et Allah (ﷻ) dit :

وَإِذۡ قَالَ إِبۡرَٰهِيمُ لِأَبِيهِ وَقَوۡمِهِۦٓ إِنَّنِي بَرَآءٞ مِّمَّا تَعۡبُدُونَ ٢٦ إِلَّا ٱلَّذِي فَطَرَنِي فَإِنَّهُۥ سَيَهۡدِينِ ٢٧

« *Et lorsqu'Abraham dit à son père et à son peuple : « Je désavoue totalement ce que vous adorez, à l'exception de Celui qui m'a créé, car c'est Lui en vérité qui me guidera.* » »[3]

قَدۡ كَانَتۡ لَكُمۡ أُسۡوَةٌ حَسَنَةٞ فِيٓ إِبۡرَٰهِيمَ وَٱلَّذِينَ مَعَهُۥٓ إِذۡ قَالُواْ لِقَوۡمِهِمۡ إِنَّا بُرَءَٰٓؤُاْ مِنكُمۡ وَمِمَّا تَعۡبُدُونَ مِن دُونِ ٱللَّهِ كَفَرۡنَا بِكُمۡ وَبَدَا بَيۡنَنَا وَبَيۡنَكُمُ ٱلۡعَدَٰوَةُ وَٱلۡبَغۡضَآءُ أَبَدًا حَتَّىٰ تُؤۡمِنُواْ بِٱللَّهِ وَحۡدَهُۥٓ

« *Certes, vous avez eu un bel exemple [à suivre] en Abraham et en ceux qui étaient avec lui, quand ils dirent à leur peuple : « Nous vous désavouons, vous et ce que vous adorez en dehors d'Allah. Nous vous renions. Entre vous et nous, l'inimitié et la haine sont à jamais déclarées jusqu'à ce que vous croyiez en Allah, Seul.* ». »[4]

---

[1] Sourate *At-Tawbah*, v.114.

[2] Sourate *Hûd*, v.54-55.

[3] Sourate *Az-Zukhruf*, v.26-27.

[4] Sourate *Al-Mumtahanah*, v.4.

قُلْ يَٰٓأَيُّهَا ٱلْكَٰفِرُونَ ﴿١﴾ لَآ أَعْبُدُ مَا تَعْبُدُونَ ﴿٢﴾ وَلَآ أَنتُمْ عَٰبِدُونَ مَآ أَعْبُدُ ﴿٣﴾
وَلَآ أَنَا۠ عَابِدٌ مَّا عَبَدتُّمْ ﴿٤﴾ وَلَآ أَنتُمْ عَٰبِدُونَ مَآ أَعْبُدُ ﴿٥﴾ لَكُمْ دِينُكُمْ وَلِىَ دِينِ ﴿٦﴾

« Dis : Ô vous les infidèles ! Je n'adore pas ce que vous adorez. Et vous n'êtes pas adorateurs de ce que j'adore. Je ne suis pas adorateur de ce que vous adorez. Et vous n'êtes pas adorateurs de ce que j'adore. A vous votre religion, et à moi ma religion. »[1]

[1] Sourate ***Al-Kâfirûn***.

Leçon 36 :
La peur (*Al-Khawf*) se divise en cinq parties

1 – La peur considérée comme étant une adoration (*Khawf ᶜibâdah*) :

C'est la peur d'Allah Seul, sans aucun associé. Elle est une adoration du cœur qu'Allah nous a enjointe.

Allah (ﷻ) dit :

وَلِمَنْ خَافَ مَقَامَ رَبِّهِۦ جَنَّتَانِ ﴿٤٦﴾

« ***Et pour celui qui aura craint de comparaître devant son Seigneur, il y aura deux jardins.*** »[1]

وَأَمَّا مَنْ خَافَ مَقَامَ رَبِّهِۦ وَنَهَى ٱلنَّفْسَ عَنِ ٱلْهَوَىٰ ﴿٤٠﴾ فَإِنَّ ٱلْجَنَّةَ هِىَ ٱلْمَأْوَىٰ ﴿٤١﴾

« ***Et pour celui qui aura redouté de comparaître devant son Seigneur, et préservé son âme de la passion, le Paradis sera alors son refuge.*** »[2]

Et Allah (ﷻ) dit en décrivant Ses serviteurs les anges :

يَخَافُونَ رَبَّهُم مِّن فَوْقِهِمْ وَيَفْعَلُونَ مَا يُؤْمَرُونَ ۩ ﴿٥٠﴾

« ***Ils craignent leur Seigneur, au-dessus d'eux, et font ce qui leur est commandé.*** »[3]

Et Allah (ﷻ) dit :

ٱلَّذِينَ يُبَلِّغُونَ رِسَٰلَٰتِ ٱللَّهِ وَيَخْشَوْنَهُۥ وَلَا يَخْشَوْنَ أَحَدًا إِلَّا ٱللَّهَ ۗ وَكَفَىٰ بِٱللَّهِ حَسِيبًا ﴿٣٩﴾

« ***Ceux qui communiquent les messages d'Allah, Le craignent et ne redoutent nul autre qu'Allah. Et Allah suffit pour tenir le compte de tout.*** »[4]

إِنَّمَا ذَٰلِكُمُ ٱلشَّيْطَٰنُ يُخَوِّفُ أَوْلِيَآءَهُۥ فَلَا تَخَافُوهُمْ وَخَافُونِ إِن كُنتُم مُّؤْمِنِينَ ﴿١٧٥﴾

« ***C'est le Diable qui vous fait peur de ses adhérents. N'ayez donc pas peur d'eux. Mais ayez peur de Moi, si vous êtes croyants.*** »[1]

---

[1] Sourate *Ar-Rahmân*, v.46.
[2] Sourate *An-Nâziᶜât*, v.40-41.
[3] Sourate *An-Nahl*, v.40.
[4] Sourate *Al-Ahzâb*, v.39.

يَدْعُونَ رَبَّهُمْ خَوْفًا وَطَمَعًا

« ***Ils invoquent leur Seigneur, par crainte et espoir.*** »[2]

إِنَّ الَّذِينَ آمَنُوا وَعَمِلُوا الصَّالِحَاتِ أُولَٰئِكَ هُمْ خَيْرُ الْبَرِيَّةِ ﴿٧﴾ جَزَاؤُهُمْ عِندَ رَبِّهِمْ
جَنَّاتُ عَدْنٍ تَجْرِي مِن تَحْتِهَا الْأَنْهَارُ خَالِدِينَ فِيهَا أَبَدًا رَّضِيَ اللَّهُ عَنْهُمْ وَرَضُوا عَنْهُ ذَٰلِكَ لِمَنْ
خَشِيَ رَبَّهُ ﴿٨﴾

« ***Quant à ceux qui croient et accomplissent les bonnes oeuvres, ce sont les meilleurs de toute la création. Leur récompense auprès d'Allah sera les Jardins de séjour, sous lesquels coulent les ruisseaux, pour y demeurer éternellement. Allah les agrée et ils L'agréent. Telle sera [la récompense] de celui qui craint son Seigneur.*** »[3]

- D'après Abû Hurayrah (ﷺ), le Prophète (ﷺ) a dit: « *Il y a sept personnes qu'Allah protégera de Son ombre, le Jour où il n'y aura plus d'autre ombre que la Sienne : le dirigeant équitable ; le jeune homme qui a grandi dans l'adoration d'Allah ; l'homme dont le cœur est attaché aux mosquées ; deux hommes qui, s'aimant en Allah, se réunissent pour Allah et se séparent pour Lui ; l'homme qui, appelé par une femme d'une haute situation et d'une grande beauté, répond : « Je crains Allah » ; l'homme qui, faisant une aumône, la dissimule de sorte que sa main gauche ignore ce qu'a donné sa main droite ; et enfin l'homme qui, mentionnant Allah dans la solitude, a les yeux inondés de larmes.* »[4]

- D'après Chaddad Ibn Aws (ﷺ), le Prophète (ﷺ) a dit: « *Allah dit : « Par Ma puissance et Ma grandeur, Je ne réunirai pas pour Mon serviteur deux sécurités ni deux peurs. S'il se sent à l'abri de Moi dans cette vie présente, Il Me redoutera le Jour de la Résurrection. Et s'il Me craint dans cette vie présente, Je le mettrai à l'abri le Jour où je regrouperai Mes serviteurs.* » »[5]

2 - La peur considérée comme étant de l'association (*Shirk al-Khawf*) :

C'est le fait qu'une personne craigne autre qu'Allah - comme un djinn ou un mort… - comme elle craint Allah ou plus encore.

---

[1] Sourate ***Âl cImrân***, v.175.
[2] Sourate ***As-Sajdah***, v.16.
[3] Sourate ***Al-Bayyinah***, v.7-8.
[4] Rapporté par Al-Bukhârî n°629 et Muslim n°1031.
[5] Rapporté par Abû Nucaym. Voir « *Al-Jâmic As-Sahîh* » n°4332 et « *As-Sahîhah* » n°742.

Allah (ﷻ) dit :

أَلَمْ تَرَ إِلَى ٱلَّذِينَ قِيلَ لَهُمْ كُفُّوٓاْ أَيْدِيَكُمْ وَأَقِيمُواْ ٱلصَّلَوٰةَ وَءَاتُواْ ٱلزَّكَوٰةَ فَلَمَّا كُتِبَ عَلَيْهِمُ ٱلْقِتَالُ إِذَا فَرِيقٌ مِّنْهُمْ يَخْشَوْنَ ٱلنَّاسَ كَخَشْيَةِ ٱللَّهِ أَوْ أَشَدَّ خَشْيَةً

« N'as-tu pas vu ceux auxquels on avait dit : « Abstenez-vous de combattre, accomplissez la prière et acquittez la Zakât ! » Puis lorsque le combat leur fut prescrit, voilà qu'une partie d'entre eux se mit à craindre les gens comme on craint Allah, ou même d'une crainte plus forte encore. »[1]

إِنَّمَا ذَٰلِكُمُ ٱلشَّيْطَٰنُ يُخَوِّفُ أَوْلِيَآءَهُۥ فَلَا تَخَافُوهُمْ وَخَافُونِ إِن كُنتُم مُّؤْمِنِينَ ﴿١٧٥﴾

« C'est le Diable qui vous fait peur de ses adhérents. N'ayez donc pas peur d'eux. Mais ayez peur de Moi, si vous êtes croyants. »[2]

فَلَا تَخْشَوُاْ ٱلنَّاسَ وَٱخْشَوْنِ

« Ne craignez donc pas les gens, mais craignez Moi. »[3]

3 – La peur considérée comme une désobéissance (*Khawf al-Ma^csiyah*) :

C'est le fait de délaisser une obligation ou de commettre un interdit à cause de la peur d'une ou plusieurs personnes, sans que cela n'atteigne le stade de la contrainte.

Allah (ﷻ) dit :

إِنَّمَا ذَٰلِكُمُ ٱلشَّيْطَٰنُ يُخَوِّفُ أَوْلِيَآءَهُۥ فَلَا تَخَافُوهُمْ وَخَافُونِ إِن كُنتُم مُّؤْمِنِينَ ﴿١٧٥﴾

« C'est le Diable qui vous fait peur de ses adhérents. N'ayez donc pas peur d'eux. Mais ayez peur de Moi, si vous êtes croyants. »[4]

فَلَا تَخْشَوْهُمْ وَٱخْشَوْنِى

« Ne les craignez donc pas, mais craignez-Moi. »[5]

---

1 Sourate *An-Nisâ'*, v.77.
2 Sourate *Âl ^cImrân*, v.175.
3 Sourate *Al-Mâ'idah*, v.44.
4 Sourate *Âl ^cImrân*, v.175.
5 Sourate *Al-Baqarah*, v.150

فَلَا تَخْشَوْهُمْ وَٱخْشَوْنِي

« *Ne les craignez donc pas, mais craignez-Moi.* »[1]

فَلَا تَخْشَوُاْ ٱلنَّاسَ وَٱخْشَوْنِ

« *Ne craignez donc pas les gens, mais craignez Moi.* »[2]

4 – La peur naturelle (*Al-Khawf at-Tabî*ᶜ*i*) :

C'est, par exemple, la peur d'un ennemi, d'un animal féroce, d'un serpent… Elle est permise tant qu'elle n'outrepasse pas la peur naturelle.

Allah dit en relatant la situation de Son serviteur et Prophète Mûsâ (Moïse) (ﷺ) :

فَأَصْبَحَ فِي ٱلْمَدِينَةِ خَآئِفًا يَتَرَقَّبُ

« ***Le lendemain matin, il se trouva en ville, craintif et regardant autour de lui.*** »[3]

فَخَرَجَ مِنْهَا خَآئِفًا يَتَرَقَّبُ قَالَ رَبِّ نَجِّنِي مِنَ ٱلْقَوْمِ ٱلظَّٰلِمِينَ ﴿٢١﴾

« ***Il sortit de là, craintif, regardant autour de lui.*** »[4]

Et Mûsâ (ﷺ) a dit :

إِنِّيٓ أَخَافُ أَن يُكَذِّبُونِ

« ***Seigneur, je crains, vraiment, qu'ils ne me traitent de menteur.*** »[5]

Et Mûsâ (ﷺ) a également dit :

قَالَ رَبِّ إِنِّي قَتَلْتُ مِنْهُمْ نَفْسًا فَأَخَافُ أَن يَقْتُلُونِ ﴿٣٣﴾

« ***Seigneur, dit [Moïse], j'ai tué un des leurs et je crains qu'ils ne me tuent.*** »[6]

---

[1] Sourate *Al-Mâ'idah,* v.3
[2] Sourate *Al-Mâ'idah,* v.44.
[3] Sourate *Al-Qasas,* v.18.
[4] Sourate *Al-Qasas,* v.21.
[5] Sourates *Al-Qasas,* v.34 ; *As-Shu*ᶜ*arâ,* v.12.
[6] Sourate *Al-Qasas,* v.33.

Et Mûsâ (ﷺ) et Hârun (Aaron) (ﷺ) ont dit :

قَالَا رَبَّنَآ إِنَّنَا نَخَافُ أَن يَفْرُطَ عَلَيْنَآ أَوْ أَن يَطْغَىٰ ﴿٤٥﴾ قَالَ لَا تَخَافَآ إِنَّنِى مَعَكُمَآ أَسْمَعُ وَأَرَىٰ ﴿٤٦﴾

« ***Ils dirent : « Ô notre Seigneur, nous craignons qu'il ne nous maltraite indûment, ou qu'il dépasse les limites. » Il dit : « Ne craignez rien. Je suis avec vous : J'entends et Je vois. »*** »[1]

Et Allah ﷻ dit :

فَأَوْجَسَ فِى نَفْسِهِۦ خِيفَةً مُّوسَىٰ ﴿٦٧﴾ قُلْنَا لَا تَخَفْ إِنَّكَ أَنتَ ٱلْأَعْلَىٰ ﴿٦٨﴾

« ***Moïse ressentit quelque peur en lui-même. Nous lui dîmes : N'aie pas peur, c'est toi qui auras le dessus.*** »[2]

5 – La peur illusoire (*Al-Khawf al-Wahmî*) :

C'est la peur qui n'a en fait aucune raison concrète ; ou si elle en a une, elle est faible.

Cette peur est blâmable, et la personne qui en est touchée fait parties des lâches. Or, le Prophète (ﷺ) demandait protection à Allah contre la lâcheté, elle fait donc partie des comportements vils. C'est ainsi que la foi complète, la pleine confiance en Allah et le courage repoussent cette catégorie de peur.

Voir les propos de Shaykh ᶜAbd Al-Rahmân Ibn Nâsir As-Saᶜdî – qu'Allah lui fasse miséricorde – (décédé en 1376H.) dans son livre : « *Al Qawl As-Sadîd Fî Maqâsid At-Tawhîd* », p.116.

---

[1] Sourate ***Tâ-Hâ***, v.45-46.
[2] Sourate ***Tâ-Hâ***, v.67-68.

Leçon 37 : L'amour (*Al-Mahabbah*) se divise en quatre parties

1 - L'amour considéré comme étant une adoration (*Mahabbah cIbâdah*) :

C'est le fait d'aimer Allah et ce qu'Allah aime.

Allah (ﷻ) dit :

وَلَٰكِنَّ ٱللَّهَ حَبَّبَ إِلَيْكُمُ ٱلْإِيمَٰنَ وَزَيَّنَهُۥ فِى قُلُوبِكُمْ

« ***Mais Allah vous a fait aimer la foi et l'a embellie dans vos coeurs.*** »[1]

وَٱلَّذِينَ ءَامَنُوٓا۟ أَشَدُّ حُبًّا لِّلَّهِ

« ***Les croyants sont les plus ardents en l'amour d'Allah.*** »[2]

يَأْتِى ٱللَّهُ بِقَوْمٍ يُحِبُّهُمْ وَيُحِبُّونَهُۥٓ

« ***Allah va faire venir un peuple qu'Il aime et qui L'aime.*** »[3]

- D'après Anas Ibn Mâlik (ﷺ), le Prophète (ﷺ) a dit : « *Celui qui possède ces trois caractéristiques savourera la douceur de la foi : aimer Allah et Son Messager plus que toute chose, n'aimer autrui qu'en vue d'Allah, détester revenir à la mécréance après qu'Allah l'en a sauvé de la même manière qu'on déteste être précipité dans le Feu.* »[4]

2 - L'amour considéré comme étant de l'association (*Mahabbah Shirkiyyah*) :

C'est le fait d'aimer autre qu'Allah comme Allah, ou plus encore.

Allah ﷻ dit :

وَمِنَ ٱلنَّاسِ مَن يَتَّخِذُ مِن دُونِ ٱللَّهِ أَندَادًا يُحِبُّونَهُمْ كَحُبِّ ٱللَّهِ ۖ وَٱلَّذِينَ ءَامَنُوٓا۟ أَشَدُّ حُبًّا لِّلَّهِ

[1] Sourate *Al-Hujurât*, v.7.
[2] Sourate *Al-Baqarah*, v.165.
[3] Sourate *Al-Mâ'idah*, v.54.
[4] Rapporté par Al-Bukhârî n°16 et Muslim n°43.

« *Parmi les hommes, il en est qui prennent, en dehors d'Allah, des égaux à Lui, en les aimant comme on aime Allah. Or les croyants sont les plus ardents en l'amour d'Allah.* »[1]

3 - L'amour considéré comme étant une désobéissance (*Mahabbah Ma^c^siyah*) :

C'est le fait, par exemple, d'aimer les interdits, les innovations, ceux qui commettent ces interdits, ces innovations, ou ceux qui suivent leurs passions… et autres types d'amours en contradiction avec la législation.

Allah ﷻ dit :

وَتُحِبُّونَ ٱلْمَالَ حُبًّا جَمًّا ﴿٢٠﴾

« *Et vous aimez les richesses d'un amour sans bornes.* »[2]

C'est pour cela qu'Il les a réprimandés auparavant en disant : ﴿كَلَّا﴾.

Voir l'explication d'Al-Baghawi et d'As-Shawkânî.

Et Allah (ﷻ) dit :

فَخَلَفَ مِنۢ بَعْدِهِمْ خَلْفٌ أَضَاعُوا۟ ٱلصَّلَوٰةَ وَٱتَّبَعُوا۟ ٱلشَّهَوَٰتِ ۖ فَسَوْفَ يَلْقَوْنَ غَيًّا ﴿٥٩﴾

« *Puis leur succédèrent des générations qui délaissèrent la prière et suivirent leurs passions. Ils se trouveront en perdition.* »[3]

قُلْ إِن كَانَ ءَابَآؤُكُمْ وَأَبْنَآؤُكُمْ وَإِخْوَٰنُكُمْ وَأَزْوَٰجُكُمْ وَعَشِيرَتُكُمْ وَأَمْوَٰلٌ ٱقْتَرَفْتُمُوهَا وَتِجَٰرَةٌ تَخْشَوْنَ كَسَادَهَا وَمَسَٰكِنُ تَرْضَوْنَهَآ أَحَبَّ إِلَيْكُم مِّنَ ٱللَّهِ وَرَسُولِهِۦ وَجِهَادٍ فِى سَبِيلِهِۦ فَتَرَبَّصُوا۟ حَتَّىٰ يَأْتِىَ ٱللَّهُ بِأَمْرِهِۦ ۗ وَٱللَّهُ لَا يَهْدِى ٱلْقَوْمَ ٱلْفَٰسِقِينَ ﴿٢٤﴾

« *Dis : Si vos pères, vos enfants, vos frères, vos épouses, vos clans, les biens que vous gagnez, le négoce dont vous craignez le déclin et les demeures qui vous sont agréables, vous sont plus chers qu'Allah, Son Messager et la lutte dans le sentier d'Allah, alors attendez qu'Allah fasse venir Son ordre. Et Allah ne guide pas les gens pervers›.* »[4]

---

[1] Sourate ***Al-Baqarah***, v.165.
[2] Sourate ***Al-Fajr***, v.20.
[3] Sourate ***Maryam***, v.59.
[4] Sourate ***At-Tawbah***, v.24.

لَا تَحْسَبَنَّ ٱلَّذِينَ يَفْرَحُونَ بِمَآ أَتَوا۟ وَّيُحِبُّونَ أَن يُحْمَدُوا۟ بِمَا لَمْ يَفْعَلُوا۟ فَلَا تَحْسَبَنَّهُم بِمَفَازَةٍ مِّنَ ٱلْعَذَابِ ۖ وَلَهُمْ عَذَابٌ أَلِيمٌ ﴿١٨٨﴾

« *Ne pense point que ceux-là qui exultent de ce qu'ils ont fait, et qui aiment qu'on les loue pour ce qu'ils n'ont pas fait, ne pense point donc, qu'ils trouvent une échappatoire au châtiment. Pour eux, il y aura un châtiment douloureux !* »[1]

وَقَالَ نِسْوَةٌ فِى ٱلْمَدِينَةِ ٱمْرَأَتُ ٱلْعَزِيزِ تُرَٰوِدُ فَتَىٰهَا عَن نَّفْسِهِۦ ۖ قَدْ شَغَفَهَا حُبًّا ۖ إِنَّا لَنَرَىٰهَا فِى ضَلَٰلٍ مُّبِينٍ ﴿٣٠﴾

« *Et dans la ville, des femmes dirent : La femme d'Al-ᶜAzîz essaye de séduire son valet ! Il l'a vraiment rendue folle d'amour. Nous la trouvons certes dans un égarement évident.* »[2]

إِنَّ ٱلَّذِينَ يُحِبُّونَ أَن تَشِيعَ ٱلْفَٰحِشَةُ فِى ٱلَّذِينَ ءَامَنُوا۟ لَهُمْ عَذَابٌ أَلِيمٌ فِى ٱلدُّنْيَا وَٱلْءَاخِرَةِ ۚ وَٱللَّهُ يَعْلَمُ وَأَنتُمْ لَا تَعْلَمُونَ ﴿١٩﴾

« *Ceux qui aiment que la turpitude se propage parmi les croyants auront un châtiment douloureux, ici-bas comme dans l'au-delà. Allah sait, et vous, vous ne savez pas.* »[3]

4 – L'amour naturel (*Mahabbah Tabîᶜiyyah*) :

C'est par exemple le fait d'aimer ses enfants, sa famille, sa personne, ses biens ou toute autre chose comptant parmi ce qu'il est autorisé d'aimer, mais il faut que cet amour demeure naturel.

Si cet amour préoccupe la personne en la détournant de l'obéissance d'Allah au point où elle délaisse certaines obligations, il devient alors une désobéissance.

Et si celui-ci outrepasse les limites dans sa vie et son cœur, au point où elle aime cette chose - à la base autorisée - comme l'amour d'Allah ou plus encore, il devient alors de l'association.

---

[1] Sourate *Âl ᶜImrân*, v.188.
[2] Sourate *Yûsuf*, v.30.
[3] Sourate *An-Nûr*, v.19.

Allah (ﷻ) dit :

زُيِّنَ لِلنَّاسِ حُبُّ الشَّهَوَاتِ مِنَ النِّسَاءِ وَالْبَنِينَ وَالْقَنَاطِيرِ الْمُقَنطَرَةِ مِنَ الذَّهَبِ وَالْفِضَّةِ
وَالْخَيْلِ الْمُسَوَّمَةِ وَالْأَنْعَامِ وَالْحَرْثِ ۗ ذَٰلِكَ مَتَاعُ الْحَيَاةِ الدُّنْيَا ۖ وَاللَّهُ عِندَهُ حُسْنُ الْمَآبِ
﴿١٤﴾ قُلْ أَؤُنَبِّئُكُم بِخَيْرٍ مِّن ذَٰلِكُمْ ۚ لِلَّذِينَ اتَّقَوْا عِندَ رَبِّهِمْ جَنَّاتٌ تَجْرِي مِن تَحْتِهَا الْأَنْهَارُ
خَالِدِينَ فِيهَا وَأَزْوَاجٌ مُّطَهَّرَةٌ وَرِضْوَانٌ مِّنَ اللَّهِ ۗ وَاللَّهُ بَصِيرٌ بِالْعِبَادِ ﴿١٥﴾

« ***On a enjolivé aux gens l'amour des choses qu'ils désirent : femmes, enfants, trésors thésaurisés d'or et d'argent, chevaux marqués, bétail et champs ; tout cela est l'objet de jouissance pour la vie présente, alors que c'est près d'Allah qu'il y a bon retour. Dis : Puis-je vous apprendre quelque chose de meilleur que tout cela ? Pour les pieux, il y a, auprès de leur Seigneur, des jardins sous lesquels coulent les ruisseaux, pour y demeurer éternellement, et aussi, des épouses purifiées, et l'agrément d'Allah.› Et Allah est Clairvoyant sur [Ses] serviteurs.*** »[1]

إِذْ قَالُوا لَيُوسُفُ وَأَخُوهُ أَحَبُّ إِلَىٰ أَبِينَا مِنَّا

« ***Quand ceux-ci dirent : Yûsuf (Joseph) et son frère sont plus aimés de notre père que nous...*** »[2]

Voici quelque propos profitables d'Ibn Al-Qayyim, qu'Allah lui fasse miséricorde :

Après avoir pris connaissance de ce préambule, il n'est pas possible que le cœur de l'homme concilie l'amour du plus grand bien-aimé et le désir des Suwar[3], et ceci en aucune façon, car ce sont deux opposés qui ne peuvent coexister. Il faut plutôt que la personne en rejette un des deux. Celui dont la force de l'amour est destinée entièrement au plus grand bien-aimé [dont tout amour en dehors du Sien est vain et est un tourment], cet amour le détournera de tout autre amour en dehors du Sien. Et si la personne aime autre qu'Allah, elle ne doit l'aimer que pour Lui, ou parce qu'il peut être un moyen pour elle d'accéder à l'amour d'Allah, ou parce que cet autre lui barre le chemin menant vers ce qui s'oppose à l'amour d'Allah ou le diminue. Et l'amour sincère implique d'unifier le Bien-aimé et

---

[1] Sourate ***Âl cImrân***, v.14-15.

[2] Sourate ***Yûsuf***, v.8.

[3] NdT : *As-Suwar* : littéralement : « les images » mais cela désigne ici les femmes et les imberbes (menant aux péchés que sont la fornication et l'homosexualité). Voir *« ad-dâ wad-dawâ »* d'Ibn Al-Qayyim, p.256.

de ne lui donner aucun associé dans cet amour. Lorsque l'on aime une créature, celle-ci éprouve de la jalousie et refuse que l'amour qu'on lui porte soit partagé avec un autre. Si cela se produit, cette créature aimée détestera alors son prétendant, l'éloignera d'elle en le privant de sa proximité et considérera qu'il ment quand il prétend l'aimer bien que cette créature aimée ne mérite pas qu'on lui consacre toute la force de l'amour. Qu'en est-il donc du plus grand bien-aimé qui est le Seul à mériter l'amour le plus complet, alors que tout amour pour autre que Lui n'est que tourment et peine ? C'est pour cela qu'Allah ne pardonne pas qu'on Lui donne quelqu'associé dans cet amour, et en dehors de l'association Il pardonne à qui Il veut.

L'amour des *Suwar* laisse donc échapper à la personne l'amour de ce qui lui est plus profitable : l'amour d'Allah, sans lequel il n'y a pas de félicité, d'intérêt, ni d'existence bénéfique.

Que le serviteur fasse donc le choix entre l'amour d'Allah et celui des *Suwar*, car ces deux amours ne peuvent coexister simultanément dans le cœur du serviteur de même qu'ils ne peuvent disparaître tous deux. Celui qui s'écarte de l'amour d'Allah, de Son rappel, du désir de Le rencontrer, verra Allah l'éprouver par l'amour d'un autre et le châtiera par cela dans cette vie présente, entre la mort et la Résurrection, et dans l'au-delà. Il le punira donc par l'amour des idoles, des croix, des imberbes, des femmes, de compagnons ou de frères, ou d'autres amours d'une bassesse et d'un opprobre totales. La personne est l'esclave de son bien-aimé, qui qu'il soit, comme cela a été dit (en vers) :

Tu es la victime de tous ceux que tu aimes
Choisis donc pour toi le meilleur à aimer

Celui dont la divinité n'est pas son souverain et son protecteur, sa divinité sera alors sa passion. Allah (ﷻ) dit :

أَفَرَءَيْتَ مَنِ ٱتَّخَذَ إِلَـٰهَهُۥ هَوَىٰهُ وَأَضَلَّهُ ٱللَّهُ عَلَىٰ عِلْمٍ وَخَتَمَ عَلَىٰ سَمْعِهِۦ وَقَلْبِهِۦ وَجَعَلَ عَلَىٰ بَصَرِهِۦ
غِشَـٰوَةً فَمَن يَهْدِيهِ مِنۢ بَعْدِ ٱللَّهِ ۚ أَفَلَا تَذَكَّرُونَ ﴿٢٣﴾

« ***Vois-tu celui qui prend sa passion pour sa propre divinité ? Et Allah l'égare sciemment et scelle son ouïe et son coeur et étend un voile sur sa vue. Qui donc peut le guider après Allah ? Ne vous rappelez-vous donc pas ?*** »[1]

---

[1] Sourate *Al-Jâthiyah*, v.23.

Fin de citation. Tiré du livre « *Al-Jawâb Al-Kâfî* » (d'Ibn Al-Qayyim), p.269-270.

Autres propos profitables du grand savant ᶜAbd Al-Rahmân Ibn Nâsir As-Saᶜdî, qu'Allah lui fasse miséricorde :

« La base et l'essence de l'unicité est de vouer un amour sincère à Allah Seul. C'est la base de Sa déification et de Son adoration. C'est même la réalité de l'adoration. L'unicité ne se réalise pleinement que lorsque l'amour du serviteur pour son Seigneur est complet, qu'il prévaut et prend le dessus sur tout autre amour et qu'il le régit de façon à ce qu'il suive celui d'Allah, dans lequel il y a le bonheur et la félicité du serviteur.

Le parachèvement et la conséquence de l'amour d'Allah résident dans l'amour en vue d'Allah. La personne aime ce qu'Allah aime comme œuvres et individus, déteste ce qu'Allah déteste comme œuvres et individus, prend pour amis Ses alliés et pour ennemis Ses ennemis. C'est ainsi que se parfait la foi du serviteur et son unicité.

Quant au fait de prendre des égaux parmi la création que l'on aimerait comme on aime Allah, en faisant prévaloir leur obéissance sur celle d'Allah, en s'adonnant constamment à leur rappel et leur invocation, c'est cela l'association majeure, celle qu'Allah ne pardonne pas. Le cœur de la personne commettant cette association a été coupé de l'agrément du Puissant et Glorieux, et s'est attaché à un autre que Lui parmi ceux qui ne peuvent pourtant rien pour lui. Cette faible attache à laquelle se sont aggripés les associateurs sera rompue le Jour de la Résurrection, le jour où il n'y aura d'utilité pour la personne que dans ses œuvres, et cet amour et cette alliance se transformeront en haine et hostilité). Fin de citation.

Tiré du livre : « *Al-Qawl As-Sadîd* », p.110-112.

Leçon 38 :
L'interdiction d'invoquer autre qu'Allah

Allah (ﷻ) dit :

وَإِذَا سَأَلَكَ عِبَادِي عَنِّي فَإِنِّي قَرِيبٌ أُجِيبُ دَعْوَةَ الدَّاعِ إِذَا دَعَانِ فَلْيَسْتَجِيبُوا لِي وَلْيُؤْمِنُوا بِي لَعَلَّهُمْ يَرْشُدُونَ ﴿١٨٦﴾

« Et quand Mes serviteurs t'interrogent sur Moi, alors Je suis tout proche : Je réponds à l'appel de celui qui M'invoque quand il M'invoque. Qu'ils répondent à Mon appel, et qu'ils croient en Moi, afin qu'ils soient bien guidés. »[1]

إِن يَدْعُونَ مِن دُونِهِۦٓ إِلَّآ إِنَٰثًا وَإِن يَدْعُونَ إِلَّا شَيْطَٰنًا مَّرِيدًا ﴿١١٧﴾ لَّعَنَهُ ٱللَّهُ وَقَالَ لَأَتَّخِذَنَّ مِنْ عِبَادِكَ نَصِيبًا مَّفْرُوضًا ﴿١١٨﴾

« Ce ne sont que des femelles qu'ils invoquent, en dehors de Lui. Et ce n'est qu'un diable rebelle qu'ils invoquent. Allah l'a (le Diable) maudit et celui-ci a dit : « Je saisirai parmi Tes serviteurs, une partie déterminée. » »[2]

قُلْ أَنَدْعُوا۟ مِن دُونِ ٱللَّهِ مَا لَا يَنفَعُنَا وَلَا يَضُرُّنَا وَنُرَدُّ عَلَىٰٓ أَعْقَابِنَا بَعْدَ إِذْ هَدَىٰنَا ٱللَّهُ كَٱلَّذِى ٱسْتَهْوَتْهُ ٱلشَّيَٰطِينُ فِى ٱلْأَرْضِ حَيْرَانَ لَهُۥٓ أَصْحَٰبٌ يَدْعُونَهُۥٓ إِلَى ٱلْهُدَى ٱئْتِنَا ۗ قُلْ إِنَّ هُدَى ٱللَّهِ هُوَ ٱلْهُدَىٰ ۖ وَأُمِرْنَا لِنُسْلِمَ لِرَبِّ ٱلْعَٰلَمِينَ ﴿٧١﴾

« Dis : Invoquerons-nous, au lieu d'Allah, ce qui ne peut nous profiter ni nous nuire ? Et reviendrons-nous sur nos talons après qu'Allah nous a guidés, comme quelqu'un que les diables ont séduit et qui erre perplexe sur la terre, bien que des amis l'appellent vers le droit chemin (lui disant) : - « Viens à nous. » Dis : Le vrai chemin, c'est le chemin d'Allah. Et il nous a été commandé de nous soumettre au Seigneur de l'Univers›. »[3]

---

[1] Sourate *Al-Baqarah*, v.186.

[2] Sourate *An-Nisâ'*, v.117-118.

[3] Sourate *Al-An^câm*, v.71.

إِنَّ ٱلَّذِينَ تَدْعُونَ مِن دُونِ ٱللَّهِ عِبَادٌ أَمْثَالُكُمْ ۖ فَٱدْعُوهُمْ فَلْيَسْتَجِيبُوا۟ لَكُمْ
إِن كُنتُمْ صَٰدِقِينَ ﴿١٩٤﴾

« Ceux que vous invoquez en dehors d'Allah sont des serviteurs comme vous. Invoquez-les donc et qu'ils vous répondent, si vous êtes véridiques. »[1]

وَٱلَّذِينَ تَدْعُونَ مِن دُونِهِۦ لَا يَسْتَطِيعُونَ نَصْرَكُمْ وَلَآ أَنفُسَهُمْ يَنصُرُونَ ﴿١٩٧﴾

« Et ceux que vous invoquez en dehors de Lui ne sont capables ni de vous secourir, ni de se secourir eux-mêmes. »[2]

وَلَا تَدْعُ مِن دُونِ ٱللَّهِ مَا لَا يَنفَعُكَ وَلَا يَضُرُّكَ ۖ فَإِن فَعَلْتَ فَإِنَّكَ إِذًا مِّنَ ٱلظَّٰلِمِينَ ﴿١٠٦﴾

« Et n'invoque pas, en dehors d'Allah, ce qui ne peut te profiter ni te nuire. Et si tu le fais, tu seras alors du nombre des injustes. »[3]

لَهُۥ دَعْوَةُ ٱلْحَقِّ ۖ وَٱلَّذِينَ يَدْعُونَ مِن دُونِهِۦ لَا يَسْتَجِيبُونَ لَهُم بِشَىْءٍ إِلَّا كَبَٰسِطِ كَفَّيْهِ إِلَى ٱلْمَآءِ لِيَبْلُغَ
فَاهُ وَمَا هُوَ بِبَٰلِغِهِۦ ۚ وَمَا دُعَآءُ ٱلْكَٰفِرِينَ إِلَّا فِى ضَلَٰلٍ ﴿١٤﴾

« À lui l'appel de la Vérité ! Ceux qu'ils invoquent en dehors de Lui ne leur répondent d'aucune façon ; semblables à celui qui étend ses deux mains vers l'eau pour la porter à sa bouche, mais qui ne parvient jamais à l'atteindre. L'invocation des mécréants n'est que vanité. »[4]

وَٱلَّذِينَ يَدْعُونَ مِن دُونِ ٱللَّهِ لَا يَخْلُقُونَ شَيْـًٔا وَهُمْ يُخْلَقُونَ ﴿٢٠﴾ أَمْوَٰتٌ غَيْرُ أَحْيَآءٍ ۖ وَمَا
يَشْعُرُونَ أَيَّانَ يُبْعَثُونَ ﴿٢١﴾

« Et ceux qu'ils invoquent en dehors d'Allah ne créent rien, et ils sont eux-mêmes créés. Ils sont morts, et non pas vivants, et ils ne savent pas quand ils seront ressuscités. »[5]

---

[1] Sourate *Al-A^{c}râf*, v.194.
[2] Sourate *Al-A^{c}râf*, v.197.
[3] Sourate *Yûnus*, v.106.
[4] Sourate *Ar-Ra^{c}d*, v.14.
[5] Sourate *An-Nahl*, v.20-21.

ذَٰلِكَ بِأَنَّ ٱللَّهَ هُوَ ٱلْحَقُّ وَأَنَّ مَا يَدْعُونَ مِن دُونِهِۦ هُوَ ٱلْبَٰطِلُ وَأَنَّ ٱللَّهَ هُوَ ٱلْعَلِىُّ
ٱلْكَبِيرُ ﴿٦٢﴾

« *C'est ainsi qu'Allah est Lui le Vrai, alors que ce qu'ils invoquent en dehors de Lui est le faux ; c'est Allah qui est le Haut, le Grand.* »[1]

ذَٰلِكَ بِأَنَّ ٱللَّهَ هُوَ ٱلْحَقُّ وَأَنَّ مَا يَدْعُونَ مِن دُونِهِ ٱلْبَٰطِلُ وَأَنَّ ٱللَّهَ هُوَ ٱلْعَلِىُّ ٱلْكَبِيرُ

« *C'est ainsi qu'Allah est Lui le Vrai, alors que ce qu'ils invoquent en dehors de Lui est le faux ; c'est Allah qui est le Haut, le Grand.* »[2]

يَٰٓأَيُّهَا ٱلنَّاسُ ضُرِبَ مَثَلٌ فَٱسْتَمِعُوا۟ لَهُۥٓ ۚ إِنَّ ٱلَّذِينَ تَدْعُونَ مِن دُونِ ٱللَّهِ لَن
يَخْلُقُوا۟ ذُبَابًا وَلَوِ ٱجْتَمَعُوا۟ لَهُۥ ۖ وَإِن يَسْلُبْهُمُ ٱلذُّبَابُ شَيْـًٔا لَّا يَسْتَنقِذُوهُ مِنْهُ ۚ
ضَعُفَ ٱلطَّالِبُ وَٱلْمَطْلُوبُ ﴿٧٣﴾

« *Ô hommes ! Une parabole vous est proposée, écoutez-la : Ceux que vous invoquez en dehors d'Allah ne sauraient même pas créer une mouche, quand même ils s'uniraient pour cela. Et si la mouche les dépouillait de quelque chose, ils ne sauraient le lui reprendre. Le solliciteur et le sollicité sont [également] faibles !* »[3]

وَمَن يَدْعُ مَعَ ٱللَّهِ إِلَٰهًا ءَاخَرَ لَا بُرْهَٰنَ لَهُۥ بِهِۦ فَإِنَّمَا حِسَابُهُۥ عِندَ رَبِّهِۦٓ ۚ إِنَّهُۥ لَا يُفْلِحُ
ٱلْكَٰفِرُونَ ﴿١١٧﴾

« *Et quiconque invoque avec Allah une autre divinité, sans avoir la preuve évidente [de son existence], aura à en rendre compte à son Seigneur. En vérité, les mécréants, ne réussiront pas.* »[4]

فَلَا تَدْعُ مَعَ ٱللَّهِ إِلَٰهًا ءَاخَرَ فَتَكُونَ مِنَ ٱلْمُعَذَّبِينَ ﴿٢١٣﴾

« *N'invoque donc pas une autre divinité avec Allah, sinon tu seras du nombre des châtiés.* »[1]

---

[1] Sourate *Al-Hajj*, v.62.
[2] Sourate *Luqmân*, v.30.
[3] Sourate *Al-Hajj*, v.73.
[4] Sourate *Al-Mu'minûn*, v.117.

وَلَا تَدْعُ مَعَ ٱللَّهِ إِلَٰهًا ءَاخَرَ ۘ لَآ إِلَٰهَ إِلَّا هُوَ ۚ كُلُّ شَىْءٍ هَالِكٌ إِلَّا وَجْهَهُۥ ۚ لَهُ ٱلْحُكْمُ وَإِلَيْهِ
تُرْجَعُونَ ﴿٨٨﴾

« *Et n'invoque nulle autre divinité avec Allah. Point de divinité (digne d'adoration) à part Lui. Tout doit périr, sauf Son Visage. À Lui appartient le jugement, et vers Lui vous serez ramenés.* »[2]

مَثَلُ ٱلَّذِينَ ٱتَّخَذُوا۟ مِن دُونِ ٱللَّهِ أَوْلِيَآءَ كَمَثَلِ ٱلْعَنكَبُوتِ ٱتَّخَذَتْ بَيْتًا ۖ وَإِنَّ أَوْهَنَ
ٱلْبُيُوتِ لَبَيْتُ ٱلْعَنكَبُوتِ ۖ لَوْ كَانُوا۟ يَعْلَمُونَ ﴿٤١﴾ إِنَّ ٱللَّهَ يَعْلَمُ مَا يَدْعُونَ مِن دُونِهِۦ مِن
شَىْءٍ ۚ وَهُوَ ٱلْعَزِيزُ ٱلْحَكِيمُ

« *Ceux qui ont pris des protecteurs en dehors d'Allah ressemblent à l'araignée qui s'est donnée maison. Or la maison la plus fragile est celle de l'araignée. Si seulement ils savaient ! Allah connaît toute chose qu'ils invoquent en dehors de Lui. Et c'est Lui le Tout Puissant, le Sage.* »[3]

يُولِجُ ٱلَّيْلَ فِى ٱلنَّهَارِ وَيُولِجُ ٱلنَّهَارَ فِى ٱلَّيْلِ وَسَخَّرَ ٱلشَّمْسَ وَٱلْقَمَرَ كُلٌّ يَجْرِى لِأَجَلٍ
مُّسَمًّى ۚ ذَٰلِكُمُ ٱللَّهُ رَبُّكُمْ لَهُ ٱلْمُلْكُ ۚ وَٱلَّذِينَ تَدْعُونَ مِن دُونِهِۦ مَا يَمْلِكُونَ مِن قِطْمِيرٍ
﴿١٣﴾ إِن تَدْعُوهُمْ لَا يَسْمَعُوا۟ دُعَآءَكُمْ وَلَوْ سَمِعُوا۟ مَا ٱسْتَجَابُوا۟ لَكُمْ ۖ وَيَوْمَ ٱلْقِيَٰمَةِ يَكْفُرُونَ بِشِرْكِكُمْ ۚ
وَلَا يُنَبِّئُكَ مِثْلُ خَبِيرٍ ﴿١٤﴾

« *Il fait que la nuit pénètre le jour et que le jour pénètre la nuit. Et Il a soumis le soleil à la lune. Chacun d'eux s'achemine vers un terme fixé. Tel est Allah, votre Seigneur : à Lui appartient la royauté, tandis que ceux que vous invoquez, en dehors de Lui, ne sont même pas maîtres de la pellicule d'un noyau de datte. Si vous les invoquez, ils n'entendent pas votre invocation ; et même s'ils entendaient, ils ne sauraient vos répondre. Et le jour du Jugement ils vont nier votre association. Nul ne peut te donner des nouvelles comme Celui qui est parfaitement informé.* »[4]

---

1 Sourate *As-Shuᶜarâ*, v.213.
2 Sourate *Al-Qasas*, v.88.
3 Sourate ***Al-ᶜAnkabût***, v.41-42.
4 Sourate *Fâtir*, v.13-14.

وَلَئِن سَأَلْتَهُم مَّنْ خَلَقَ ٱلسَّمَٰوَٰتِ وَٱلْأَرْضَ لَيَقُولُنَّ ٱللَّهُ ۚ قُلْ أَفَرَءَيْتُم مَّا تَدْعُونَ مِن دُونِ ٱللَّهِ إِنْ أَرَادَنِىَ ٱللَّهُ بِضُرٍّ هَلْ هُنَّ كَٰشِفَٰتُ ضُرِّهِۦٓ أَوْ أَرَادَنِى بِرَحْمَةٍ هَلْ هُنَّ مُمْسِكَٰتُ رَحْمَتِهِۦ ۚ قُلْ حَسْبِىَ ٱللَّهُ ۖ عَلَيْهِ يَتَوَكَّلُ ٱلْمُتَوَكِّلُونَ

« Si tu leur demandais : « Qui a créé les cieux et la terre ? », ils diraient assurément : « Allah. » Dis : « Voyez-vous ceux que vous invoquez en dehors d'Allah ; si Allah me voulait du mal, est-ce que [ces divinités] pourraient dissiper Son mal ? Ou s'Il me voulait une miséricorde, pourraient-elles retenir Sa miséricorde ? » - Dis : « Allah me suffit : c'est en Lui que placent leur confiance ceux qui cherchent un appui. » »[1]

قُلْ أَرَءَيْتُم مَّا تَدْعُونَ مِن دُونِ ٱللَّهِ أَرُونِى مَاذَا خَلَقُوا۟ مِنَ ٱلْأَرْضِ أَمْ لَهُمْ شِرْكٌ فِى ٱلسَّمَٰوَٰتِ ۖ ٱئْتُونِى بِكِتَٰبٍ مِّن قَبْلِ هَٰذَآ أَوْ أَثَٰرَةٍ مِّنْ عِلْمٍ إِن كُنتُمْ صَٰدِقِينَ ﴿٤﴾ وَمَنْ أَضَلُّ مِمَّن يَدْعُوا۟ مِن دُونِ ٱللَّهِ مَن لَّا يَسْتَجِيبُ لَهُۥٓ إِلَىٰ يَوْمِ ٱلْقِيَٰمَةِ وَهُمْ عَن دُعَآئِهِمْ غَٰفِلُونَ ﴿٥﴾ وَإِذَا حُشِرَ ٱلنَّاسُ كَانُوا۟ لَهُمْ أَعْدَآءً وَكَانُوا۟ بِعِبَادَتِهِمْ كَٰفِرِينَ ﴿٦﴾

« Dis : ‹Que pensez-vous de ceux que vous invoquez en dehors d'Allah ? Montrez-moi donc ce qu'ils ont créé de la terre ! Ou ont-ils dans les cieux une participation avec Allah ? Apportez-moi un Livre antérieur à celui-ci (le Coran) ou même un vestige d'une science, si vous êtes véridiques›. Et qui est plus égaré que celui qui invoque en dehors d'Allah, celui qui ne saura lui répondre jusqu'au Jour de la Résurrection ? Et elles [leurs divinités] sont indifférentes à leur invocation. Et quand les gens seront rassemblés [pour le Jugement] elles seront leurs ennemies et nieront leur adoration [pour elles]. »[2]

وَأَنَّ ٱلْمَسَٰجِدَ لِلَّهِ فَلَا تَدْعُوا۟ مَعَ ٱللَّهِ أَحَدًا ﴿١٨﴾

« Les mosquées sont consacrées à Allah : n'invoquez donc personne avec Allah. »[3]

---

[1] Sourate *Az-Zumar*, v.38.
[2] Sourate *Al-Ahqâf*, v.4-6.
[3] Sourate *Al-Jinn*, v.18.

قُلْ إِنَّمَآ أَدْعُواْ رَبِّي وَلَآ أُشْرِكُ بِهِۦٓ أَحَدًا ﴿٢٠﴾ قُلْ إِنِّي لَآ أَمْلِكُ لَكُمْ ضَرًّا وَلَا رَشَدًا ﴿٢١﴾

« ***Dis : Je n'invoque que mon Seigneur et ne Lui associe personne. Dis : Je ne possède aucun moyen pour vous faire du mal, ni pour vous mettre sur le chemin droit.*** »[1]

Les versets dans ce chapitre sont nombreux, ainsi que les hadiths. Parmi eux :

1 - D'après Nu^c^mân Ibn Bashîr (ﷺ), le Prophète (ﷺ) a dit : « *L'invocation (ad-du^c^â'), c'est l'adoration.* » Puis il a récité :

وَقَالَ رَبُّكُمُ ٱدْعُونِيٓ أَسْتَجِبْ لَكُمْۚ إِنَّ ٱلَّذِينَ يَسْتَكْبِرُونَ عَنْ عِبَادَتِي سَيَدْخُلُونَ جَهَنَّمَ دَاخِرِينَ ﴿٦٠﴾

« ***Et votre Seigneur dit : Invoquez-Moi, Je vous répondrai. Ceux qui, par orgueil, se refusent à M'adorer entreront bientôt dans l'Enfer, humiliés.*** »[2] »[3]

2 - ^c^Abd Allah Ibn ^c^Abbâs (ﷺ), rapporte qu'un jour alors qu'il était derrière le Prophète (ﷺ) sur sa monture, ce dernier (ﷺ) lui dit : « *Jeune homme ! Je vais t'enseigner quelques paroles (utiles). Observe les commandements d'Allah, Il te protègera. Observe les commandements d'Allah, tu Le trouveras devant toi. Lorsque tu veux demander quelque chose, demande à Allah. Lorsque tu veux implorer de l'aide, implore l'aide d'Allah. Sache que si la communauté se regroupait pour vouloir te faire un bien, elle ne te fera que le bien qu'Allah t'a prescrit. Et si elle se regroupait pour vouloir te nuire, elle ne te fera que le mal qu'Allah t'a prescrit. Certes, les plumes sont levées et l'encre des feuillets a séché.* »[4]

---

[1] Sourate ***Al-Jinn***, v.20-21.

[2] Sourate ***Ghâfir***, v.60.

[3] Rapporté par Abû Dâwud dans « *As-Salât* » 2/161 n°1479, et par At-Tirmidhî par trois fois :
- Dans l'exégèse de la sourate *Al-Baqarah* 5/211 n°2969.
- Dans l'exégèse de la sourate *Ghâfir* 5/374-375 n°3247.
- Dans « *Ad-Da^c^wât* » 5/456 n°3372.

Et il est rapporté par Ibn-Mâjah dans « *Ad-Du^c^â'* » 2/1258 n°3828, avec une chaîne de transmission authentique.

[4] Rapporté par At-Tirmidhî dans « *Sifat Al-Qiyâmah* » chap.59, 4/667 n°2516. Et Ahmad (1/293, 303, 307) selon une chaîne de transmission bonne. Shaykh Al-Albâni l'a authentifié dans « *Al-Michkât* » n°5302 et dans « *Dhilâl Al-Jannah* », n°316. Shaykh Muqbil a dit dans « *As-Sahîh Al-Musnad* » 1/489 qu'il était authentique car corroboré par un autre hadith.

3- D'après Abû Hurayrah (ﷺ), le Prophète (ﷺ) a dit : « *Allah dit : Celui qui prend un de Mes alliés comme ennemi, Je lui déclare la guerre. Rien ne rapproche plus le serviteur de Moi que le respect des obligations que Je lui ai prescrites. Mon serviteur ne cesse de se rapprocher de Moi par les œuvres surérogatoires jusqu'à ce que Je l'aime ; et lorsque Je l'aimerai, Je serai son ouïe avec laquelle il entend, sa vue avec laquelle il voit, sa main avec laquelle il attrape, et son pied avec lequel il marche… S'il Me demande, Je l'exaucerai… S'il cherche Ma protection, Je le protégerai. Or, Je n'ai jamais hésité devant une chose comme J'hésite au moment où Je veux recueillir l'âme du croyant. Car il déteste la mort et Moi Je déteste faire une chose qui lui est déplaisante.* »[1]

4- D'après Abû Hurayrah (ﷺ), le Prophète (ﷺ) a dit : « *Allah* (ﷻ) *descend chaque nuit au ciel de ce bas monde dans le dernier tiers de la nuit. Il dit alors : « Qui M'invoque pour que Je l'exauce ? Qui Me demande quelque chose pour que Je la lui donne ? Qui implore Mon pardon pour que Je le lui accorde ?* » »[2]

• **Je dis**: On déduit de ces preuves qu'invoquer autre qu'Allah est considéré comme de l'association majeure, de la mécréance faisant sortir de l'Islam. Allah a nommé cela association (*shirk*) et mécréance (*kufr*), comme cité dans les versets précédents parmi les sourates suivantes : *Ar-Ra^cd, Al-Mu-minûn, Fâtir, Al-Ahqâf* et *Al-Jinn.*

Il n'est donc pas permis à une personne sensée d'invoquer autre qu'Allah, comme par exemple *Al-Badawî, Al-Jaylânî, Al-Jabartî, Az-Zayla^cî, Al-Hâdî, Ibn ^cAlwân, ibnu-l-^cUjayl, Al-Hatâr, Al-Hâshimî, Al-Khamsa* et *Al-^cAydarous*[3], ou d'autres parmi les serviteurs d'Allah qui ne possèdent pour eux-mêmes ni bien, ni mal, ni profit, ni mort, ni vie, ni résurrection.

---

[1] Rapporté par Al-Bukhârî n°6137.

[2] Rapporté par Al-Bukhârî n°1094 et Muslim n°758.

[3] Ce sont les noms de mausolées et tombeaux que les ignorants vénèrent et adorent en dehors d'Allah à divers endroits du monde musulman [NdT]

Leçon 39 :
Le vœu (*An-Nadhr*) est une adoration, et les adorations ne doivent être vouées qu'à Allah

Allah (ﷻ) dit :

وَمَآ أَنفَقْتُم مِّن نَّفَقَةٍ أَوْ نَذَرْتُم مِّن نَّذْرٍ فَإِنَّ ٱللَّهَ يَعْلَمُهُۥ ۗ وَمَا لِلظَّٰلِمِينَ مِنْ أَنصَارٍ ﴿٢٧٠﴾

« ***Quelles que soient les dépenses que vous avez faites, ou le voeu que vous avez voué, Allah le sait. Et pour les injustes, pas de secoureurs !*** »[1]

إِذْ قَالَتِ ٱمْرَأَتُ عِمْرَٰنَ رَبِّ إِنِّى نَذَرْتُ لَكَ مَا فِى بَطْنِى مُحَرَّرًا فَتَقَبَّلْ مِنِّىٓ ۖ إِنَّكَ أَنتَ ٱلسَّمِيعُ ٱلْعَلِيمُ ﴿٣٥﴾

« ***(Rappelle-toi) quand la femme de ᶜImrân dit : Seigneur, je T'ai voué en toute exclusivité ce qui est dans mon ventre. Accepte-le donc, de moi. C'est Toi certes l'Audient et l'Omniscient.*** »[2]

ثُمَّ لْيَقْضُوا۟ تَفَثَهُمْ وَلْيُوفُوا۟ نُذُورَهُمْ وَلْيَطَّوَّفُوا۟ بِٱلْبَيْتِ ٱلْعَتِيقِ ﴿٢٩﴾

« ***Puis qu'ils mettent fin à leurs interdits (qu'ils nettoient leurs corps), qu'ils remplissent leurs voeux, et qu'ils fassent les circuits autour de l'Antique Maison›.*** »[3]

يُوفُونَ بِٱلنَّذْرِ

« ***Ils accomplissent leurs vœux.*** »[4]

---

[1] Sourate *Al-Baqarah*, v.270.
[2] Sourate *Âl ᶜImrân*, v.35.
[3] Sourate *Al-Hajj*, v.29.
[4] Sourate *Al-Insân*, v.7.

وَجَعَلُواْ لِلَّهِ مِمَّا ذَرَأَ مِنَ ٱلْحَرْثِ وَٱلْأَنْعَٰمِ نَصِيبًا فَقَالُواْ هَٰذَا لِلَّهِ بِزَعْمِهِمْ وَهَٰذَا لِشُرَكَآئِنَا ۖ فَمَا كَانَ لِشُرَكَآئِهِمْ فَلَا يَصِلُ إِلَى ٱللَّهِ ۖ وَمَا كَانَ لِلَّهِ فَهُوَ يَصِلُ إِلَىٰ شُرَكَآئِهِمْ ۗ سَآءَ مَا يَحْكُمُونَ ﴿١٣٦﴾

« ***Et ils assignent à Allah une part de ce qu'Il a Lui-même créé, en fait de récoltes et de bestiaux, et ils disent : « Ceci est à Allah - selon leur prétention ! - et ceci à nos divinités. » Mais ce qui est pour leurs divinités ne parvient pas à Allah, tandis que ce qui est pour Allah parvient à leurs divinités. Comme leur jugement est mauvais !*** »[1]

وَيَجْعَلُونَ لِمَا لَا يَعْلَمُونَ نَصِيبًا مِّمَّا رَزَقْنَٰهُمْ ۗ تَٱللَّهِ لَتُسْـَٔلُنَّ عَمَّا كُنتُمْ تَفْتَرُونَ

« ***Et ils assignent une partie [des biens] que Nous leur avons attribués à (des idoles) qu'ils ne connaissent pas. Par Allah ! Vous serez certes interrogés sur ce que vous inventiez.*** »[2]

- ᶜÂ'ishah - qu'Allah l'agrée - rapporte que le Prophète (ﷺ) a dit : « *Celui qui a fait vœu d'obéir à Allah, qu'il Lui obéisse. Quant à celui qui a fait vœu de Lui désobéir, qu'il ne le fasse pas.* »[3]

- **Je dis** : Le vœu pour autre qu'Allah est de l'association (*shirk*), il n'est donc pas permis de l'accomplir.

Le comité permanent des savants de l'*Iftâ* a dit :

Le vœu pour autre qu'Allah est de l'association majeure car c'est une adoration, et la vouer à autre qu'Allah est de l'association.

(*Fatâwas* du comité permanent des savants de l'*Iftâ* 1/114).

[1] Sourate *Al-Anᶜâm*, v.136.
[2] Sourate *An-Nahl*, v.56.
[3] Rapporté par Al-Bukhârî dans « *kitâb al-imân wa-n-nudhûr* » n°6318 et 6322.

Leçon 40 : Les six conditions du vœu (*an-nadhr*)

- Il faut :

1 - Que le vœu soit pour Allah, non pour un autre.

2 - Qu'il soit dans l'obéissance, non dans le péché.

3 - Qu'il concerne ce que la personne peut supporter, et non ce qu'elle ne peut pas assumer.

4 - Qu'il concerne ce que la personne possède, et non ce qui ne lui appartient pas.

5 - Il ne faut pas qu'il soit accompli en un endroit où a été adoré autre qu'Allah, ni qu'il soit un moyen menant à l'adoration d'autre qu'Allah.

6 - Que l'auteur du vœu ne considère pas que son vœu a une influence sur la réalisation de l'objet de son vœu.

Se référer au livre « *Macârij Al-Qabûl* » de Shaykh Hâfidh Ibn Ahmad Hakamî, qu'Allah lui fasse miséricorde, 2/455.

- Thâbit Ibn Ad-Dhahhak (ﷺ) a dit : « Un homme avait fait un vœu à l'époque du Prophète (ﷺ). Il dit : « J'ai fait le vœu de sacrifier une chamelle à un endroit nommé Buwânah ». Le Prophète (ﷺ) lui demanda : « *S'y trouvait-il une idole adorée dans la période antéislamique ?* » On lui répondit : « Non. » Le Prophète (ﷺ) continua : « *Y célébrait-on une de leurs fêtes ?* » La réponse fut la même. Le Prophète (ﷺ) dit alors : « *Respecte ton voeu, car on ne doit pas respecter un vœu dans la désobéissance d'Allah, ni si le vœu concerne ce que la personne ne possède pas.* »[1]

[1] Rapporté par Abû Dâwud n°3313 et authentifié par les deux grands savants du hadith que sont Shaykh Al-Albâni dans « *Sahîh Al-Jâmic* » n°2551, et Shaykh Muqbil dans « *Al-Jâmic As-Sahîh* » 4/471.

Leçon 41 : L'interdiction du sacrifice (*ad-dhabh*) pour autre qu'Allah

Allah ﷻ dit :

قُلْ إِنَّ صَلَاتِي وَنُسُكِي وَمَحْيَايَ وَمَمَاتِي لِلَّهِ رَبِّ الْعَالَمِينَ ﴿١٦٢﴾ لَا شَرِيكَ لَهُ وَبِذَٰلِكَ أُمِرْتُ وَأَنَا أَوَّلُ الْمُسْلِمِينَ ﴿١٦٣﴾

« ***Dis : En vérité, ma Salât, mes actes de dévotion (ou sacrifices) (nusukî), ma vie et ma mort appartiennent à Allah, Seigneur de l'univers. A Lui nul associé ! Et voilà ce qui m'a été ordonné, et je suis le premier à me soumettre*›. »**[1]

Dans le verset, le terme « *nusukî* » signifie mon sacrifice, mon pèlerinage (*hajj*) et mon adoration.

Et Allah ﷻ dit :

فَصَلِّ لِرَبِّكَ وَانْحَرْ ﴿٢﴾

« ***Accomplis la prière pour ton Seigneur et sacrifie.*** »[2]

- D'après ᶜAli Ibn Abî Tâlib (ﷺ), le Prophète (ﷺ) a dit : « *Allah maudit ceux qui sacrifient pour autre que Lui.* »[3]

- **Je dis**: On déduit de ces preuves que le sacrifice est une adoration, et les adorations ne doivent être vouées qu'à Allah. Et quiconque détourne une adoration pour autre qu'Allah a commis de l'association majeure. Celui qui sacrifie pour autre qu'Allah - comme par exemple pour un djinn, une tombe… - encourt la malédiction d'Allah et le rejet de Sa miséricorde, à moins qu'il ne se repente. En effet, celui qui se repent, Allah accepte son repentir. « *Allah maudit ceux qui sacrifient pour autre que Lui.* » (cf. le hadith précédent.)

Et la malédiction : c'est le bannissement de la miséricorde d'Allah.

---

[1] Sourate ***Al-Anᶜâm***, v.163.

[2] Sourate ***Al-Kawthar***, v.2.

[3] Rapporté par Muslim à la fin de « *Kitâb Al-adâhî* » n°1978.

Leçon 42 : Les sacrifices se divisent en trois parties

- **Premièrement : les sacrifices légiférés, tels :**

1 – Le sacrifice d'une bête pour la fête dite du sacrifice (*cId al-ad- hâ*).

2 – Les offrandes sacrifiées par les pèlerins.

3 – Le sacrifice d'une bête suite à un voeu fait pour Allah.

4 – Le sacrifice d'une bête pour une nouvelle naissance, sept jours après ou par la suite.

5 – Le sacrifice d'une bête à l'occasion du mariage.

6 – Le sacrifice d'une bête pour honorer ses invités.

7 – Le sacrifice en tant qu'aumône pour se rapprocher d'Allah.

8 – L'offrande de compensation du *Hajj* et de la *cUmrah*.

- **Deuxièmement : les sacrifices autorisés, tels :**

1 – Les bêtes égorgées par le boucher dans un but commercial.

2 –Les bêtes égorgées en vue de se nourrir.

- **Troisièmement : les sacrifices interdits, qui se divisent en deux parties :**

- <u>Première partie</u> : ceux relevant de l'association majeure, tels :

1 – Le sacrifice pour des idoles.

2 – Le sacrifice pour les djinns.

3 – Le sacrifice pour une coupole, un monument funéraire ou une tombe.

4 – Le sacrifice pour la personne atteinte de la maladie dite du *Zâr*, qui fait partie des catégories de sacrifices pour les djinns.

5 – Le sacrifice pour un nouveau puits, avant de boire de son eau, ceci faisant partie des sortes de sacrifices pour les djinns. Ou si l'eau du puits se tarit, faire un sacrifice pour les djinns afin de la faire revenir, selon ce qu'ils prétendent.

6 - Le sacrifice à la fin de la construction d'une nouvelle maison avant d'y habiter dans l'intention de la protéger des djinns.

7 - Le sacrifice d'une bête lorsque les nouveaux mariés entrent dans leur maison, puis marchent sur son sang, cela faisant partie des catégories de sacrifices pour les djinns.

8 - Le sacrifice annuel effectué pour les montagnes afin qu'elles ne s'écroulent pas sur les habitations avoisinantes, selon ce qu'ils prétendent.

9 - Le sacrifice annuel effectué pour les mers et les fleuves afin qu'ils n'inondent pas ceux qui les avoisinent, selon ce qu'ils prétendent.

10 - Le sacrifice pour le malade possédé par un djinn afin que ce dernier sorte de sa victime, cela dans le cas où il est déjà entré ; ou afin que les djinns n'entrent pas dans le cas où cela n'a pas été fait, selon ce qu'ils prétendent.

11 - Le sacrifice effectué pour les *Djinns* à l'endroit où un trésor est découvert.

En résumé : Le sacrifice pour autre qu'Allah est considéré comme étant de l'association majeure.

Et le comité permanent des savants de l'*Iftâ* a dit :

Le sacrifice pour autre qu'Allah est de l'association majeure. (*Fatâwas* du comité permanent des savants de l'*Iftâ* 1/127).

- *La seconde partie des sacrifices interdits tels* :

1 - Le sacrifice d'une bête pour Allah en privilégiant un certain endroit en prétendant qu'il y a des mérites à y sacrifier, alors que la législation musulmane n'a apporté aucune preuve à ce sujet.

2 - Sacrifier une bête lors d'un litige pour satisfaire l'un des antagonistes, celui-ci n'étant contenté qu'avec ce sacrifice. Ce sacrifice a différents noms chez ses adeptes.

Et certains savants le considèrent comme étant de l'association, comme Shaykh Ibn Bâz, qu'Allah lui fasse miséricorde. Voir son recueil de *Fatâwas* : 2/573.

Se référer au livre de notre frère Abû Nasr, Shaykh Muhammad Al-Imam, concernant ce sujet.

3 - Le sacrifice lors des jeux de hasard par le vaincu pour les vainqueurs.

4 - Et parmi les sacrifices innovés, on dénombre ceux effectués tout particulièrement pour la nuit de la moitié du mois de *Sha^c^bân*, ou le 27 du mois de *Rajab*, ou la nuit du 12 du mois de *Rabi^c^ Al-Awwal*, ou au début et à la fin de l'année etc....

5- Le sacrifice pour Allah auprès d'une tombe.

- Thâbit Ibn Ad-Dhahhak (ﷺ) a dit : « Un homme avait fait un vœu à l'époque du Prophète (ﷺ). Il dit : « J'ai fait le vœu de sacrifier une chamelle à un endroit nommé Buwânah ». Le Prophète (ﷺ) lui demanda : « *S'y trouvait-il une idole adorée dans la période antéIslamique ?* » On lui répondit : « Non. » Le Prophète (ﷺ) continua : « *Y célébrait-on une de leurs fêtes ?* » La réponse fut la même. Le Prophète (ﷺ) dit alors : « *Respecte ton voeu, car on ne doit pas respecter un vœu dans la désobéissance d'Allah, ni quand le vœu concerne ce que la personne ne possède pas.* »[1]

Propos utile: Shaykh Muqbil ne l'a attribué qu'à Abû Dâwud dans « *Al-Musnad Al-Jâmi^c^* » 3/301.]

---

[1] Rapporté par Abû Dâwud n°3313 et authentifié par le savant du hadith Shaykh Al-Albâni dans « *Sahîh Al-Jâmi^c^* » n°2551. Et Shaykh Muqbil dit dans « *As-Sahîh Al-Musnad mimma layssa fis-Sahîhayn* » 1/137 : « *Ce hadith est authentique selon les conditions des deux Shaykhs (Al-Bukhârî et Muslim).* »

Leçon 43 : La pierre noire ne peut ni nuire ni être utile

- ᶜUmar Ibn Al-Khattâb (ﷺ) rapporte qu'il vint vers la pierre noire et l'embrassa en disant: « Par Allah ! Je sais bien que tu n'es qu'une pierre qui ne peut ni nuire, ni être utile ; et si je n'avais vu le Messager d'Allah (ﷺ) t'embrasser, je ne l'aurais pas fait. »[1]

- **Je dis** : Si la pierre noire qui se trouve dans la noble *Kaᶜbah* ne peut ni nuire, ni être utile, alors cela est valable à plus forte raison pour les autres pierres parmi celles des tombes, des cercueils et des coupoles.

Et si un autre que ᶜUmar Ibn Al-Khattâb avait tenu ces propos, les innovateurs auraient dit de lui : c'est un Wahabite !!!

Que peuvent-ils donc bien dire du prince des croyants, le sage ᶜUmar Ibn Al-Khattâb (ﷺ) *Al-Fârûq*, lui qui a suivi l'enseignement prophétique, l'enseignement de l'unicité et de la Sunna ??

[1] Rapporté par Al-Bukhârî n°1520, 1528 et 1532. Et Muslim n°1270.

Leçon 44 : L'interdiction de jurer par autre qu'Allah

1- D'après ᶜAbd Allah Ibn ᶜUmar Ibn Al-Khattâb (ﷺ) : Le Prophète (ﷺ) entendit ᶜUmar jurer par son père lors d'un voyage. Il (ﷺ) appela alors les (fidèles) en leur disant : « *Allah vous interdit de jurer par vos pères. Que celui qui jure jure par Allah ou qu'il se taise.* »[1]

Et dans une autre version de Muslim, n°1646 : D'après lui encore, le Prophète ﷺ a dit : « *Que celui qui jure ne jure que par Allah.* »

2- D'après Abû Hurayrah (ﷺ), le Prophète (ﷺ) a dit : « *Que celui d'entre vous qui jure en disant : « Par Allât et al-ᶜUzza... » dise : « Lâ ilâha illa Allah ». Et que celui qui dit à son compagnon : « Viens parier ! » verse une aumône (expiatoire).* »[2]

3- D'après Buraydah (ﷺ), le Prophète (ﷺ) a dit : « *Celui qui jure par le respect du dépôt n'est pas des nôtres.* »[3]

4- D'après Qutaylah – une femme de Juhaynah – qu'Allah l'agrée, un juif se rendit auprès du Prophète (ﷺ) et dit : « Vous attribuez un égal à Allah et Lui donnez un associé ! Vous dites : « C'est selon la volonté d'Allah et ta volonté » et « Je jure par la *Kaᶜbah* ». Le Prophète (ﷺ) ordonna alors à ceux qui désirent jurer de dire : « *Je jure par le Seigneur de la Kaᶜba* » et de dire « *C'est selon la volonté d'Allah puis ta volonté.* »[4]

5- D'après ᶜUmar Ibn A-Khattâb (ﷺ) : « Le Prophète (ﷺ) m'a dit : « *Allah* (ﷻ) *vous interdit de jurer par vos pères.* » »[5]

6- D'après Thâbit Ibn Ad-Dahhâk (ﷺ), le Prophète (ﷺ) a dit : « *Celui qui jure par le serment d'une autre religion que l'Islam est considéré comme étant ce qu'il a déclaré.* »[6]

---

[1] Rapporté par Al-Bukhârî n°6270 et Muslim n°1642.

[2] Rapporté par Al-Bukhârî n°4579 et Muslim n°1647.

[3] Rapporté par Abû Dâwud n°3253 avec une chaîne de transmission authentique. Shaykh Al-Albâni l'a authentifié dans « *As-Sahîhah* » n°94 ainsi que Shaykh Muqbil dans « *Al-Jâmiᶜ As-Sahîh* » 1/291.

[4] Rapporté par An-Nasâ'î 7/6. Shaykh Al-Albâni l'a authentifié dans « *As-Sahîhah* » n°1166 ainsi que Shaykh Muqbil dans « *As-Sahîh Al-Musnad mimma layssa fis-Sahîhayn* » 2/515.

[5] Rapporté par Al-Bukhârî n°6271 et Muslim n°1646.

[6] Rapporté par Al-Bukhârî n°1297 et Muslim n°110.

7- D'après Buraydah (ﷺ), le Prophète (ﷺ) a dit : « *Celui qui jure et dit : « Je désavoue l'Islam » : s'il ment, il est considéré comme étant ce qu'il a déclaré ; et s'il est véridique, il ne reviendra pas à l'Islam indemne.* »[1]

8- D'après cAbd Al-Ra<u>h</u>mân Ibn Samurah (ﷺ), le Prophète (ﷺ) a dit : « *Ne jurez ni par les fausses divinités, ni par vos pères.* »[2]

9- D'après Abû Hurayrah (ﷺ), le Prophète (ﷺ) a dit : « *Ne jurez ni par vos pères, ni par vos mères, ni par les fausses divinités. Ne jurez que par Allah, et ne jurez qu'en étant véridiques.* »[3]

10- D'après cAbd Allah Ibn cUmar (ﷺ), le Prophète (ﷺ) a dit : « *Quiconque jure par autre qu'Allah a mécru ou a commis de l'association (shirk)* »[4]

11- cUmar Ibn Al-Khattâb ﷺ rapporte qu'il a dit : « Non, par mon père ! ». Le Prophète (ﷺ) dit alors : « *Cesse ! Quiconque jure par quoi que ce soit en dehors d'Allah a certes commis de l'association.* »[5]

- **Je dis** : D'après ces preuves prophétiques authentiques, il apparaît clairement que le fait de jurer par autre qu'Allah est interdit. Comme par exemple jurer par le respect du dépôt, la subsistance, le sel, l'honneur, le père, le grand-père, *al-Kacbah*, le Prophète, la fraternité, l'amitié, la camaraderie, la dignité militaire, le divorce et autre que cela en dehors d'Allah. Jurer n'est permis que par Allah, Seul et sans associés.

Remarque : Si quelqu'un venait à dire : Allah a certes juré dans Son Noble Livre (le Coran) par beaucoup de Ses créatures comme le soleil, la lune, la nuit, le jour, les cieux, la terre et autre que cela. Nous lui répondons en disant :

لَا يُسْـَٔلُ عَمَّا يَفْعَلُ وَهُمْ يُسْـَٔلُونَ ﴿٢٣﴾

---

[1] Rapporté par Abû Dâwud n°3258, A<u>h</u>mad 5/355, An-Nasâ'î 7/6, Ibn Mâjah n°2100. Shaykh Al-Albâni l'a authentifié dans « *Al-Irwâ'* » n°2576 ainsi que Shaykh Muqbil dans « *Al-Jâmic As-<u>S</u>a<u>h</u>î<u>h</u>* » 1/290.

[2] Rapporté par Muslim n°1648.

[3] Hadith authentique rapporté par Abû Dâwud n°3248, An-Nasâ'î n°3769, Ibn <u>H</u>ibban n°4357 et Al-Bayhaqî 10/29. Shaykh Al-Albâni l'a authentifié dans « *<u>S</u>a<u>h</u>î<u>h</u> Al-Jâmic* » n°7249 ainsi que Shaykh Muqbil dans « *As-<u>S</u>a<u>h</u>î<u>h</u> Al-Musnad* » 2/341.

[4] Rapporté par Abû Dâwud n°3251, At-Tirmidhî n°1535, Al-<u>H</u>âkim 1/18 et 4/297 qui l'a authentifié, de même que Ad-Dhahabî et Shaykh Al-Albâni dans « *Al-Irwâ'* » n°2561, Al-Bayhaqî 10/29, At-<u>T</u>ayâlisî n°1896, A<u>h</u>mad 2/34, 69, 86 et 125 et Ibn <u>H</u>ibbân 10/199-200. Et voir « *Al-Jâmic As-<u>S</u>a<u>h</u>î<u>h</u>* » 1/279 et 6/321 de Shaykh Muqbil Ibn Hâdî.

[5] Rapporté par A<u>h</u>mad 1/413-414 avec une chaîne de transmission authentique.

« ***Il (Allah) n'est pas interrogé sur ce qu'Il fait, mais ce sont eux qui devront rendre compte [de leurs actes].*** »[1]

Et le Prophète ﷺ nous a interdit de jurer par autre qu'Allah comme vu dans les hadiths précédents.

Seconde remarque : Jurer par autre qu'Allah est considéré comme étant de l'association mineure. Mais si la personne exalte ce sur quoi elle jure parmi les créatures comme elle exalte Allah, c'est alors de l'association majeure.

Se référer aux *Fatâwas* du comité permanent des savants de l'*Iftâ* 1/224.

[1] Sourate ***Al-Anbiyâ'***, v.23.

Leçon 45 : L'astrologue est-il un sorcier ?

1- D'après ᶜAbd Allah Ibn ᶜAbbas (ﷺ), le Prophète (ﷺ) a dit : « *Quiconque apprend quelque chose de l'astrologie a appris une branche du sihr (la magie, la sorcellerie), la part de cette dernière (le sihr) augmentant en fonction de la première (l'astrologie).* »[1]

- **Je dis**: D'après ce hadith, il apparaît que tout astrologue est un sorcier. Et plus la part d'astrologie augmente, plus celle du *sihr* augmente. Nous demandons protection à Allah contre ces astrologues sorciers.

Se référer au livre de Machᶜabî : « *L'astrologie, les astrologues et leur statut en Islam* ».

2- Zayd Ibn Khâlid Al-Juhanî ﷺ a dit : Le Messager d'Allah (ﷺ) dirigea la prière de l'aurore à Al-Hudaybiyyah, après une nuit pluvieuse. La prière accomplie, il (ﷺ) se tourna vers les gens et dit : « *Savez-vous ce qu'a dit votre Seigneur ?* » - « Allah et Son Messager en sont plus savants », répondirent-ils. Et le Prophète (ﷺ) de dire : « *Allah a dit : Parmi Mes serviteurs, certains ont cru en Moi et d'autres ont mécru. Ceux qui ont dit : « Nous avons reçu la pluie par la grâce d'Allah et Sa miséricorde » ont cru en Moi et ont renié les astres. Et quant à ceux qui ont dit : « C'est grâce à telle ou telle étoile qu'il a plu » M'ont renié et ont cru aux astres.* »[2]

3- D'après Abû Hurayrah (ﷺ), le Prophète (ﷺ) a dit : « *N'avez-vous pas entendu ce qu'a dit votre Seigneur ? Il (Allah) a dit : Je n'ai octroyé de miséricorde à mes serviteurs sans qu'un groupe d'entre eux y mécroient ; ils disent : « C'est par tel astre ou par sa cause »* »[3]

4- Ibn ᶜAbbas (ﷺ) a dit : « Il plut du temps du Prophète (ﷺ). Il dit alors : « *Parmi les gens, certains de Mes serviteurs ont été reconnaissants et d'autres ingrats. (Les premiers car) ils ont dit que ceci est une miséricorde d'Allah, et les autres car ils ont dit que telle ou telle étoile a été véridique.* »

Il dit : Ce verset fut alors révélé :

---

[1] Rapporté par Abû Dâwud dans « *At-Tibb* » chap.22, 4/226 n°3905. Et Ibn Mâjah dans « *Al-Adab* », chap.28, 2/1668 n°3726. Et Ahmad 1/227 et 311 avec une chaîne de transmission authentique. Shaykh Al-Albâni l'a authentifié dans « *As-Sahîhah* » n°793, et Shaykh Muqbil également dans « *Al-Jâmiᶜ As-Sahîh* » 6/317.

[2] Rapporté par Al-Bukhârî n°810 et Muslim n°71.

[3] Rapporté par Muslim n°72.

فَلَآ أُقۡسِمُ بِمَوَٰقِعِ ٱلنُّجُومِ ٧٥

« ***Non !... Je jure par les positions des étoiles (dans le firmament).*** »[1]

Jusqu'à :

وَتَجۡعَلُونَ رِزۡقَكُمۡ أَنَّكُمۡ تُكَذِّبُونَ ٨٢

« ***Et est-ce qu'en guise de remerciement [à Allah], vous reniez [Ses bienfaits].*** »[2] [3]

5- D'après Abû Mâlik Al-Ashcarî (ﷺ), le Prophète (ﷺ) a dit : « *Il y a quatre habitudes de la période d'Ignorance (Jâhiliyya) qui ne seront pas délaissées : se vanter de ses origines, la diffamation des lignées, demander de la pluie (Istisqâ) aux étoiles, et les lamentations sur le mort.* »[4]

[1] Sourate *Al-Wâqicah*, v.75.
[2] Sourate *Al-Wâqicah*, v.82.
[3] Rapporté par Muslim n°73.
[4] Rapporté par Muslim n°934.

Leçon 46 :
Le sâhir (le magicien, le sorcier) est-il mécréant ?

Allah ﷻ dit :

وَٱتَّبَعُوا۟ مَا تَتْلُوا۟ ٱلشَّيَـٰطِينُ عَلَىٰ مُلْكِ سُلَيْمَـٰنَ ۖ وَمَا كَفَرَ سُلَيْمَـٰنُ وَلَـٰكِنَّ ٱلشَّيَـٰطِينَ كَفَرُوا۟
يُعَلِّمُونَ ٱلنَّاسَ ٱلسِّحْرَ وَمَآ أُنزِلَ عَلَى ٱلْمَلَكَيْنِ بِبَابِلَ هَـٰرُوتَ وَمَـٰرُوتَ ۚ وَمَا يُعَلِّمَانِ مِنْ أَحَدٍ حَتَّىٰ
يَقُولَآ إِنَّمَا نَحْنُ فِتْنَةٌ فَلَا تَكْفُرْ ۖ فَيَتَعَلَّمُونَ مِنْهُمَا مَا يُفَرِّقُونَ بِهِۦ بَيْنَ ٱلْمَرْءِ وَزَوْجِهِۦ ۚ وَمَا هُم
بِضَآرِّينَ بِهِۦ مِنْ أَحَدٍ إِلَّا بِإِذْنِ ٱللَّهِ ۚ وَيَتَعَلَّمُونَ مَا يَضُرُّهُمْ وَلَا يَنفَعُهُمْ ۚ وَلَقَدْ عَلِمُوا۟ لَمَنِ
ٱشْتَرَىٰهُ مَا لَهُۥ فِى ٱلْـَٔاخِرَةِ مِنْ خَلَـٰقٍ ۚ وَلَبِئْسَ مَا شَرَوْا۟ بِهِۦٓ أَنفُسَهُمْ ۚ لَوْ كَانُوا۟
يَعْلَمُونَ ﴿١٠٢﴾ وَلَوْ أَنَّهُمْ ءَامَنُوا۟ وَٱتَّقَوْا۟ لَمَثُوبَةٌ مِّنْ عِندِ ٱللَّهِ خَيْرٌ ۖ لَّوْ كَانُوا۟ يَعْلَمُونَ ﴿١٠٣﴾

« Et ils suivirent ce que les diables racontent contre le règne de Sulaymân. Alors que Sulaymân n'a jamais été mécréant mais bien les diables : ils enseignent aux gens la magie ainsi que ce qui est descendu aux deux anges Hârût et Mârût, à Babylone ; mais ceux-ci n'enseignaient rien à personne sans qu'ils n'aient dit d'abord : « Nous ne sommes rien qu'une tentation : ne soit pas mécréant » ; ils apprennent auprès d'eux ce qui sème la désunion entre l'homme et son épouse. Or, ils ne sont capables de nuire à personne qu'avec la permission d'Allah. Et les gens apprennent ce qui leur nuit et ne leur est pas profitable. Et ils savent, très certainement, que celui qui acquiert [ce pouvoir] n'aura aucune part dans l'au-delà. Certes, quelle détestable marchandise pour laquelle ils ont vendu leurs âmes ! Si seulement ils savaient ! Et s'ils croyaient et vivaient en piété, une récompense de la part d'Allah serait certes meilleure. Si seulement ils savaient ! »[1]

- **Je dis** : D'après ce verset : « *... ceux-ci n'enseignaient rien à personne sans qu'ils n'aient dit d'abord : ‹Nous ne sommes rien qu'une tentation : ne soit pas mécréant›...* » il apparaît clairement que la personne ne peut apprendre le *sihr* (la magie, la sorcellerie) qu'en mécroyant ; si donc elle mécroit, elle pourra l'apprendre. En se basant sur ce noble verset, il apparaît que le *sâhir* (le magicien, le sorcier) est mécréant. Nous demandons protection à Allah contre la mécréance, l'impiété et les œuvres des gens de l'Enfer.

---

[1] Sourate *Al-Baqarah*, v.102-103.

Allah (ﷻ) dit :

وَلَا يُفْلِحُ ٱلسَّاحِرُ حَيْثُ أَتَىٰ

« *Et le magicien ne réussit pas, où qu'il soit.* »[1]

قَالَ مُوسَىٰٓ أَتَقُولُونَ لِلْحَقِّ لَمَّا جَآءَكُمْ ۖ أَسِحْرٌ هَٰذَا وَلَا يُفْلِحُ ٱلسَّٰحِرُونَ ﴿٧٧﴾

« ***Moïse dit : Dites-vous à la Vérité quand elle vous est venue : Est-ce que cela est de la magie ? Alors que les magiciens ne réussissent pas...*** »[2]

فَلَمَّآ أَلْقَوْا۟ قَالَ مُوسَىٰ مَا جِئْتُم بِهِ ٱلسِّحْرُ ۖ إِنَّ ٱللَّهَ سَيُبْطِلُهُۥٓ ۖ إِنَّ ٱللَّهَ لَا يُصْلِحُ عَمَلَ ٱلْمُفْسِدِينَ ﴿٨١﴾

« ***Lorsqu'ils jetèrent, Moïse dit : ‹Ce que vous avez produit est magie ! Allah l'annulera. Car Allah ne fait pas prospérer ce que font les fauteurs de désordre›.*** »[3]

Et d'après Abû Hurayrah (ﷺ), le Prophète (ﷺ) a dit : « *Éloignez-vous des sept péchés causant la perte.* » Les compagnons demandèrent : « Ô Messager d'Allah ! Quels sont-ils ? » Il (ﷺ) répondit : « *Donner un associé à Allah, le sihr (la magie, la sorcellerie), le fait de tuer sans aucun droit une âme qu'Allah a interdite, manger le fruit de l'usure, manger les biens de l'orphelin, fuir le jour du combat, et accuser les femmes chastes, croyantes et innocentes.* »[4]

Voici quelques propos profitables :

1 - Ad-Dhahabî – qu'Allah lui fasse miséricorde – a dit dans son livre « *Les péchés majeurs* » : Le troisième péché majeur : *as-sihr* (la magie, la sorcellerie) :

« Le *sâhir* (le magicien, le sorcier) mécroit obligatoirement. Allah (ﷻ) dit : « ***(Alors que Sulaymân n'a jamais été mécréant) mais bien les diables : ils enseignent aux gens la magie.*** »

Et le but des diables maudits, lorsqu'ils enseignent la magie, est de pousser les gens à commettre de l'association [...].

Nous trouvons ainsi beaucoup de gens égarés s'initier à la magie en pensant qu'elle n'est qu'interdite sans se rendre compte qu'elle est de la mécréance majeure [...] la peine du sorcier est la mort car il a mécru en Allah [...] que le serviteur craigne donc son Seigneur et qu'il ne rentre pas

[1] Sourate *Tâ-Hâ*, v.69.
[2] Sourate ***Yûnus***, v.77.
[3] Sourate ***Yûnus***, v.81.
[4] Rapporté par Al-Bukhârî n°2615 et Muslim n°89.

dans ce qui lui fera perdre cette vie présente et celle de l'au-delà. » Fin de citation.

Tiré du livre « *Les péchés majeurs* » d'Ad-Dhahabî, qu'Allah lui fasse miséricorde, p.21-22.

2- Le comité permanent des savants de l'*Iftâ* a dit :

« Il est interdit d'apprendre *as-sihr* (la magie, la sorcellerie), que ce soit pour œuvrer avec ou pour s'en protéger. Et Allah a montré dans le Noble Coran qu'apprendre la magie est de la mécréance :

يُعَلِّمُونَ ٱلنَّاسَ ٱلسِّحْرَ وَمَآ أُنزِلَ عَلَى ٱلْمَلَكَيْنِ بِبَابِلَ هَـٰرُوتَ وَمَـٰرُوتَ ۚ وَمَا يُعَلِّمَانِ مِنْ أَحَدٍ حَتَّىٰ يَقُولَآ إِنَّمَا نَحْنُ فِتْنَةٌ فَلَا تَكْفُرْ

« ***ils enseignent aux gens la magie ainsi que ce qui est descendu aux deux anges Hârût et Mârût, à Babylone ; mais ceux-ci n'enseignaient rien à personne sans qu'ils n'aient dit d'abord : « Nous ne sommes rien qu'une tentation : ne soit pas mécréant*** » »[1]

Et le Prophète (ﷺ) a également montré que le *as-sihr* est un des péchés majeurs et a ordonné de s'en éloigner : « *Éloignez-vous des sept péchés causant la perte* » ; et parmi ceux-ci il a cité *as-sihr*.

Et d'après An-Nasâ'î dans « *As-Sunan* », le Prophète (ﷺ) a dit : « *Quiconque noue un nœud en soufflant dessus a certes pratiqué du sihr (magie, sorcellerie) ; et celui qui pratique du sihr a certes commis de l'association.* »

Quant au propos que vous avez cité (dans la question posée au comité permanent) : « *Apprenez la magie mais ne la pratiquez pas* », ce n'est, d'après ce que nous savons, ni un hadith authentique, ni faible, mais c'est plutôt une parole forgée de toute pièce.

Et c'est Allah qui accorde la réussite, et que les éloges et le salut d'Allah soient sur notre Prophète Muhammad, sa famille et ses compagnons.)

Tiré des *Fatâwas* du comité permanent des savants de l'*Iftâ* 1/367-368, n°6289 et 6970.

3- Le comité permanent des savants de l'*Iftâ* a dit également :

« Si le magicien emploie dans sa magie de la mécréance, il doit alors être exécuté car il devient apostat, et telle est sa peine. Et s'il s'avère qu'il a tué

[1] Sourate *Al-Baqarah*, v.102.

par sa magie une âme innocente, il doit alors être exécuté en conformité avec la loi du talion. En revanche, s'il n'a pas employé de mécréance, ni tué personne, il y a alors divergence sur son exécution à cause de sa magie. Et la vérité est qu'il doit être tué, car telle est la peine de l'apostat. C'est l'avis d'Abû Hanîfah, de Mâlik et d'Ahmad – qu'Allah leur fasse miséricorde – à cause de la mécréance absolue sans conditions qu'entraîne la magie, la preuve étant dans la parole d'Allah (ﷻ) :

وَٱتَّبَعُوا۟ مَا تَتْلُوا۟ ٱلشَّيَـٰطِينُ عَلَىٰ مُلْكِ سُلَيْمَـٰنَ ۖ وَمَا كَفَرَ سُلَيْمَـٰنُ وَلَـٰكِنَّ ٱلشَّيَـٰطِينَ كَفَرُوا۟ يُعَلِّمُونَ ٱلنَّاسَ ٱلسِّحْرَ

« *Et ils suivirent ce que les diables racontent contre le règne de Sulaymân. Alors que Sulaymân n'a jamais été mécréant mais bien les diables : ils enseignent aux gens la magie* »[1]

Le verset est une preuve de la mécréance absolue sans conditions du magicien. Et ainsi que le hadith rapporté par Al-Bukhârî d'après Bujâlah Ibn ᶜAbadah : « ᶜUmar Ibn Al-Khattab (ﷺ) a donné l'ordre de tuer tout sorcier et sorcière. Nous tuâmes alors trois sorcières. »

Et il est rapporté authentiquement d'après la mère des croyantes Hafsah – qu'Allah l'agrée – Qu'elle a ordonné que l'on tue une de ses servantes qui l'avait ensorcelée. Rapporté par Mâlik dans « *Al-Muwattâ* ».

Et Jundub a dit que : « La peine du sorcier consiste à le frapper d'un coup d'épée. » Rapporté par At-Tirmidhî.

Donc, le statut du sorcier au sujet duquel nous avons été interrogés est qu'il doit être exécuté selon l'avis le plus juste des savants. Et celui qui se charge de vérifier si la magie s'est avérée et qui s'occupe d'exécuter la sentence est le gouverneur chargé des affaires des musulmans afin d'éviter la corruption et de fermer la porte à l'anarchie.

Et que les éloges et le salut d'Allah soient sur notre Prophète Muhammad, sa famille et ses compagnons. »

Tiré des *Fatâwas* du comité permanent des savants de l'*Iftâ* 1/369, n°4804.

---

[1] Sourate ***Al-Baqarah***, v.102.

Note : À partir de cela, il apparaît très dangereux de lire les livres suivants :

1- *Shams Al-Ma*c*ârif.*

2- *Al-Mandal As-Sulaymânî.*

3- *As-Sab*c*a Al-*c*Uhud.*

4- *Hirz Al-Jawchan.*

5- *Abû Ma*c*shar Al-Falakî.*

6- *Natîjat Falakî Bayt Al-Faqîh.*

Et autres livres de magie, d'égarement, de voyance et de supercherie. Nous demandons protection à Allah contre la déchéance et demandons qu'Il nous préserve de l'égarement.

Leçon 47 : L'interdiction de se rendre chez les voyants et devins

1 - cÂ'ishah - qu'Allah l'agrée - rapporte que des gens ont interrogé le Messager d'Allah (ﷺ) à propos des voyants. Il dit : «*[Leurs paroles] ne valent rien.* » Ils dirent : « Ô Messager d'Allah ! Il arrive qu'ils nous rapportent des choses qui parfois se vérifient. » Il dit : « *Il s'agit alors d'un mot de vérité que les Djinns interceptent et jettent dans l'oreille de leurs suppôts à la manière d'une poule qui ne cesse de glousser, et ceux-ci les mélangent avec plus de cent mensonges.* »[1]

2 - Mucâwiyah Ibn Al-Hakam As-Sulamî (ﷺ) a dit : « Ô Messager d'Allah, je viens à peine de rompre avec la période d'Ignorance (*Jâhiliyyah*), Allah (nous) a apporté l'Islam et certains d'entre nous consultent des devins. » Le Messager d'Allah (ﷺ) dit : « *Ne les consulte pas.* » Il dit : « Et certains d'entre nous sont superstitieux. » Il dit : « *Ce sont des choses qu'ils éprouvent dans leur coeur; que cela ne les empêche pas de mener à bien leurs projets.* »[2]

3 - Une des épouses du Prophète (ﷺ) a rapporté qu'il a dit : « *Quiconque se rend chez un voyant et lui demande quelque chose, aucune de ses prières ne sera acceptée pendant quarante nuits.* »[3]

4 - Abû Mascud Al-Badrî (ﷺ) a dit : « *Le Prophète (ﷺ) a défendu le gain de la vente du chien, la dot de la prostituée et la rétribution du devin.* »[4]

Et « *la rétribution du devin* » : c'est ce qui lui est donné comme salaire pour sa voyance.

5 - cAbd Allah Ibn cUmar (ﷺ) rapporte que cUmar se rendit avec le Prophète (ﷺ) et un groupe de musulmans du côté de l'endroit où se trouvait Ibn Sayyâd. Ils le trouvèrent en train de jouer avec d'autres enfants près de la tour des Banû Maghâlah. À cette époque, Ibn Sayyâd approchait l'âge de puberté. Il ne s'aperçut de l'arrivée du Prophète (ﷺ) que lorsque

---

[1] Rapporté par Al-Bukhârî par trois fois :
1- « *At-Tibb* », chap.45 n°5429.
2- « *Al-Adab* », chap.117 n°5859.
3- « *At-Tawhîd* », chap.57 n°7122.
Et rapporté par Muslim dans « *Kitâb as-Salâm* » 4/1750 n°2228.

[2] Rapporté par Muslim par deux fois :
1- « *Al-Massâjid wa mawâdhic as-Salât* », chap.7, 1/381-382 n°735.
2- « *As-Salâm* », chap.35, 4/1748-1749 n°121.

[3] Rapporté par Muslim dans « *Kitâb As-Salâm* », chap.35, 4/1751 n°2230.

[4] Rapporté par Al-Bukhârî n°5428 et Muslim n°1567.

celui-ci, l'ayant touché de la main, lui dit : « *Reconnais-tu que je suis le Messager d'Allah ?* » Ibn Sayyâd le regarda et lui répondit : « Je reconnais que tu es l'envoyé des *Ummiyyîn* (les Arabes). » Puis il ajouta en s'adressant au Prophète (ﷺ) : « Et toi, reconnais-tu que je suis l'Envoyé d'Allah ? » Alors, le Prophète (ﷺ) le débouta et dit : « *Je crois en Allah et en Ses Messagers* » puis dit : « *Quelles visions as-tu ?* » Ibn Sayyâd répondit : « J'en ai des vraies et des mensongères », - « *C'est qu'on t'a rendu la chose confuse* » - répliqua le Prophète (ﷺ) en ajoutant : « *Eh bien ! Je pense en moi-même à une chose que je te cache* » - « C'est à la fumée (*ad-dukh*) », dit Ibn Sayyâd. - « *Tais-toi* [1] *!* - s'écria le Prophète (ﷺ) -, *tu ne sauras jamais faire ce qui est au-dessus de tes forces !* [2] » ᶜUmar dit alors : « Ô Messager d'Allah ! Laisse-moi lui trancher la gorge ! » - « *Si c'est vraiment lui [ad-Dajjâl, le faux-messie]* - répondit le Prophète (ﷺ) - *tu ne pourras avoir de pouvoir sur lui. Et si ce n'est pas lui, tu n'auras alors aucun bénéfice à le tuer.* »[1]

Note :

[1] En arabe : « *ikhsa* », c'est-à-dire : tais-toi en étant honteux et rejeté.

[2] C'est-à-dire : tu ne seras jamais plus qu'un simple voyant, et tu ne connaîtras jamais *al-ghayb* (l'inconnu, l'invisible), ni par la révélation, ni par l'inspiration divine.

Comme cité dans les annotations d'Al-Bughâ sur le Sahîh d'Al-Bukhârî.

6 – Ibn Masᶜud (ﷺ) a dit : « Nous sommes passés avec le Messager d'Allah (ﷺ) devant un groupe d'enfants où se trouvait Ibn Sayyâd. Les enfants se sauvèrent et Ibn Sayyâd resta. Et c'était comme si le Prophète (ﷺ) détesta cela. Il lui dit : « *Que tes mains s'appauvrissent ! Reconnais-tu que je suis le Messager d'Allah ?* » Ibn Sayyâd répondit : « Non. Mais reconnais-tu, toi, que je suis le Messager d'Allah ? » ᶜUmar dit alors : « Ô Messager d'Allah ! Laisse-moi le tuer ! ». Le Prophète (ﷺ) répondit : « *Si c'est vraiment lui [ad-Dajjâl, le faux-messie], alors tu ne pourras l'abattre.* »[2]

7 - D'après Abû Hurayrah (ﷺ), le Prophète (ﷺ) a dit : « *Quiconque se rend chez un devin ou un voyant et croit à ce qu'il lui dit, aura alors mécru en ce qui a été révélé à Muhammad* (ﷺ). »[3]

---

[1] Rapporté par Al-Bukhârî n°1289 et Muslim n°2930.

[2] Rapporté par Muslim n°2924.

[3] Rapporté par Al-Hâkim 1/8 qui l'a authentifié, de même Ad-Dhahabî et Shaykh Al-Albâni dans « *Al-Irwâ'* » n°2006 et dans « *Âdâb Az-Zifâf* » p.105-106. Il est également rapporté par Abû Dâwud n°3904, Ahmad 2/408 et 429 et 476, At-Tirmidhî n°135, Ibn Mâjah n°639, Al-Bayhaqî 7/198, Ibn Al-Jârud n°107, Ad-Dârimî n°1141, et At-Tahâwî dans « *Al-Mushkil* » 15/429.

- **Je dis :**

- *Al-Kâhin* (le voyant) : C'est celui qui informe les gens à propos de choses concernant *al-ghayb* (l'inconnu) qui ne se sont pas encore produites, comme par exemple Mahdî Amîn[1]. En font de même partie ceux qui informent de ce que recèlent les âmes. Et comme vu précédemment, il est interdit de les consulter, ils ne valent rien. Ils sont plutôt dans *Al-Bâṯil* (le faux, ce qui est vain, nul).

- *Al-ᶜArrâf* (le devin) : C'est celui qui informe les gens à propos d'une chose perdue ou volée ou autres événements qui se sont produits et qui échappent aux gens. Ils se rendent chez ce *ᶜArrâf* qui les informe à propos de l'endroit où se trouve le maléfice, de la localisation de la chose perdue ou volée, ou du nom du voleur, du sorcier et autres événements qui se sont produits et qui échappent aux gens. Or il a été vu précédemment qu'il est interdit de les consulter, et qu'en faisant cela Allah n'acceptait aucune prière de la personne concernée pendant quarante nuits en punition de ce crime qu'elle a commis en se rendant chez un devin ou un voyant. Qu'Allah nous protège de l'égarement après nous avoir guidés.

Et le comité permanent des savants de l'*Iftâ* a dit :

« *Al-Kâhin* : c'est celui qui prétend connaître les choses concernant *al-ghayb* (l'inconnu), ou savoir ce que recèlent les âmes. Ce sont le plus souvent ceux qui font appel à l'observation des étoiles afin de connaître les évènements à venir, ou ceux qui emploient des djinns qui dérobent des informations. Et parmi leurs semblables, on compte ceux qui tracent des traits sur le sable, ceux qui lisent dans les tasses, dans les paumes de la main, ou dans un livre, prétendant connaître par cela *al-ghayb* : ceux-ci sont mécréants car ils se sont associés à Allah dans un de Ses attributs spécifiques en prétendant connaître *al-ghayb* (la science de l'invisible), et de même pour avoir démenti la parole d'Allah ﷻ :

قُل لَّا يَعْلَمُ مَن فِي السَّمَاوَاتِ وَالْأَرْضِ الْغَيْبَ إِلَّا اللَّهُ ۚ وَمَا يَشْعُرُونَ أَيَّانَ يُبْعَثُونَ ﴿٦٥﴾

« Dis : ‹Nul de ceux qui sont dans les cieux et sur la terre ne connaît l'Inconnaissable, à part Allah›. Et ils ne savent pas quand ils seront ressuscités ! »[2]

---

[1] Mahdî Amîn est un voyant se trouvant à *Bayt-Al-Faqîh* au Yémen. Il est maintenant décédé.
[2] Sourate ***An-Naml***, v.65.

عَٰلِمُ ٱلْغَيْبِ فَلَا يُظْهِرُ عَلَىٰ غَيْبِهِۦٓ أَحَدًا ﴿٢٦﴾ إِلَّا مَنِ ٱرْتَضَىٰ مِن رَّسُولٍ فَإِنَّهُۥ يَسْلُكُ

مِنۢ بَيْنِ يَدَيْهِ وَمِنْ خَلْفِهِۦ رَصَدًا ﴿٢٧﴾

« ***[C'est Lui] qui connaît le mystère. Il ne dévoile Son mystère à personne, sauf à celui qu'Il agrée comme Messager et qu'Il fait précéder et suivre de gardiens vigilants.*** »[1]

وَعِندَهُۥ مَفَاتِحُ ٱلْغَيْبِ لَا يَعْلَمُهَآ إِلَّا هُوَ

« ***C'est Lui qui détient les clefs de l'Inconnaissable. Nul autre que Lui ne les connaît.*** »[2]

Quiconque se rend chez un voyant et croit à ce qu'il lui dit a également mécru, d'après le hadith rapporté par Abû Dâwud : Abû Hurayrah (ﷺ) rapporte que le Prophète (ﷺ) a dit : « *Quiconque se rend chez un voyant et croit à ce qu'il lui dit a alors mécru en ce qui a été révélé à Muhammad* (ﷺ) » Et il est également rapporté dans les *Sunan* et d'après Al-Hâkim qui l'a authentifié : Abû Hurayrah (ﷺ) rapporte que le Prophète (ﷺ) a dit : « *Quiconque se rend chez un devin ou un voyant et croit à ce qu'il lui dit, a mécru en ce qui a été révélé à Muhammad* (ﷺ). » Il y a également d'autres hadiths prouvant la mécréance des devins et des voyants, ainsi que ceux qui croient à ce qu'ils disent.

Et il n'est pas permis de prier derrière ces gens-là, cette prière n'étant pas valable. Et quiconque prie derrière eux tout en sachant qui ils sont se doit de demander pardon à Allah et de recommencer sa prière. »

Tiré des *Fatâwas* du comité permanent des savants de l'*Iftâ* 1/393-394.

[1] Sourate ***Al-Jinn***, v.26-27.
[2] Sourate ***Al-Ancâm***, v.59.

Leçon 48 : L'interdiction d'accrocher une amulette, un talisman ou *At-Tiwalah*[1]

1 - cUqbah Ibn cÂmir Al-Juhanî rapporte qu'un groupe de personnes vint auprès du Prophète (ﷺ) pour lui prêter serment d'allégeance. Neuf personnes lui prêtèrent serment et il en laissa une. Ils dirent : « Ô Messager d'Allah, tu as accepté l'allégeance de neuf personnes et tu as laissé celle-ci. » Le Prophète (ﷺ) dit : « *Il porte un talisman.* » L'homme introduit sa main et arracha le talisman. Le Prophète (ﷺ) lui permit alors de prêter allégeance et dit : « *Celui qui porte un talisman a certes commis de l'association (shirk).* »[2]

[Rapporté par Ahmad 4/156 avec une chaîne de transmission authentique, Al-Hâkim 4/219. Le Shaykh Al-Albani l'a authentifié dans « *As-Sahîha* » n°492, et le Shaykh Muqbil le considère comme bon (*hassan*) dans « *Al-Jâmic As-Sahîh* » 6/294.]

2 - cAbbâd Ibn Tamîm rapporte que Bashîr Al-Ansârî (ﷺ) l'a informé qu'il était avec le Messager d'Allah (ﷺ) dans l'un de ses voyages où il envoya un émissaire avec ce message : « *Tout collier de watar* [3] *– ou tout collier – accroché au cou des chameaux doit être arraché.* »[4]

3 - D'après Ruwayfic Ibn Thâbit (ﷺ), le Prophète (ﷺ) a dit : « *Ô Ruwayfic ! Peut-être vivras-tu longtemps après ma mort. Informe alors les gens que Muhammad désavoue quiconque noue sa barbe, porte un watar, ou s'essuie avec un crottin d'animal ou un os après avoir fait ses besoins.* »[5]

---

[1] N.dT : *At-Tiwala :* Chose sensée susciter l'amour du mari pour son épouse et inversement. Voir le chapitre n°7 de « *Kitâb at-Tawhîd* » du Shaikh Muhammed Ibn cAbdel-Wahhâb An-Najdî.

[2] Rapporté par Ahmad 4/156 avec une chaîne de transmission authentique, Al-Hâkim 4/219. Shaykh Al-Albani l'a authentifié dans « *As-Sahîhah* » n°492, et Shaykh Muqbil le considère comme bon (*hasan*) dans « *Al-Jâmic As-Sahîh* » 6/294.

[3] NdT : *Watar* : c'est une corde d'arc que les gens, pendant la *Jâhiliyyah,* accrochaient une fois usée autour du cou de leur monture, en prétendant qu'elle repoussait le mauvais œil. Fin de citation.

Voir l'explication de « *Kitâb At-Tawhîd* », de Shaikh Al-Fawzân vol.1 p.200.

[4] Rapporté par Al-Bukhârî dans « *Al-Jihâd* » n°2843. Et rapporté par Muslim dans « *Al-Libâs* » chap.28, 3/1672-1673 n°2115, qui a rajouté : Mâlik a dit : « *Je pense que cela est pour se protéger contre le mauvais œil* (al-c*ayn*). »

[5] Rapporté par An-Nasâ'î dans « *Az-Zînah* », chap.12, 8/135-136 n°5067 avec une chaîne de transmission authentique. Et Ahmad 4/108-109, Abû Dâwud n°36. Et notre Shaykh Al-Albani l'a authentifié dans « *Al-Michkâh* » n°351 et dans « *Sahîh Al-Jâmic*» n°7910.

4- D'après ᶜAbd Allah Ibn Masᶜud (ﷺ), le Prophète (ﷺ) a dit : « *Les formules de conjuration (Ar-Ruqâ), les talismans (At-Tamâ'im) et At-Tiwala sont de l'association (shirk)* »[1]

- **Je dis:** On déduit de ces hadiths l'interdiction d'accrocher des amulettes et des talismans, que ce soit sur une personne, un animal, une voiture, une maison, un magasin, un arbre ou autre… Que la chose accrochée soit un os, une corne, une chaussure, des cheveux, du *hiltit*[2], du *fâriᶜah*[3], une corde, du fer, du cuivre, un talisman ou quoi que ce soit d'autre. Car tout cela consiste à s'en remettre à autre qu'Allah, se fier à autre que Lui, croire en autre que Lui, se tourner vers autre que Lui, avoir confiance en autre que Lui. Et ceci est de l'association (*shirk*), comme il est rapporté dans ce noble hadith prophétique : « *Celui qui porte un talisman a certes commis de l'association (shirk).* »

Voici quelques propos profitables:

Ce que les gens accrochent sur eux-mêmes ou sur d'autres afin de repousser un mal ou d'apporter un bien se divise en deux genres :

1- Ce qui est de l'association (*shirk*):

C'est ce qui est autre que le Coran et les invocations prophétiques, comme par exemple : des os, de la viande de porc, du cuir, des chaussures, du fer, des feuilles où y sont écrits des propos incompréhensibles tels des noms de djinns, ou sur lesquelles y est dessiné un serpent, une couleuvre, un scorpion, une épée, des lettres entrecoupées, des numéros ou autre…

Et cette partie se divise en deux genres :

Ce qui est de l'association majeure: si la personne qui porte cet objet a la conviction que celui-ci peut repousser le mal ou apporter le bien indépendamment d'Allah.

Ce qui est de l'association mineure: si la personne qui porte cet objet ne croit pas que celui-ci peut repousser le mal ou apporter le bien indépendamment d'Allah.

---

[1] Rapporté par Abû Dâwud n°3883 et Shaykh Muqbil le considère comme bon (*hasan*) dans « *Al-Jâmiᶜ As-Sahîh* » 4/499 et l'a attribué à Al-Hâkim seulement 4/217. Et Shaykh Al-Albani l'a authentifié dans « *Sahîh Al-Jâmiᶜ* » n°1632 et dans « *As- Sahîhah* » n°331. Et Al-Hâkim l'a également authentifié 4/217 et Ad-Dhahabî l'a approuvé. Et le hadith est également rapporté par Ibn Mâjah n°3530, Ahmad 1/381, At-Tabarânî dans « *Al-Kabîr* » 10/262, Ibn Hibbân 13/456 et Al-Bayhaqî 9/350.

[2] NdT : *Al-Hiltit* est la sève d'un arbre (*al-anjudhân*) qui en sort comme du petit lait (*laban*).

[3] NdT : *Al-Fâriᶜah* est aussi de la sève, de couleur jaune.

2 - Ce qui est une innovation :

Il s'agit de l'écriture de versets du Coran ou d'invocations prophétiques sur des feuilles qui sont par la suite accrochées sur le malade.

Note : j'ai dit que cela était une innovation car le Prophète (ﷺ) ne l'a pas fait et n'a pas indiqué de le faire. Et il y avait pourtant des maladies et des scribes pour écrire (ces versets et ces invocations) à son époque. Mais du moment qu'il n'a pas fait de talismans avec des versets et des invocations écrites, ni effacé l'écriture de ces feuilles avec de l'eau pour ensuite la boire, ni ne les a brûlées afin de répandre leur fumée, ni ne les a accrochées, tout cela prouve que ces choses ne sont pas légiférées, et que la Sunna consiste à lire directement (les versets et les invocations) sur la personne malade.

Le grand savant, spécialiste du hadith, Shaykh Muhammad Nâsir Ad-Dîn Al-Albânî, qu'Allah lui fasse miséricorde, a dit :

***At-Tamîmah* (les talismans) :** Ce sont des sortes de coquillages qu'accrochaient les arabes au cou de leurs enfants en prétendant qu'ils les protégeraient contre le mauvais œil. L'Islam a annulé cela. Cette définition du terme *Tamîmah* est tirée de « *Al-Nihâyha* » d'Ibn Al-Athîr.

Je dis (Shaykh Al-Albânî) : ces objets d'égarement demeurent encore répandus chez les bédouins, les campagnards et certains citadins, comme ceux accrochés sur le rétroviseur de la voiture. Et certains accrochent une vieille chaussure sur l'avant ou l'arrière de la voiture ! D'autres accrochent un fer à cheval sur la façade de la maison ou du magasin. Tout cela afin de repousser le mauvais œil - selon ce qu'ils prétendent - ou en raison d'autres croyances qui se sont généralisées et amplifiées à cause de l'ignorance du *tawhîd* (l'unicité d'Allah) et de l'association et l'idolâtrie qui s'y opposent. Les Messagers n'ont d'ailleurs été envoyés et les Livres n'ont été révélés que dans le but d'annuler l'idolâtrie et d'y mettre un terme. C'est à Allah que je me plains de l'ignorance des musulmans de nos jours et de leur éloignement de la religion. Et la question chez certains ne s'arrête pas à la transgression (de la loi d'Allah), mais ils outrepassent celle-ci au point de considérer cette association et idolâtrie comme un moyen permettant de se rapprocher d'Allah (ﷻ) ! C'est ainsi que le Shaykh nommé Al-Jazûlî, auteur de l'ouvrage « *Dalâ-il Al-Khayrât* », dit dans la septième partie, dans le jour du dimanche, (p.111 de l'édition Bulak) : « Ô Allah ! Fais les éloges de Muhammad et de la famille de Muhammad, tant que les pigeons roucouleront, que les bêtes (comme les chameaux) ne seront pas privées d'eau, que le bétail ira librement au pâturage et que les talismans auront un effet bénéfique ».

Et l'explication qu'a donnée le commentateur du livre « *Dalâ-il Al-Khayrât* » des *Tamâ-im* (les talismans) - pluriel de *Tamîmah* - comme étant des feuilles sur lesquelles sont écrits des noms ou versets qui s'accrochent ensuite, par exemple, sur la tête afin d'apporter la bénédiction : cela n'est pas juste car *At-Tamâ-im* dans l'absolu sont des sortes de coquillages, comme cité précédemment dans les propos d'Ibn Al-Athîr. Et quand bien même, dans l'hypothèse où nous admetterions cette explication, il n'y a aucune preuve dans la législation musulmane que les talismans, avec le sens qu'il leur a donné, puissent apporter un bien quelconque. C'est ainsi qu'il est rapporté d'après certains pieux prédécesseurs qu'ils réprouvaient cela[1], comme je l'ai expliqué dans mes annotations du livre « *Al-Kalim At-Tayyib* », p.44-45.

Fin de citation. Propos tirés de « *As-Silsilah As-Sahîhah* » 1/890, hadith n°492.

Al-Hâkim, qu'Allah lui fasse miséricorde, a dit (4/217) : Abû cAbdillah Muhammad Ibn cAbdillah Az-Zâhid Al-Asbahânî a rapporté d'après Ahmad Ibn Mihrân, qui a rapporté d'après cUbaydullah Ibn Mûsâ, qui a rapporté d'après Isrâ'îl, d'après Maysarah Ibn Habîb, d'après Al-Minhâl Ibn cAmr, d'après Qays Ibn As-Sakan Al-Assadî qui a dit : Ibn Mascud se rendit auprès d'une femme et vit qu'elle portait une amulette afin de la protéger de la *humrah* (l'érysipèle, une maladie). Il l'arracha brutalement puis dit : « La famille de cAbd Allah se passe grandement de l'association (*shirk*) » Puis il dit : parmi les propos que nous avons appris du Prophète (ﷺ) se trouve celui-ci : « Les formules de conjuration (*Ar-Ruqâ*), les talismans (*At-Tamâ-'im*) et *At-Tiwalah* sont de l'association (*shirk*). » Ce hadith a une chaîne de transmission authentique, bien que Al-Bukhârî et Muslim ne l'aient pas rapporté.

Shaykh Muqbil a dit : Ce hadith est bon (*hasan*). Ibn Abî Hâtim a dit : Ahmad Ibn Mihrân : véridique. Et Al-Hâfîdh a dit : Al-Minhâl Ibn cAmr : véridique, peut se tromper.

Ad-Dhahabî a surnommé, dans l'ouvrage « *Siyar Aclâm An-Nubalâ* » (15/437), le Shaykh d'Al-Hâkim : l'Imam spécialiste du hadith, le guide Abû cAbdillah Muhammad Ibn cAbdillah Ibn Ahmad Al-Asbahânî As-Safâr Az-Zâhid.

L'imam Ahmad, qu'Allah lui fasse miséricorde, a dit (4/156) : cAbd As-Samad Ibn cAbd Al-Wârith a rapporté d'après cAbd Al-cAzîz Ibn Muslim, qui a rapporté d'après Yazîd Ibn Abî Mansur, qui a rapporté d'après

[1] NdT : C.-à-d. les talismans faits avec des versets du Coran.

Dukhayn Al-Hujjarî, d'après ᶜUqbah Ibn ᶜÂmir Al-Juhanî (ﷺ) qui a rapporté qu'un groupe de personnes vint auprès du Prophète (ﷺ) pour lui prêter serment d'allégeance. Neuf personnes lui prêtèrent serment et il en laissa une. Ils dirent : « Ô Messager d'Allah, tu as accepté l'allégeance de neuf personnes et tu as laissé celle-ci. » Le Prophète (ﷺ) dit : « *Il porte un talisman.* » L'homme introduit sa main et arracha le talisman. Le Prophète (ﷺ) accepta alors qu'il prête serment et dit : « *Celui qui porte un talisman a certes commis de l'association (shirk).* »[1]

Le comité permanent des savants de l'*Iftâ* a dit dans la *fatwa* n°2775, 1/204 : « Accrocher des talismans contenant des versets du Coran sur une personne ou autre est interdit selon le dire le plus juste des savants. Et si c'est autre chose qui est accroché, cette interdiction est d'autant plus forte. Le statut du jugement religieux diffère en fonction de l'intention de la personne. Cela peut être de l'association majeure si la personne a la conviction que ces amulettes agissent indépendamment d'Allah. Et cela peut être de l'association mineure, ou bien une innovation ou un péché en deçà de cela. Mais, dans tous les cas, il n'est pas permis de le faire, ni d'imiter celui qui le fait, qui les accroche. Et c'est Allah qui accorde la réussite. Que les éloges et le salut d'Allah soient sur notre Prophète Muhammad, sa famille et ses compagnons. » Fin de citation.

[1] Ce hadith est bon (*hasan*) comme Shaykh Muqbil l'a cité dans « *Al-Jâmiᶜ As-Sahîh mimma layssa fis-Sahîhayn* » 6/293-294, et ce hadith a déjà été vu précédemment.

Leçon 49 : Personne ne connaît l'Invisible en dehors d'Allah

Allah (ﷻ) dit :

قَالَ أَلَمْ أَقُل لَّكُمْ إِنِّيٓ أَعْلَمُ غَيْبَ ٱلسَّمَٰوَٰتِ وَٱلْأَرْضِ وَأَعْلَمُ مَا تُبْدُونَ وَمَا كُنتُمْ تَكْتُمُونَ

« ***Allah dit : Ne vous ai-Je pas dit que Je connais les mystères des cieux et de la terre, et que Je sais ce que vous divulguez et ce que vous cachez ?*** »[1]

وَمَا كَانَ ٱللَّهُ لِيُطْلِعَكُمْ عَلَى ٱلْغَيْبِ

« ***Et Allah n'est point tel qu'il vous dévoile l'Inconnaissable.*** »[2]

وَإِذْ قَالَ ٱللَّهُ يَٰعِيسَى ٱبْنَ مَرْيَمَ ءَأَنتَ قُلْتَ لِلنَّاسِ ٱتَّخِذُونِي وَأُمِّيَ إِلَٰهَيْنِ مِن دُونِ ٱللَّهِ قَالَ سُبْحَٰنَكَ مَا يَكُونُ لِيٓ أَنْ أَقُولَ مَا لَيْسَ لِي بِحَقٍّ إِن كُنتُ قُلْتُهُۥ فَقَدْ عَلِمْتَهُۥ تَعْلَمُ مَا فِي نَفْسِي وَلَآ أَعْلَمُ مَا فِي نَفْسِكَ إِنَّكَ أَنتَ عَلَّٰمُ ٱلْغُيُوبِ ﴿١١٦﴾

« ***(Rappelle-leur) le moment où Allah dira : Ô Jésus, fils de Marie, est-ce toi qui as dit aux gens : « Prenez-moi, ainsi que ma mère, pour deux divinités en dehors d'Allah ? » Il dira : « Gloire et pureté à Toi ! Il ne m'appartient pas de déclarer ce que je n'ai pas le droit de dire ! Si je l'avais dit, Tu l'aurais su, certes. Tu sais ce qu'il y a en moi, et je ne sais pas ce qu'il y a en Toi. Tu es, en vérité, le grand connaisseur de tout ce qui est inconnu.*** » »[3]

قُل لَّآ أَقُولُ لَكُمْ عِندِي خَزَآئِنُ ٱللَّهِ وَلَآ أَعْلَمُ ٱلْغَيْبَ وَلَآ أَقُولُ لَكُمْ إِنِّي مَلَكٌ إِنْ أَتَّبِعُ إِلَّا مَا يُوحَىٰٓ إِلَيَّ قُلْ هَلْ يَسْتَوِي ٱلْأَعْمَىٰ وَٱلْبَصِيرُ أَفَلَا تَتَفَكَّرُونَ ﴿٥٠﴾

« ***Dis-[leur] : Je ne vous dis pas que je détiens les trésors d'Allah, ni que je connais l'Inconnaissable, et je ne vous dis pas que je suis un ange. Je ne fais que suivre ce qui m'est révélé. Dis : Est-ce que sont égaux l'aveugle et celui qui voit ? Ne réfléchissez-vous donc pas ?*** »[4]

---

[1] Sourate *Al-Baqarah*, v.33.
[2] Sourate *Âl ᶜImrân*, v.179.
[3] Sourate *Al-Mâ'idah*, v.116.
[4] Sourate *Al-Anᶜâm*, v.50.

وَعِندَهُۥ مَفَاتِحُ ٱلۡغَيۡبِ لَا يَعۡلَمُهَآ إِلَّا هُوَۚ

« *C'est Lui qui détient les clefs de l'Inconnaissable. Nul autre que Lui ne les connaît.* »[1]

قُل لَّآ أَمۡلِكُ لِنَفۡسِي نَفۡعٗا وَلَا ضَرًّا إِلَّا مَا شَآءَ ٱللَّهُۚ وَلَوۡ كُنتُ أَعۡلَمُ ٱلۡغَيۡبَ لَٱسۡتَكۡثَرۡتُ مِنَ ٱلۡخَيۡرِ وَمَا مَسَّنِيَ ٱلسُّوٓءُۚ إِنۡ أَنَا۠ إِلَّا نَذِيرٞ وَبَشِيرٞ لِّقَوۡمٖ يُؤۡمِنُونَ

« *Dis : Je ne détiens pour moi-même ni profit ni dommage, sauf ce qu'Allah veut. Et si je connaissais l'Inconnaissable, j'aurais eu des biens en abondance, et aucun mal ne m'aurait touché. Je ne suis, pour les gens qui croient, qu'un avertisseur et un annonciateur.* »[2]

فَقُلۡ إِنَّمَا ٱلۡغَيۡبُ لِلَّهِ

« *Alors, dis : L'inconnaissable relève seulement d'Allah.* »[3]

Et Nuh (عليه السلام) a dit :

وَلَآ أَقُولُ لَكُمۡ عِندِي خَزَآئِنُ ٱللَّهِ وَلَآ أَعۡلَمُ ٱلۡغَيۡبَ وَلَآ أَقُولُ إِنِّي مَلَكٞ

« *Et je ne vous dis pas que je détiens les trésors d'Allah, je ne connais pas l'Inconnaissable, et je ne dis pas que je suis un Ange.* »[4]

Et Allah (عز وجل) dit :

وَلِلَّهِ غَيۡبُ ٱلسَّمَٰوَٰتِ وَٱلۡأَرۡضِ وَإِلَيۡهِ يُرۡجَعُ ٱلۡأَمۡرُ كُلُّهُۥ فَٱعۡبُدۡهُ وَتَوَكَّلۡ عَلَيۡهِۚ وَمَا رَبُّكَ بِغَٰفِلٍ عَمَّا تَعۡمَلُونَ ﴿١٢٣﴾

« *À Allah appartient l'Inconnaissable des cieux et de la terre, et c'est à Lui que revient l'ordre tout entier. Adore-Le donc et place ta confiance en Lui. Ton Seigneur n'est pas inattentif à ce que vous faites.* »[5]

قُلِ ٱللَّهُ أَعۡلَمُ بِمَا لَبِثُواْۖ لَهُۥ غَيۡبُ ٱلسَّمَٰوَٰتِ وَٱلۡأَرۡضِۖ

---

[1] Sourate *Al-An^câm*, v.59.

[2] Sourate *Al-A^crâf*, v.188.

[3] Sourate *Yûnus*, v.20.

[4] Sourate *Hûd*, v.21.

[5] Sourate *Hûd*, v.123.

« Dis : Allah sait mieux combien de temps ils demeurèrent là. À Lui appartient l'Inconnaissable des cieux et de la terre. »[1]

سُبْحَٰنَ ٱللَّهِ عَمَّا يَصِفُونَ ﴿٩١﴾ عَٰلِمِ ٱلْغَيْبِ وَٱلشَّهَٰدَةِ فَتَعَٰلَىٰ عَمَّا يُشْرِكُونَ

« Gloire et pureté à Allah ! Il est Supérieur à tout ce qu'ils décrivent. [Il est] Connaisseur de toute chose visible et invisible ! Il est bien au-dessus de ce qu'ils [Lui] associent ! »[2]

قُل لَّا يَعْلَمُ مَن فِى ٱلسَّمَٰوَٰتِ وَٱلْأَرْضِ ٱلْغَيْبَ إِلَّا ٱللَّهُ ۚ وَمَا يَشْعُرُونَ أَيَّانَ يُبْعَثُونَ ﴿٦٥﴾

« Dis : Nul de ceux qui sont dans les cieux et sur la terre ne connaît l'Inconnaissable, à part Allah›. Et ils ne savent pas quand ils seront ressuscités ! »[3]

إِنَّ ٱللَّهَ عِندَهُۥ عِلْمُ ٱلسَّاعَةِ وَيُنَزِّلُ ٱلْغَيْثَ وَيَعْلَمُ مَا فِى ٱلْأَرْحَامِ ۖ وَمَا تَدْرِى نَفْسٌ مَّاذَا
تَكْسِبُ غَدًا ۖ وَمَا تَدْرِى نَفْسٌۢ بِأَىِّ أَرْضٍ تَمُوتُ ۚ إِنَّ ٱللَّهَ عَلِيمٌ خَبِيرٌۢ ﴿٣٤﴾

« La connaissance de l'Heure est auprès d'Allah ; et c'est Lui qui fait tomber la pluie salvatrice ; et Il sait ce qu'il y a dans les matrices. Et personne ne sait ce qu'il acquerra demain, et personne ne sait dans quelle terre il mourra. Certes Allah est Omniscient et Parfaitement Connaisseur. »[4]

ذَٰلِكَ عَٰلِمُ ٱلْغَيْبِ وَٱلشَّهَٰدَةِ ٱلْعَزِيزُ ٱلرَّحِيمُ ﴿٦﴾

« C'est Lui le Connaisseur [des mondes] inconnus et visibles, le Puissant, le Miséricordieux. »[5]

قُلْ بَلَىٰ وَرَبِّى لَتَأْتِيَنَّكُمْ عَٰلِمِ ٱلْغَيْبِ ۖ لَا يَعْزُبُ عَنْهُ مِثْقَالُ ذَرَّةٍ فِى ٱلسَّمَٰوَٰتِ وَلَا فِى ٱلْأَرْضِ وَلَآ
أَصْغَرُ مِن ذَٰلِكَ وَلَآ أَكْبَرُ إِلَّا فِى كِتَٰبٍ مُّبِينٍ ﴿٣﴾

« Il est le Connaisseur de l'Inconnaissable. Rien ne Lui échappe fût-il du poids de la plus petite fourmi dans les cieux, comme sur la terre. Et rien

---

[1] Sourate *Al-Kahf*, v.26.
[2] Sourate *Al-Mu'minûn*, v.91-92.
[3] Sourate ***An-Naml***, v.65.
[4] Sourate *Luqmân*, v.34.
[5] Sourate *As-Sajdah*, v.6.

n'existe de plus petit ni de plus grand, qui ne soit inscrit dans un Livre explicite. »[1]

فَلَمَّا قَضَيْنَا عَلَيْهِ الْمَوْتَ مَا دَلَّهُمْ عَلَىٰ مَوْتِهِ إِلَّا دَابَّةُ الْأَرْضِ تَأْكُلُ مِنسَأَتَهُ ۖ فَلَمَّا خَرَّ
تَبَيَّنَتِ الْجِنُّ أَن لَّوْ كَانُوا يَعْلَمُونَ الْغَيْبَ مَا لَبِثُوا فِي الْعَذَابِ الْمُهِينِ ﴿١٤﴾

« Puis, quand Nous décidâmes sa mort, il n'y eut pour les avertir de sa mort que la « bête de terre », qui rongea sa canne. Puis lorsqu'il s'écroula, il apparut de toute évidence aux djinns que s'ils savaient vraiment l'inconnu, ils ne seraient pas restés dans le supplice humiliant [de la servitude]. »[2]

قُلْ إِنَّ رَبِّي يَقْذِفُ بِالْحَقِّ عَلَّامُ الْغُيُوبِ ﴿٤٨﴾

« Dis : Mon Seigneur envoie la Vérité, [à Ses messagers], Il est Parfait Connaisseur des choses inconnaissables›. »[3]

قُلِ اللَّهُمَّ فَاطِرَ السَّمَاوَاتِ وَالْأَرْضِ عَالِمَ الْغَيْبِ وَالشَّهَادَةِ أَنتَ تَحْكُمُ بَيْنَ عِبَادِكَ فِي مَا
كَانُوا فِيهِ يَخْتَلِفُونَ ﴿٤٦﴾

« Dis : Ô Allah, Créateur des cieux et de la terre, Connaisseur de tout ce que le monde ignore comme de ce qu'il perçoit, c'est Toi qui jugeras entre Tes serviteurs ce sur quoi ils divergeaient. »[4]

هُوَ اللَّهُ الَّذِي لَا إِلَٰهَ إِلَّا هُوَ ۖ عَالِمُ الْغَيْبِ وَالشَّهَادَةِ ۖ هُوَ الرَّحْمَٰنُ الرَّحِيمُ ﴿٢٢﴾

« C'est Lui Allah. Nulle divinité (digne d'adoration) autre que Lui, le Connaisseur de l'Invisible tout comme du visible. C'est Lui, le Tout Miséricordieux, le Très Miséricordieux. »[5]

عَالِمُ الْغَيْبِ فَلَا يُظْهِرُ عَلَىٰ غَيْبِهِ أَحَدًا ﴿٢٦﴾ إِلَّا مَنِ ارْتَضَىٰ مِن رَّسُولٍ فَإِنَّهُ يَسْلُكُ مِن بَيْنِ يَدَيْهِ
وَمِنْ خَلْفِهِ رَصَدًا ﴿٢٧﴾ لِيَعْلَمَ أَن قَدْ أَبْلَغُوا رِسَالَاتِ رَبِّهِمْ وَأَحَاطَ بِمَا لَدَيْهِمْ وَأَحْصَىٰ كُلَّ شَيْءٍ عَدَدًا ﴿٢٨﴾

---

[1] Sourate *Saba'*, v.3.
[2] Sourate *Saba'*, v.14.
[3] Sourate *Saba'*, v.48.
[4] Sourate *Az-Zumar*, v.46.
[5] Sourate *Al-Hashr*, v.22.

« *[C'est Lui] qui connaît le mystère. Il ne dévoile Son mystère à personne, sauf à celui qu'Il agrée comme Messager et qu'Il fait précéder et suivre de gardiens vigilants, afin qu'Il sache s'ils ont bien transmis les messages de leur Seigneur. Il cerne (de Son savoir) ce qui est avec eux, et dénombre exactement toute chose›.* »[1]

- **Et les preuves parmi la Sunna sont nombreuses. Parmi elles :**

1- D'après cAbd Allah Ibn cUmar (ﷺ), le Messager d'Allah (ﷺ) a dit : « *Les clefs de l'inconnaissable sont au nombre de cinq, et elles ne sont connues que d'Allah :*

– Personne ne sait ce qui arrivera demain sauf Allah.

– Personne ne sait ce qu'il y aura dans les utérus sauf Allah.

– Personne ne sait ce qu'elle obtiendra demain, ni sur quelle terre elle mourra sauf Allah.

– Personne ne sait quand viendra la pluie sauf Allah.

– Personne ne sait quand viendra l'Heure (du Jour Dernier) sauf Allah. »[2]

2- D'après Abû Hurayrah (ﷺ), le Messager d'Allah (ﷺ) a dit : « *Il y a cinq choses que Seul Allah connaît* », puis il récita le verset (Luqman, v34).[3]

3- Buraydah (ﷺ) rapporte : J'ai entendu le Messager d'Allah (ﷺ) dire : « *Il y a cinq choses que Seul Allah connaît* », puis il récita le verset (Luqman, v34).[4]

4- D'après cÂ'ishah - qu'Allah l'agrée -, le Messager d'Allah (ﷺ) a dit : « *Personne ne sait ce qui arrivera demain sauf Allah.* »[5]

5- Khâlid Ibn Dhakwân rapporte d'Ar-Rubayyic fille de Mucawwidh Ibn cAfrâ (ﷺ) qu'elle lui a dit : Le Messager d'Allah (ﷺ) rentra chez moi le matin de la consommation de mon mariage et s'assit sur mon lit comme tu es assis maintenant. Il y avait quelques jeunes femmes qui jouaient du *duff* (sorte de tambourin) en évoquant [par des poèmes] leurs pères qui sont morts lors de la bataille de Badr. L'une d'elles dit alors : « Et il y a parmi

---

[1] Sourate ***Al-Jinn***, v.26-28.

[2] Rapporté par Al-Bukhârî n°992, 4351, 4420, 4500, 6944 et par Ahmad 2/52.

[3] Rapporté par Al-Bukhârî n°50 et Muslim n°9 et 10. Et Al-Bukhârî l'a résumé à la fin du chapitre « *Al-Istisqâ'* »

[4] Rapporté par Ahmad 5/353 et d'autres avec une chaîne de transmission authentique. Shaykh Muqbil le considère comme bon (*hasan*) dans « *Al-Jâmic As-Sahîh* » 6/361, et Shaykh Al-Albânî comme authentique dans « *Sahîh Al-Jâmic* » n°3255.

[5] Rapporté par Al-Hâkim 2/184-185 qui l'a authentifié selon les conditions de Muslim, et Ad-Dhahabî l'a approuvé. Et voir « *Âdab Az-Zifâf* » p.182. Ibn Hajar le considère comme bon (*hasan*) dans « *Al-Fath* » 9/203 et il est comme il a dit. Shaykh Al-Albânî dans la référence des hadiths de At-Tabarânî dans « *As-Saghîr Al-Awsat* », et Al-Bayhaqî 7/289.

nous un Prophète qui sait ce qui arrivera demain. » Le Prophète (ﷺ) dit : « *Ne dis pas cela ! Continue plutôt à dire ce que tu disais.* »[1]

- **Parole profitable** :

Al-Hâfidh dit dans « *Al-Fath* » 9/203 : « ... La science de l'invisible ... est un des attributs spécifiques à Allah (ﷻ) ... et tout ce dont le Prophète (ﷺ) informait concernant les choses de l'invisible ne provenait que de ce qu'Allah lui révélait, et il ne détenait pas cette science indépendamment. »

- **Je dis** : D'après ces éminents versets et nobles hadiths prophétiques, il apparaît clairement au lecteur clairvoyant le mensonge dans lequel sont plongés les voyants, les devins, les astrologues fait de charlatanisme et de supercherie. Il en est ainsi de Mahdî Amîn[2] et des trois femmes devins des régions de *al-wasuf, al-majabbah* et *quwayr*[3], et autres voyants. Et personne ne connaît l'invisible en dehors d'Allah, Seul, sans aucun associé.

---

[1] Rapporté par Al-Bukhârî n°3779 et 4852.

[2] Mehdî Amîn est un voyant se trouvant à *Bayt-Al-Faqîh* au Yémen. Il est maintenant décédé.

[3] Ces noms désignent des contrées du Yémen

Leçon 50 :
L'obligation de placer sa pleine confiance en Allah Seul

Allah (ﷻ) dit :

فَإِذَا عَزَمۡتَ فَتَوَكَّلۡ عَلَى ٱللَّهِۚ إِنَّ ٱللَّهَ يُحِبُّ ٱلۡمُتَوَكِّلِينَ ﴿١٥٩﴾

« *Puis une fois que tu t'es décidé, confie-toi donc à Allah ; Allah aime, en vérité, ceux qui Lui font confiance.* »[1]

وَيَقُولُونَ طَاعَةٞ فَإِذَا بَرَزُواْ مِنۡ عِندِكَ بَيَّتَ طَآئِفَةٞ مِّنۡهُمۡ غَيۡرَ ٱلَّذِي تَقُولُۖ وَٱللَّهُ
يَكۡتُبُ مَا يُبَيِّتُونَۖ فَأَعۡرِضۡ عَنۡهُمۡ وَتَوَكَّلۡ عَلَى ٱللَّهِۚ وَكَفَىٰ بِٱللَّهِ وَكِيلًا ﴿٨١﴾

« *Ils disent : « Obéissance ! » Puis sitôt sortis de chez toi, une partie d'entre eux délibère au cours de la nuit de tout autre chose que ce qu'elle t'a dit. [Cependant] Allah enregistre ce qu'ils font la nuit. Pardonne-leur donc et place ta confiance en Allah. Et Allah suffit comme Protecteur.* »[2]

وَعَلَى ٱللَّهِ فَلۡيَتَوَكَّلِ ٱلۡمُؤۡمِنُونَ ﴿١١﴾

« *Et craignez Allah. C'est en Allah que les croyants doivent mettre leur confiance.* »[3]

قَالَ رَجُلَانِ مِنَ ٱلَّذِينَ يَخَافُونَ أَنۡعَمَ ٱللَّهُ عَلَيۡهِمَا ٱدۡخُلُواْ عَلَيۡهِمُ ٱلۡبَابَ فَإِذَا دَخَلۡتُمُوهُ فَإِنَّكُمۡ
غَٰلِبُونَۚ وَعَلَى ٱللَّهِ فَتَوَكَّلُوٓاْ إِن كُنتُم مُّؤۡمِنِينَ ﴿٢٣﴾

« *Deux hommes d'entre ceux qui craignaient Allah et qui étaient comblés par Lui de bienfaits dirent : Entrez chez eux par la porte ; puis quand vous y serez entrés, vous serez sans doute les dominants. Et c'est en Allah qu'il faut avoir confiance, si vous êtes croyants.* »[4]

وَسِعَ رَبُّنَا كُلَّ شَيۡءٍ عِلۡمًاۚ عَلَى ٱللَّهِ تَوَكَّلۡنَاۚ رَبَّنَا ٱفۡتَحۡ بَيۡنَنَا وَبَيۡنَ قَوۡمِنَا بِٱلۡحَقِّ وَأَنتَ خَيۡرُ ٱلۡفَٰتِحِينَ

---

1 Sourate *Âl ᶜImrân*, v.159.
2 Sourate *An-Nisâ'*, v.81.
3 Sourate *Al-Mâ'idah*, v.11.
4 Sourate *Al-Mâ'idah*, v.23.

« Notre Seigneur embrasse toute chose de Sa science. C'est en Allah que nous plaçons notre confiance. Ô notre Seigneur, tranche par la vérité, entre nous et notre peuple car Tu es le meilleur des juges. »[1]

إِنَّمَا ٱلْمُؤْمِنُونَ ٱلَّذِينَ إِذَا ذُكِرَ ٱللَّهُ وَجِلَتْ قُلُوبُهُمْ وَإِذَا تُلِيَتْ عَلَيْهِمْ ءَايَٰتُهُۥ زَادَتْهُمْ
إِيمَٰنًا وَعَلَىٰ رَبِّهِمْ يَتَوَكَّلُونَ ﴿٢﴾

« Les vrais croyants sont ceux dont les coeurs frémissent quand on mentionne Allah. Et quand Ses versets leur sont récités, cela fait augmenter leur foi. Et ils placent leur confiance en leur Seigneur. »[2]

وَإِن جَنَحُوا۟ لِلسَّلْمِ فَٱجْنَحْ لَهَا وَتَوَكَّلْ عَلَى ٱللَّهِ ۚ إِنَّهُۥ هُوَ ٱلسَّمِيعُ ٱلْعَلِيمُ ﴿٦١﴾

« Et s'ils inclinent à la paix, incline vers celle-ci (toi aussi) et place ta confiance en Allah, car c'est Lui l'Audient, l'Omniscient. »[3]

وَقَالَ مُوسَىٰ يَٰقَوْمِ إِن كُنتُمْ ءَامَنتُم بِٱللَّهِ فَعَلَيْهِ تَوَكَّلُوٓا۟ إِن كُنتُم مُّسْلِمِينَ ﴿٨٤﴾ فَقَالُوا۟ عَلَى ٱللَّهِ
تَوَكَّلْنَا رَبَّنَا لَا تَجْعَلْنَا فِتْنَةً لِّلْقَوْمِ ٱلظَّٰلِمِينَ ﴿٨٥﴾ وَنَجِّنَا بِرَحْمَتِكَ مِنَ ٱلْقَوْمِ ٱلْكَٰفِرِينَ

« Et Moïse dit : « Ô mon peuple, si vous croyez en Allah, placez votre confiance en Lui si vous (Lui) êtes soumis. » Ils dirent : « En Allah nous plaçons notre confiance. Ô Seigneur, ne fais pas de nous une cible pour les persécutions des injustes. Et délivre-nous, par Ta miséricorde, des gens mécréants. » »[4]

Et Hud (عليه السلام) a dit :

إِنِّى تَوَكَّلْتُ عَلَى ٱللَّهِ رَبِّى وَرَبِّكُم ۚ مَّا مِن دَآبَّةٍ إِلَّا هُوَ ءَاخِذٌۢ بِنَاصِيَتِهَآ ۚ إِنَّ رَبِّى عَلَىٰ صِرَٰطٍ مُّسْتَقِيمٍ ﴿٥٦﴾

« Je place ma confiance en Allah, mon Seigneur et le vôtre. Il n'y a pas d'être vivant qu'Il ne tienne par son toupet. Mon Seigneur, certes, est sur un droit chemin. »[5]

Et Shu^c^ayb a dit :

---

[1] Sourate *Al-A^c^râf*, v.89.
[2] Sourate *Al-Anfâl*, v.2.
[3] Sourate *Al-Anfâl*, v.61.
[4] Sourate *Yûnus*, v.84-86.
[5] Sourate *Hûd*, v.56.

وَمَا تَوْفِيقِيٓ إِلَّا بِٱللَّهِ ۚ عَلَيْهِ تَوَكَّلْتُ وَإِلَيْهِ أُنِيبُ

« ***Et ma réussite ne dépend que d'Allah. En Lui je place ma confiance, et c'est vers Lui que je reviens repentant.*** »[1]

Et Allah ﷻ dit :

وَلِلَّهِ غَيْبُ ٱلسَّمَٰوَٰتِ وَٱلْأَرْضِ وَإِلَيْهِ يُرْجَعُ ٱلْأَمْرُ كُلُّهُۥ فَٱعْبُدْهُ وَتَوَكَّلْ عَلَيْهِ ۚ وَمَا رَبُّكَ
بِغَٰفِلٍ عَمَّا تَعْمَلُونَ ﴿١٢٣﴾

« ***À Allah appartient l'Inconnaissable des cieux et de la terre, et c'est à Lui que revient l'ordre tout entier. Adore-Le donc et place ta confiance en Lui. Ton Seigneur n'est pas inattentif à ce que vous faites.*** »[2]

قَالَتْ لَهُمْ رُسُلُهُمْ إِن نَّحْنُ إِلَّا بَشَرٌ مِّثْلُكُمْ وَلَٰكِنَّ ٱللَّهَ يَمُنُّ عَلَىٰ مَن يَشَآءُ مِنْ عِبَادِهِۦ ۖ وَمَا كَانَ
لَنَآ أَن نَّأْتِيَكُم بِسُلْطَٰنٍ إِلَّا بِإِذْنِ ٱللَّهِ ۚ وَعَلَى ٱللَّهِ فَلْيَتَوَكَّلِ ٱلْمُؤْمِنُونَ ﴿١١﴾ وَمَا لَنَآ أَلَّا
نَتَوَكَّلَ عَلَى ٱللَّهِ وَقَدْ هَدَىٰنَا سُبُلَنَا ۚ وَلَنَصْبِرَنَّ عَلَىٰ مَآ ءَاذَيْتُمُونَا ۚ وَعَلَى ٱللَّهِ فَلْيَتَوَكَّلِ ٱلْمُتَوَكِّلُونَ

« ***Leurs Messagers leur dirent : « Certes, nous ne sommes que des humains comme vous. Mais Allah favorise qui Il veut parmi Ses serviteurs. Il ne nous appartient de vous apporter quelque preuve, que par la permission d'Allah. Et c'est en Allah que les croyants doivent placer leur confiance. Et qu'aurions-nous à ne pas placer notre confiance en Allah, alors qu'Il nous a guidés sur les sentiers [que nous devions suivre] ? Nous endurerons sûrement la persécution que vous nous infligez. Et ceux qui ont confiance en Allah s'en remettent entièrement à Lui.*** » »[3]

فَإِذَا قَرَأْتَ ٱلْقُرْءَانَ فَٱسْتَعِذْ بِٱللَّهِ مِنَ ٱلشَّيْطَٰنِ ٱلرَّجِيمِ ﴿٩٨﴾ إِنَّهُۥ لَيْسَ لَهُۥ سُلْطَٰنٌ عَلَى ٱلَّذِينَ
ءَامَنُوا۟ وَعَلَىٰ رَبِّهِمْ يَتَوَكَّلُونَ ﴿٩٩﴾ إِنَّمَا سُلْطَٰنُهُۥ عَلَى ٱلَّذِينَ يَتَوَلَّوْنَهُۥ وَٱلَّذِينَ
هُم بِهِۦ مُشْرِكُونَ ﴿١٠٠﴾

[1] Sourate ***Hûd***, v.88.

[2] Sourate ***Hûd***, v.123.

[3] Sourate *Ibrâhîm*, v.11-12.

« Lorsque tu lis le Coran, demande la protection d'Allah contre le Diable banni. Il n'a aucun pouvoir sur ceux qui croient et qui placent leur confiance en leur Seigneur. Il n'a de pouvoir que sur ceux qui le prennent pour allié et qui deviennent associateurs à cause de lui. »[1]

وَتَوَكَّلْ عَلَى ٱلْحَيِّ ٱلَّذِى لَا يَمُوتُ وَسَبِّحْ بِحَمْدِهِۦ ۚ وَكَفَىٰ بِهِۦ بِذُنُوبِ عِبَادِهِۦ خَبِيرًا ﴿٥٨﴾

« Et place ta confiance en Le Vivant qui ne meurt jamais. Et par Sa louange, glorifie-Le. Il suffit comme Parfait Connaisseur des péchés de Ses serviteurs. »[2]

وَتَوَكَّلْ عَلَى ٱلْعَزِيزِ ٱلرَّحِيمِ ﴿٢١٧﴾ ٱلَّذِى يَرَىٰكَ حِينَ تَقُومُ ﴿٢١٨﴾ وَتَقَلُّبَكَ فِى ٱلسَّٰجِدِينَ ﴿٢١٩﴾ إِنَّهُۥ هُوَ ٱلسَّمِيعُ ٱلْعَلِيمُ ﴿٢٢٠﴾

« Et place ta confiance dans le Tout Puissant, le Très Miséricordieux, qui te voit quand tu te lèves, et (voit) tes gestes parmi ceux qui se prosternent. C'est Lui vraiment, l'Audient, l'Omniscient. »[3]

فَتَوَكَّلْ عَلَى ٱللَّهِ ۖ إِنَّكَ عَلَى ٱلْحَقِّ ٱلْمُبِينِ ﴿٧٩﴾

« Place donc ta confiance en Allah, car tu es de toute évidence dans la vérité et le bon droit. »[4]

وَتَوَكَّلْ عَلَى ٱللَّهِ ۚ وَكَفَىٰ بِٱللَّهِ وَكِيلًا ﴿٣﴾

« Et place ta confiance en Allah. Allah te suffit comme protecteur. »[5]

رَّبَّنَا عَلَيْكَ تَوَكَّلْنَا وَإِلَيْكَ أَنَبْنَا وَإِلَيْكَ ٱلْمَصِيرُ

« Seigneur, c'est en Toi que nous mettons notre confiance et à Toi nous revenons [repentants]. Et vers Toi est le Devenir. »[6]

ٱللَّهُ لَآ إِلَٰهَ إِلَّا هُوَ ۚ وَعَلَى ٱللَّهِ فَلْيَتَوَكَّلِ ٱلْمُؤْمِنُونَ ﴿١٣﴾

---

1 Sourate *An-Nahl*, v.98-100.
2 Sourate *Al-Furqân*, v.58.
3 Sourate *As-Shuarâ*, v.217-220.
4 Sourate *An-Naml*, v.79.
5 Sourate *Al-Ahzâb*, v.3 et 48.
6 Sourate *Al-Mumtahanah*, v.4.

« ***Allah, nulle autre divinité (digne d'adoration) que Lui ! Et c'est à Allah que les croyants [doivent] s'en remettre.*** »[1]

وَيَرْزُقْهُ مِنْ حَيْثُ لَا يَحْتَسِبُ ۚ وَمَن يَتَوَكَّلْ عَلَى ٱللَّهِ فَهُوَ حَسْبُهُۥٓ ۚ إِنَّ ٱللَّهَ بَٰلِغُ أَمْرِهِۦ ۚ قَدْ جَعَلَ ٱللَّهُ لِكُلِّ شَىْءٍ قَدْرًا ﴿٣﴾

« ***Et quiconque place sa confiance en Allah, Il [Allah] lui suffit. Allah atteint ce qu'Il Se propose, et Il a assigné une mesure à chaque chose.*** »[2]

Et les versets à ce sujet sont nombreux. Quant aux preuves de la Sunna, voici quelques hadiths concernant le fait de placer sa pleine confiance en Allah (*at-tawakkul*) :

1- ᶜUmar Ibn Al-Khattâb (ﷺ) a entendu le Prophète (ﷺ) dire : « *Si seulement vous vous en remettiez à Allah comme il convient, Il vous apporterait votre subsistance comme Il l'apporte aux oiseaux qui quittent le matin leur nid le ventre creux pour y retourner en fin de journée le ventre plein.* »[3]

2- D'après ᶜAbd Allah Ibn ᶜAbbâs (ﷺ), le Prophète (ﷺ) a dit : « *Les communautés me furent présentées. Je vis un Prophète passer avec un grand nombre de personnes, un autre avec moins de dix personnes, un autre avec dix personnes, un autre avec cinq personnes, et un autre tout seul. Puis, je vis un groupe très nombreux. Je dis : « Ô Jibrîl (l'ange Gabriel) ! Est-ce ma Communauté ? » Il dit : « Non, mais regarde à l'horizon. » Je regardais alors et vis en effet une foule immense. Il dit : « C'est ta Communauté. Et devant elle soixante-dix mille de ses membres qui entreront au Paradis sans jugement ni châtiment. » Je dis alors : « Pour quelle raison ? » Il dit : « Car ils ne demandaient pas qu'on leur fasse de cautérisation, ni de Ruqya (d'exorcisme), ils ne consultaient pas les augures, ils ont placé toute leur confiance en Allah.* » ᶜUkâshah Ibn Mihsan se leva alors et dit : « *Invoque Allah pour que je sois l'un d'eux !* » Le Prophète (ﷺ) dit : « *Ô Allah ! Fais qu'il soit l'un d'eux !* » Alors, un autre homme se leva et dit : « *Invoque Allah pour que je sois l'un d'eux !* » Le Prophète ﷺ dit : « *ᶜUkâshah t'a devancé.* » »[4]

---

[1] Sourate ***At-Taghâbun***, v.13.

[2] Sourate ***At-Talâq***, v.3.

[3] Hadith bon (*hasan*). Rapporté par At-Tirmidhî dans « *Az-Zuhd* », chap.33, 4/573 n°2344. Et Ibn Mâjah dans « *Az-Zuhd* » également, chap.14, 2/1394 n°4164. Et Ahmad 1/30 et c'est sa version. Et Al-Hâkim 4/318. Le grand savant du Shâm Shaykh Al-Albânî l'a authentifié dans « *As-Sahîhah* » n°310, et le grand savant Shaykh Muqbil le considère comme étant bon (*hasan*) dans « *Al-Jâmiᶜ As-Sahîh* » 6/328.

[4] Rapporté par Al-Bukhârî n°6175 dans « *Ar-Riqâq* » chap.50, et Muslim n°220. Ceci étant la version d'Al-Bukhârî. Ce qui nous intéresse particulièrement dans ce hadith est la parole du Prophète (ﷺ) : « ... *ils ont placé toute leur confiance en Allah.* »

3- Egalement d'après lui, le Prophète (ﷺ) disait : « *Ô Allah ! À Toi je me soumets, en Toi je crois, en Toi je place ma pleine confiance, vers Toi je reviens, par Ton aide je prends le dessus sur les antagonistes. Ô Allah ! Je cherche protection auprès de Ta Majesté, Il n'y a pas d'autre divinité digne d'adoration en dehors de Toi, pour que Tu ne m'égares point. Tu es Le Vivant (Al-Hayy) qui ne meurt jamais tandis que les djinns et les hommes meurent.* »[1]

4- Jâbir (ﷺ) rapporte qu'il avait pris part avec le Messager d'Allah (ﷺ) à une expédition du côté du Najd et qu'il était revenu avec lui. Sur le chemin du retour, la canicule coïncida avec leur arrivée dans une vallée où il y avait de grands arbres épineux. Le Messager d'Allah (ﷺ) mit pied à terre ainsi que les musulmans qui s'étaient dispersés pour se mettre à l'ombre des arbres. Le Messager d'Allah (ﷺ) s'installa sous un arbre auquel il avait accroché son sabre. Et nous nous sommes endormis. Soudain, le Messager d'Allah (ﷺ) nous appela… Nous nous dirigeâmes vers lui et nous trouvâmes auprès de lui un bédouin. Le Messager d'Allah (ﷺ) dit : « *Celui-là a tiré mon sabre alors que je dormais ; je me suis réveillé alors qu'il le tenait nu à la main et il a dit : « Qui pourra te protéger de moi ? » Je lui ai dit : « Allah ! par trois fois.* » » Le Messager d'Allah (ﷺ) s'assit et ne lui infligea aucune punition.[2]

Fatwâ du comité permanent des savants de l'_Iftâ_ 1/251 n°9580 :

Concernant le hadith de ᶜUmar Ibn Al-Khattâb qui rapporte que le Prophète (ﷺ) a dit : « *Si seulement vous vous en remettiez à Allah comme il convient, Il vous apporterait votre subsistance comme Il l'apporte aux oiseaux qui quittent le matin leur nid le ventre creux pour y retourner en fin de journée le ventre plein* ». Rapporté par l'Imam Ahmad, At-Tirmidhî, An-Nasâ'î, Ibn Mâjah, Ibn Hibbân et Al-Hâkim. Et At-Tirmidhî a dit que c'était un hadith *Hasan-Sahîh*.

La pleine confiance en Allah (_at-tawakkul_) se réalise quand le cœur compte sincèrement sur Allah (ﷻ) pour apporter les bienfaits et repousser les méfaits dans cette vie présente et dans celle de l'au-delà. Et le sens du hadith est que si les gens concrétisaient la réelle confiance en Allah et se fiaient totalement en Lui dans l'apport de tout ce qui leur est bénéfique et dans la protection contre tout ce qui leur nuit, tout en réalisant les causes utiles, leur subsistance leur serait fournie par le moindre moyen, comme la nourriture des oiseaux leur est apportée par le simple fait de partir le matin et de revenir. C'est une sorte de recours, et elle ne demande qu'un léger effort. Et la concrétisation de la pleine confiance en Allah ne s'oppose pas

[1] Rapporté résumé par Al-Bukhârî n°6948 et 1069 et Muslim n°2717.

[2] Rapporté par Al-Bukhârî n°2753 et Muslim n°843.

au fait de s'employer à faire les causes liées à ce qu'Allah a prédestiné et par lesquelles se réalise Sa voie dans Sa création. Allah a ordonné d'avoir recours aux causes tout en plaçant sa pleine confiance en Lui. Donc, s'employer avec ses membres à faire les causes est une obéissance, et placer la pleine confiance du cœur en Allah est la foi en Lui. Allah (ﷻ) dit :

وَعَلَى ٱللَّهِ فَلْيَتَوَكَّلِ ٱلْمُؤْمِنُونَ ﴿١١﴾

« ***Et craignez Allah. C'est en Allah que les croyants doivent mettre leur confiance.*** »[1]

La pleine confiance en Allah a été conjointement citée avec Sa crainte, qui est le fait de mettre en œuvre les causes ordonnées. S'abandonner à Allah sans œuvrer avec les causes ordonnées est une pure déficience, même s'il s'y mêle une sorte de confiance. Il ne faut donc pas que la personne fasse de sa confiance une déficience, ni qu'elle justifie sa déficience par la confiance. Elle doit plutôt faire en sorte que sa confiance en Allah fasse partie de l'ensemble des causes sans lesquelles l'objectif souhaité ne se réalise pas.

Et c'est Allah qui accorde la réussite. Que les éloges et le salut d'Allah soient sur notre Prophète Muhammad, sa famille et ses compagnons.

Fin de la *fatwâ* du comité permanent des savants de l'*Iftâ*.

---

[1] Sourate *Al-Mâ'idah,* v.11.

Leçon 51 : L'obligation de juger avec les lois qu'Allah a révélées et l'interdiction de juger avec autres que celles-ci

Allah (ﷻ) dit :

وَمَن لَّمْ يَحْكُم بِمَآ أَنزَلَ ٱللَّهُ فَأُو۟لَٰٓئِكَ هُمُ ٱلْكَٰفِرُونَ

« *Et ceux qui ne jugent pas d'après ce qu'Allah a fait descendre, les voilà les mécréants.* »[1]

وَمَن لَّمْ يَحْكُم بِمَآ أَنزَلَ ٱللَّهُ فَأُو۟لَٰٓئِكَ هُمُ ٱلظَّٰلِمُونَ

« *Et ceux qui ne jugent pas d'après ce qu'Allah a fait descendre, ceux-là sont des injustes.* »[2]

وَمَن لَّمْ يَحْكُم بِمَآ أَنزَلَ ٱللَّهُ فَأُو۟لَٰٓئِكَ هُمُ ٱلْفَٰسِقُونَ

« *Ceux qui ne jugent pas d'après ce qu'Allah a fait descendre, ceux-là sont les pervers.* »[3]

وَأَنِ ٱحْكُم بَيْنَهُم بِمَآ أَنزَلَ ٱللَّهُ وَلَا تَتَّبِعْ أَهْوَآءَهُمْ وَٱحْذَرْهُمْ أَن يَفْتِنُوكَ عَنۢ بَعْضِ مَآ أَنزَلَ ٱللَّهُ إِلَيْكَ

« *Juge alors parmi eux d'après ce qu'Allah a fait descendre. Ne suis pas leurs passions, et prends garde qu'ils ne tentent de t'éloigner d'une partie de ce qu'Allah t'a révélé.* »[4]

أَفَحُكْمَ ٱلْجَٰهِلِيَّةِ يَبْغُونَ ۚ وَمَنْ أَحْسَنُ مِنَ ٱللَّهِ حُكْمًا لِّقَوْمٍ يُوقِنُونَ ﴿٥٠﴾

« *Est-ce donc le jugement du temps de l'Ignorance qu'ils cherchent ? Qu'y a-t-il de meilleur qu'Allah, en matière de jugement pour des gens qui ont une foi ferme ?* »[5]

---

[1] Sourate *Al-Mâ'idah,* v.44.
[2] Sourate *Al-Mâ'idah,* v.45.
[3] Sourate *Al-Mâ'idah,* v.47.
[4] Sourate *Al-Mâ'idah,* v.49.
[5] Sourate *Al-Mâ'idah,* v.50.

Et Yûsuf (ﷺ) a dit :

إِنِ ٱلْحُكْمُ إِلَّا لِلَّهِ ۚ أَمَرَ أَلَّا تَعْبُدُوٓا۟ إِلَّآ إِيَّاهُ ۚ ذَٰلِكَ ٱلدِّينُ ٱلْقَيِّمُ وَلَٰكِنَّ أَكْثَرَ ٱلنَّاسِ لَا يَعْلَمُونَ ﴿٤٠﴾

« ***Le jugement n'appartient qu'Allah. Il vous a commandé de n'adorer que Lui. Telle est la religion droite ; mais la plupart des gens ne savent pas.*** »[1]

Et Ya^c^qub ﷺ a dit :

إِنِ ٱلْحُكْمُ إِلَّا لِلَّهِ ۖ عَلَيْهِ تَوَكَّلْتُ ۖ وَعَلَيْهِ فَلْيَتَوَكَّلِ ٱلْمُتَوَكِّلُونَ

« ***Le jugement n'appartient qu'à Allah : en Lui je place ma confiance. Et que ceux qui placent en Lui leur confiance la placent en Lui.*** »[2]

Et Allah ﷻ dit :

مَا لَهُم مِّن دُونِهِۦ مِن وَلِىٍّ وَلَا يُشْرِكُ فِى حُكْمِهِۦٓ أَحَدًا

« ***Ils n'ont aucun allié en dehors de Lui et Il n'associe personne à Son commandement.*** »[3]

وَٱللَّهُ يَحْكُمُ لَا مُعَقِّبَ لِحُكْمِهِۦ ۚ وَهُوَ سَرِيعُ ٱلْحِسَابِ ﴿٤١﴾

« ***C'est Allah qui juge et personne ne peut s'opposer à Son jugement, et Il est prompt à régler les comptes.*** »[4]

أَلَا لَهُ ٱلْحُكْمُ وَهُوَ أَسْرَعُ ٱلْحَٰسِبِينَ

« ***C'est à Lui qu'appartient le jugement et Il est le plus prompt des juges.*** »[5]

إِنِ ٱلْحُكْمُ إِلَّا لِلَّهِ ۖ يَقُصُّ ٱلْحَقَّ ۖ وَهُوَ خَيْرُ ٱلْفَٰصِلِينَ

---

1 Sourate ***Yûsuf***, v.40.
2 Sourate ***Yûsuf***, v.67.
3 Sourate ***Al-Kahf***, v.26.
4 Sourate ***Ar-Ra^c^d***, v.41.
5 Sourate ***Al-An^c^âm***, v.62.

« Le jugement n'appartient qu'à Allah : Il tranche en toute vérité et Il est le meilleur des juges. »[1]

أَفَغَيْرَ ٱللَّهِ أَبْتَغِى حَكَمًا وَهُوَ ٱلَّذِىٓ أَنزَلَ إِلَيْكُمُ ٱلْكِتَٰبَ مُفَصَّلًا ۚ

« Chercherai-je un autre juge qu'Allah, alors que c'est Lui qui a fait descendre vers vous ce Livre bien exposé ? »[2]

أَمْ لَهُمْ شُرَكَٰٓؤُا۟ شَرَعُوا۟ لَهُم مِّنَ ٱلدِّينِ مَا لَمْ يَأْذَنۢ بِهِ ٱللَّهُ ۚ وَلَوْلَا كَلِمَةُ
ٱلْفَصْلِ لَقُضِىَ بَيْنَهُمْ ۗ وَإِنَّ ٱلظَّٰلِمِينَ لَهُمْ عَذَابٌ أَلِيمٌ ﴿٢١﴾

« Ou bien auraient-ils des associés [à Allah] qui auraient établi pour eux des lois religieuses qu'Allah n'a jamais permises ? Or, si l'arrêt décisif n'avait pas été prononcé, il aurait été tranché entre eux. Les injustes auront certes un châtiment douloureux. »[3]

وَمَا ٱخْتَلَفْتُمْ فِيهِ مِن شَىْءٍ فَحُكْمُهُۥٓ إِلَى ٱللَّهِ ۚ ذَٰلِكُمُ ٱللَّهُ رَبِّى عَلَيْهِ تَوَكَّلْتُ وَإِلَيْهِ أُنِيبُ ﴿١٠﴾

« Sur toutes vos divergences, le jugement appartient à Allah. Tel est Allah mon Seigneur ; en Lui je place ma confiance et c'est à Lui que je retourne [repentant]. »[4]

فَلَا وَرَبِّكَ لَا يُؤْمِنُونَ حَتَّىٰ يُحَكِّمُوكَ فِيمَا شَجَرَ بَيْنَهُمْ ثُمَّ لَا يَجِدُوا۟ فِىٓ
أَنفُسِهِمْ حَرَجًا مِّمَّا قَضَيْتَ وَيُسَلِّمُوا۟ تَسْلِيمًا ﴿٦٥﴾

« Non !... Par ton Seigneur ! Ils ne seront pas croyants aussi longtemps qu'ils ne t'auront demandé de juger de leurs disputes et qu'ils n'auront éprouvé nulle angoisse pour ce que tu auras décidé, et qu'ils se soumettent complètement (à ta sentence). »[5]

أَلَيْسَ ٱللَّهُ بِأَحْكَمِ ٱلْحَٰكِمِينَ ﴿٨﴾

« Allah n'est-Il pas le plus Sage des Juges ? »[6]

---

[1] Sourate ***Al-An^c^âm***, v.57.
[2] Sourate ***Al-An^c^âm***, v.114.
[3] Sourate ***As-Shûrâ***, v.21.
[4] Sourate ***As-Shûrâ***, v.10.
[5] Sourate ***An-Nisâ'***, v.65.
[6] Sourate ***At-Tîn***, v.8.

وَلَا تَدْعُ مَعَ اللَّهِ إِلَٰهًا آخَرَ ۘ لَا إِلَٰهَ إِلَّا هُوَ ۚ كُلُّ شَيْءٍ هَالِكٌ إِلَّا وَجْهَهُ ۚ لَهُ الْحُكْمُ وَإِلَيْهِ تُرْجَعُونَ

« ***À Lui appartient le jugement ; et vers Lui vous serez ramenés.*** »[1]

Et Shucayb (ﷺ) a dit à son peuple :

وَإِن كَانَ طَائِفَةٌ مِّنكُمْ آمَنُوا بِالَّذِي أُرْسِلْتُ بِهِ وَطَائِفَةٌ لَّمْ يُؤْمِنُوا فَاصْبِرُوا
حَتَّىٰ يَحْكُمَ اللَّهُ بَيْنَنَا ۚ وَهُوَ خَيْرُ الْحَاكِمِينَ ﴿٨٧﴾

« ***Patientez donc jusqu'à ce qu'Allah juge parmi nous car Il est le Meilleur des juges.*** »[2]

Et Allah (ﷻ) dit :

إِنَّ اللَّهَ يَأْمُرُكُمْ أَن تُؤَدُّوا الْأَمَانَاتِ إِلَىٰ أَهْلِهَا وَإِذَا حَكَمْتُم بَيْنَ النَّاسِ أَن تَحْكُمُوا بِالْعَدْلِ ۚ إِنَّ
اللَّهَ نِعِمَّا يَعِظُكُم بِهِ ۗ إِنَّ اللَّهَ كَانَ سَمِيعًا بَصِيرًا ﴿٥٨﴾ يَا أَيُّهَا الَّذِينَ آمَنُوا أَطِيعُوا اللَّهَ وَأَطِيعُوا الرَّسُولَ
وَأُولِي الْأَمْرِ مِنكُمْ ۖ فَإِن تَنَازَعْتُمْ فِي شَيْءٍ فَرُدُّوهُ إِلَى اللَّهِ وَالرَّسُولِ إِن كُنتُمْ تُؤْمِنُونَ بِاللَّهِ وَالْيَوْمِ
الْآخِرِ ۚ ذَٰلِكَ خَيْرٌ وَأَحْسَنُ تَأْوِيلًا ﴿٥٩﴾

« ***Certes, Allah vous commande de rendre les dépôts à leurs ayants-droit, et quand vous jugez entre des gens, de juger avec équité. Quelle bonne exhortation qu'Allah vous fait ! Allah est, en vérité, Celui qui entend et qui voit tout. Ô les croyants ! Obéissez à Allah, et obéissez au Messager et à ceux d'entre vous qui détiennent le commandement. Puis, si vous vous disputez en quoi que ce soit, renvoyez-là à Allah et au Messager, si vous croyez en Allah et au Jour dernier. Ce sera bien mieux et de meilleure interprétation (et aboutissement).*** »[3]

- **Je dis :** Tu ne jugeras en toute équité que si tu juges avec ce qu'Allah a révélé. Mais si tu juges avec autre que cela, tu as alors jugé en étant injuste.

Allah (ﷻ) dit :

---

[1] Sourate *Al-Qasas*, v.88.
[2] Sourate *Al-Acrâf*, v.187.
[3] Sourate *An-Nisâ'*, v.58-59.

يَٰدَاوُۥدُ إِنَّا جَعَلْنَٰكَ خَلِيفَةً فِى ٱلْأَرْضِ فَٱحْكُم بَيْنَ ٱلنَّاسِ بِٱلْحَقِّ وَلَا تَتَّبِعِ ٱلْهَوَىٰ فَيُضِلَّكَ عَن
سَبِيلِ ٱللَّهِ ۚ إِنَّ ٱلَّذِينَ يَضِلُّونَ عَن سَبِيلِ ٱللَّهِ لَهُمْ عَذَابٌ شَدِيدٌۢ بِمَا نَسُوا۟ يَوْمَ ٱلْحِسَابِ ﴿٢٦﴾

« *Ô Dâwûd (David), Nous avons fait de toi un calife sur la terre. Juge donc en toute équité parmi les gens et ne suis pas la passion sinon elle t'égarera du sentier d'Allah. Car ceux qui s'égarent du sentier d'Allah auront un dur châtiment pour avoir oublié le Jour des Comptes.* »[1]

- **Je dis :** Et tu ne jugeras avec la vérité que si tu juges avec ce qu'Allah a révélé. Mais si tu juges avec autre que cela, tu as certes jugé avec ce qui est vain.

Note : Ceux qui jugent avec autre que ce qu'Allah a révélé sont de quatre genres :

1 - Ceux qui disent que juger avec la législation musulmane est meilleur, mais qu'il n'y a aucune interdiction de juger avec d'autres lois. Cela est de la mécréance faisant sortir de l'Islam.

2 - Ceux qui disent que la législation musulmane et les lois forgées par les hommes sont équivalentes, il n'y a aucune différence entre elles. Cela est également de la mécréance majeure faisant sortir de l'Islam.

3 - Ceux qui disent que les lois forgées par les hommes sont meilleures et prévalent sur la législation musulmane. Cela fait également sortir de l'Islam, et c'est le pire de ces trois cas.

4 - Ceux qui ont la conviction qu'il est obligatoire de juger avec la législation musulmane et qu'il n'est pas permis de juger avec autre que celle-ci. Mais il se peut quand même qu'ils jugent selon une autre loi que celle d'Allah en raison d'un ressentiment à l'encontre de celui qui est jugé, d'un pot-de-vin, d'affaires politiques ou d'autres motifs de ce genre, tout en sachant pertinemment qu'ils sont injustes, fautifs et en contradiction avec la législation musulmane. Ces personnes ont la foi amoindrie et incomplète. C'est ainsi que leur mécréance est mineure, leur injustice mineure, et leur perversité tout aussi mineure. C'est d'ailleurs ce sens qui a été donné au verset par Ibn cAbbas (ﷺ), Mujâhid, ainsi que plusieurs autres parmi les pieux prédécesseurs, qu'Allah leur fasse miséricorde, et c'est ce que disent les gens de la Sunna et du Consensus (*Ahl as-Sunna wal jamâcah*),

---

[1] Sourate *Sâd*, v.26.

contrairement aux *Khawârij*, aux *Muctazilah* et à ceux qui ont emprunté leur voie. Allah est Celui qui nous vient en aide.

Fin de citation. Tiré des propos du grand savant Shaykh cAbd Al-cAzîz Ibn cAbdillah Ibn Bâz, qu'Allah lui fasse miséricorde, comme cité dans son recueil de *Fatâwas* 1/416.

Chapitre :

Il convient donc aux musulmans, s'ils sont jugés avec les lois qu'Allah a révélées, d'accepter ce jugement et de ne pas en rechercher un autre. Car le croyant accepte le jugement d'Allah. Quant au mécréant et à l'hypocrite, ils le rejettent.

Allah (ﷻ) dit :

أَلَمْ تَرَ إِلَى الَّذِينَ أُوتُوا نَصِيبًا مِّنَ الْكِتَابِ يُدْعَوْنَ إِلَىٰ كِتَابِ اللَّهِ لِيَحْكُمَ بَيْنَهُمْ ثُمَّ يَتَوَلَّىٰ فَرِيقٌ
مِّنْهُمْ وَهُم مُّعْرِضُونَ ﴿٢٣﴾

« ***N'as-tu pas vu comment agissent ceux qui ont reçu une part du Livre, et qui sont maintenant invités au Livre d'Allah pour trancher leurs différends ; comment un groupe des leurs tourne le dos et s'esquive ?*** »[1]

أَلَمْ تَرَ إِلَى الَّذِينَ يَزْعُمُونَ أَنَّهُمْ آمَنُوا بِمَا أُنزِلَ إِلَيْكَ وَمَا أُنزِلَ مِن قَبْلِكَ يُرِيدُونَ أَن يَتَحَاكَمُوا
إِلَى الطَّاغُوتِ وَقَدْ أُمِرُوا أَن يَكْفُرُوا بِهِ وَيُرِيدُ الشَّيْطَانُ أَن يُضِلَّهُمْ ضَلَالًا بَعِيدًا ﴿٦٠﴾ وَإِذَا
قِيلَ لَهُمْ تَعَالَوْا إِلَىٰ مَا أَنزَلَ اللَّهُ وَإِلَى الرَّسُولِ رَأَيْتَ الْمُنَافِقِينَ يَصُدُّونَ عَنكَ صُدُودًا ﴿٦١﴾
فَكَيْفَ إِذَا أَصَابَتْهُم مُّصِيبَةٌ بِمَا قَدَّمَتْ أَيْدِيهِمْ ثُمَّ جَاءُوكَ يَحْلِفُونَ بِاللَّهِ إِنْ أَرَدْنَا إِلَّا
إِحْسَانًا وَتَوْفِيقًا ﴿٦٢﴾ أُولَٰئِكَ الَّذِينَ يَعْلَمُ اللَّهُ مَا فِي قُلُوبِهِمْ فَأَعْرِضْ عَنْهُمْ وَعِظْهُمْ وَقُل
لَّهُمْ فِي أَنفُسِهِمْ قَوْلًا بَلِيغًا ﴿٦٣﴾

« ***N'as-tu pas vu ceux qui prétendent croire à ce qu'on a fait descendre vers toi [Prophète] et à ce qu'on a fait descendre avant toi ? Ils veulent prendre pour juge le Tâghut, alors que c'est en lui qu'on leur a commandé de mécroire. Mais le Diable veut les égarer très loin dans l'égarement. Et lorsqu'on leur dit : « Venez vers ce qu'Allah a fait descendre et vers le Messager », tu vois les hypocrites s'écarter loin de toi. Comment (agiront-ils) quand un malheur les atteindra, à cause de ce qu'ils ont préparé de leurs***

1 Sourate *Âl cImrân*, v.23.

propres mains ? Puis ils viendront alors près de toi, jurant par Allah : « Nous n'avons voulu que le bien et la réconciliation. » Voilà ceux dont Allah sait ce qu'ils ont dans leurs coeurs. Ne leur tiens donc pas rigueur, exhorte-les, et dis-leur sur eux-mêmes des paroles convaincantes. »[1]

Et Allah (ﷻ) dit à propos des hypocrites :

وَيَقُولُونَ ءَامَنَّا بِٱللَّهِ وَبِٱلرَّسُولِ وَأَطَعْنَا ثُمَّ يَتَوَلَّىٰ فَرِيقٌ مِّنْهُم مِّنۢ بَعْدِ ذَٰلِكَ ۚ وَمَآ أُو۟لَـٰٓئِكَ بِٱلْمُؤْمِنِينَ ﴿٤٧﴾
وَإِذَا دُعُوٓا۟ إِلَى ٱللَّهِ وَرَسُولِهِۦ لِيَحْكُمَ بَيْنَهُمْ إِذَا فَرِيقٌ مِّنْهُم مُّعْرِضُونَ ﴿٤٨﴾ وَإِن يَكُن لَّهُمُ ٱلْحَقُّ يَأْتُوٓا۟ إِلَيْهِ مُذْعِنِينَ
﴿٤٩﴾ أَفِى قُلُوبِهِم مَّرَضٌ أَمِ ٱرْتَابُوٓا۟ أَمْ يَخَافُونَ أَن يَحِيفَ ٱللَّهُ عَلَيْهِمْ وَرَسُولُهُۥ ۚ بَلْ أُو۟لَـٰٓئِكَ هُمُ ٱلظَّـٰلِمُونَ ﴿٥٠﴾
إِنَّمَا كَانَ قَوْلَ ٱلْمُؤْمِنِينَ إِذَا دُعُوٓا۟ إِلَى ٱللَّهِ وَرَسُولِهِۦ لِيَحْكُمَ بَيْنَهُمْ أَن يَقُولُوا۟ سَمِعْنَا وَأَطَعْنَا ۚ وَأُو۟لَـٰٓئِكَ هُمُ
ٱلْمُفْلِحُونَ ﴿٥١﴾ وَمَن يُطِعِ ٱللَّهَ وَرَسُولَهُۥ وَيَخْشَ ٱللَّهَ وَيَتَّقْهِ فَأُو۟لَـٰٓئِكَ هُمُ ٱلْفَآئِزُونَ ﴿٥٢﴾

« Et ils disent : « Nous croyons en Allah et au Messager et nous obéissons. » Puis après cela, une partie d'entre eux fait volte-face. Ce ne sont point ceux-là les croyants. Et quand on les appelle vers Allah et Son messager pour que celui-ci juge parmi eux, voilà que quelques-uns d'entre eux s'éloignent. Mais s'ils ont le droit en leur faveur, ils viennent à lui, soumis. Y a-t-il une maladie dans leurs cœurs ? ou doutent-ils ? ou craignent-ils qu'Allah les opprime, ainsi que Son Messager ? Non !... mais ce sont eux les injustes. La seule parole des croyants, quand on les appelle vers Allah et Son Messager, pour que celui-ci juge parmi eux, est : « Nous avons entendu et nous avons obéi. » Et voilà ceux qui réussissent. Et quiconque obéit à Allah et à Son Messager, et craint Allah et Le redoute... alors, voilà ceux qui récoltent le succès. »[2]

---

[1] Sourate *An-Nisâ'*, v.60-63.

[2] Sourate *An-Nûr*, v.47-52.

Leçon 52 :
L'interdiction de représenter des êtres possédant une âme

1- D'après Abû Talhah (ﷺ), le Prophète (ﷺ) a dit : « *Les anges ne rentrent pas dans une maison où se trouvent un chien ou des représentations (d'êtres possédant une âme).* »[1]

2- D'après cAbd Allah Ibn Mascud (ﷺ) : J'ai entendu le Prophète (ﷺ) dire : « *Ceux qui subiront le plus dur châtiment le Jour de la Résurrection sont ceux qui représentent des êtres possédant une âme.* »[2]

3- D'après Abû Hurayrah (ﷺ) : J'ai entendu le Prophète (ﷺ) dire : « *Allah (ﷻ) a dit : Qui donc est plus injuste que celui qui tente de créer comme Je crée ? Qu'ils créent donc ne serait-ce qu'une petite fourmi*[3]*, ou une graine, ou alors un grain d'orge !* »[4]

- **Je dis** : Les preuves concernant l'interdiction de représenter des êtres possédant une âme - sauf dans les cas de nécessité[5] - sont nombreuses.

Se référer aux livrets de Shaykh Ibn Bâz, de Shaykh Muqbil, ainsi qu'au mien concernant ce sujet.

---

[1] Rapporté par Al-Bukhârî n°5605 et Muslim n°2106.

[2] Rapporté par Al-Bukhârî n°5606 et Muslim n°2109.

[3] NdT : En arabe, le terme *dharrah* désigne les petites fourmis. Et ceux qui disent qu'il s'agit d'un atome se trompent car le Prophète (ﷺ) s'est adressé aux compagnons en langue arabe (c.-à-d. avec un langage qu'ils comprenaient) ; or, ils ne connaissaient pas l'atome. Et Allah a cité la fourmi car elle possède une âme et fait partie des plus petites bêtes. Fin de citation. Voir l'explication de « *Kitâb At-Tawhîd* » de Shaykh Ibn cUthaymîn vol.2/p.1025.

[4] Rapporté par Al-Bukhârî n°5609 et Muslim n°2111.

[5] NdT : Shaikh Muqbil, qu'Allah lui fasse miséricorde, dit : « Si la personne y est contrainte pour le passeport - que ce soit pour le pélerinage ou autre comme voyages nécessaires - ou la carte d'identité, le permis de conduire, une déclaration de travail, de revenus... le péché revient alors aux autorités qui nous ont contraints à cela. » Fin de citation. Tiré de son épître intitulée : « *Le jugement religieux concernant les représentations d'êtres possédant une âme* », p.64.

Leçon 53 :
L'hypocrisie (*An-Nifâq*) est de deux sortes

Sache mon frère, qu'Allah nous préserve de l'hypocrisie et du mauvais comportement, que l'hypocrisie se divise en deux parties :

1 – L'hypocrisie dans la croyance (*Nifâq ictiqâdî*).

2 – L'hypocrisie dans les actes (*Nifâq camalî*).

1 – Quant à l'hypocrisie dans la croyance :

La personne affiche l'Islam et cache la mécréance. Elle est musulmane en apparence, mécréante et hypocrite en son for intérieur. Si elle meurt dans cet état, elle sera au plus bas degré de l'Enfer.

Allah (ﷻ) dit :

إِنَّ ٱلۡمُنَٰفِقِينَ فِي ٱلدَّرۡكِ ٱلۡأَسۡفَلِ مِنَ ٱلنَّارِ وَلَن تَجِدَ لَهُمۡ نَصِيرًا ١٤٥ إِلَّا ٱلَّذِينَ تَابُواْ
وَأَصۡلَحُواْ وَٱعۡتَصَمُواْ بِٱللَّهِ وَأَخۡلَصُواْ دِينَهُمۡ لِلَّهِ فَأُوْلَٰٓئِكَ مَعَ ٱلۡمُؤۡمِنِينَۖ وَسَوۡفَ يُؤۡتِ ٱللَّهُ
ٱلۡمُؤۡمِنِينَ أَجۡرًا عَظِيمًا ١٤٦

« ***Les hypocrites seront, certes, au plus bas fond du Feu, et tu ne leur trouveras jamais de secoureur, sauf ceux qui se repentent, s'amendent, s'attachent fermement à Allah, et Lui vouent une foi exclusive. Ceux-là seront avec les croyants. Et Allah donnera aux croyants une énorme récompense.*** »[1]

2 – Quant à l'hypocrisie dans les actes :

Les six caractéristiques blâmables citées dans ces trois hadiths en font partie :

1 – D'après Abû Hurayrah (ﷺ), le Prophète (ﷺ) a dit : « *Les signes de l'hypocrite sont trois choses :*
– Lorsqu'il parle, il ment.
– Lorsqu'il promet, il manque à sa parole.
– Lorsqu'on lui confie quelque chose, il trahit. »[2]

---

[1] Sourate *An-Nisâ'*, v.145-146.

[2] Al-Bukhârî n°33 et Muslim n°59 qui a ajouté: « *Même s'il observe le jeûne, pratique la prière et prétend être musulman.* »

2- D'après ᶜAbd Allah Ibn ᶜAmr (ﷺ), le Prophète (ﷺ) a dit : « *Il est quatre signes. Celui qui les réunit tous ressemble à un parfait hypocrite. Et celui qui en possède un seul est atteint d'une des caractéristiques de l'hypocrisie jusqu'à ce qu'il s'en débarrasse :*

- Il trahit lorsqu'on lui confie quelque chose.
- Il ment lorsqu'il parle.
- Il trahit ses engagements.
- Il agit avec perversité lors des litiges. »[1]

3- D'après Abû Hurayrah (ﷺ), le Prophète (ﷺ) a dit : « *Quiconque meurt sans avoir combattu (pour la cause d'Allah) ni jamais en avoir eu l'intention, est mort en présentant une caractéristique de l'hypocrisie.* »[2]

L'imam Ibn Mubârak dit à propos de ce hadith, dont il est l'un des rapporteurs, comme l'a cité Muslim : « Nous considérons que cela était à l'époque du Messager d'Allah (ﷺ). »

- **Je dis** : Ce genre d'hypocrisie ne fait pas sortir de l'Islam, mais il faut s'en repentir.

---

1 Al-Bukhârî n°34 et Muslim n°58.
2 Muslim n°1910.

Leçon 54 : Résumé concernant l'hypocrisie (*An-Nifâq*)

- **L'hypocrisie est de deux sortes :**

1 - L'hypocrisie dans la croyance (*Ictiqâdî*).

2 - L'hypocrisie dans les actes (*cAmalî*).

Et nous pouvons aussi dire :

1 - L'hypocrisie majeure (*Akbar*).

2 - L'hypocrisie mineure (*Asghar*).

Ou encore :

1 - L'hypocrisie faisant sortir de l'Islam.

2 - L'hypocrisie ne faisant pas sortir de l'Islam.

Ou bien encore :

1 - L'hypocrisie de mécréance.

2 - L'hypocrisie dans les actes.

Se référer à l'ouvrage « *As-Syar* » de Dhahabî, 11/363.

Quant à l'hypocrisie dans la croyance : c'est l'hypocrisie majeure, celle qui fait sortir de l'Islam, l'hypocrisie de mécréance. Elle consiste à extérioriser l'Islam et intérioriser la mécréance.

Quant à l'hypocrisie dans les actes : c'est l'hypocrisie mineure, celle qui ne fait pas sortir de l'Islam . Elle se divise en de nombreuses parties, parmi elles :

1 - Lorsque la personne parle, elle ment.

2 - Lorsqu'elle promet, elle manque à sa parole.

3 - Lorsqu'on lui confie quelque chose, elle trahit.

4 - Elle trahit ses engagements.

5 - Elle agit avec perversité lors des litiges.

6 - Quiconque meurt sans avoir combattu (pour la cause d'Allah) ni jamais en avoir eu l'intention meurt en présentant une caractéristique de l'hypocrisie.

Leçon 55 :
Les hypocrites sont de deux sortes

- **Les hypocrites sont de deux sortes :**

1- Le parfait hypocrite.

2- L'hypocrite possédant une partie des caractéristiques des hypocrites.

Concernant ce sujet, se référer à « *Madârij As-Sâlikin* » et « *Ighâthatu-l-lahfân* » tous deux d'Ibn Al-Qayyim, et à « *Sifat Al-Munâfiq* » d'Al-Firyâbî.

Leçon 56 : La Sunna de divise en cinq parties

1- La Sunna relative à la croyance (*Sunna Ictiqâdiyyah*).

2- La Sunna relative aux propos (*Sunna Qawliyyah*).

3- La Sunna relative aux actes (*Sunna Ficliyyah*).

4- La Sunna relative à l'approbation (*Sunna Taqrîriyyah*).

5- La Sunna relative au délaissement (*Sunna Tarkiyyah*).

1- Donc, ce en quoi le Prophète (ﷺ) a cru, nous y croyons.

2- Et ce que le Prophète (ﷺ) a dit, nous le disons.

3- Et ce que le Prophète (ﷺ) a fait, nous le faisons.

4- Et ce que le Prophète (ﷺ) a approuvé, nous l'approuvons.

5- Et ce que le Prophète (ﷺ) a délaissé, nous le délaissons.

Voir à ce sujet à « *Ar-Risâlah* » d'As-Shâficî, qu'Allah lui fasse miséricorde, p.194.

Et Allah (ﷻ) dit :

قُلْ إِن كُنتُمْ تُحِبُّونَ ٱللَّهَ فَٱتَّبِعُونِي يُحْبِبْكُمُ ٱللَّهُ وَيَغْفِرْ لَكُمْ ذُنُوبَكُمْ وَٱللَّهُ غَفُورٌ رَّحِيمٌ ﴿٣١﴾

قُلْ أَطِيعُوا۟ ٱللَّهَ وَٱلرَّسُولَ فَإِن تَوَلَّوْا۟ فَإِنَّ ٱللَّهَ لَا يُحِبُّ ٱلْكَٰفِرِينَ ﴿٣٢﴾

« Dis : Si vous aimez vraiment Allah, suivez-moi, Allah vous aimera alors et vous pardonnera vos péchés. Allah est Pardonneur et Miséricordieux. Dis : Obéissez à Allah et au Messager. Et si vous tournez le dos... alors Allah n'aime pas les infidèles ! »[1]

لَّقَدْ كَانَ لَكُمْ فِي رَسُولِ ٱللَّهِ أُسْوَةٌ حَسَنَةٌ

« En effet, vous avez dans le Messager d'Allah un excellent modèle [à suivre]. »[2]

---

[1] Sourate ***Âl cImrân***, v.31-32.

[2] Sourate ***Al-Ahzâb***, v.21.

وَمَآ ءَاتَىٰكُمُ ٱلرَّسُولُ فَخُذُوهُ وَمَا نَهَىٰكُمۡ عَنۡهُ فَٱنتَهُواْۚ وَٱتَّقُواْ ٱللَّهَۖ إِنَّ ٱللَّهَ شَدِيدُ ٱلۡعِقَابِ

« *Prenez ce que le Messager vous donne ; et ce qu'il vous interdit, absentez-vous en ; et craignez Allah car Allah est dur en punition.* »[1]

[1] Sourate Al-Hashr, v.7.

Leçon 57 :
Définition de l'adoration (*Al-cIbâdah*)

Al-cIbâdah (l'adoration) : c'est un terme regroupant tout ce qu'Allah aime et agrée comme paroles et œuvres apparentes ou cachées.

Se référer au recueil de *Fatâwas* de Shaykh Al-Islam Ibn Taymiyyah 1/149.

Leçon 58 : L'adoration (*Al-cIbâdah*) comprend cinq parties

1- L'adoration relative à la croyance (*cIbâda ictiqâdiyyah*)

Elle consiste à ce que le musulman croit en Allah (ﷻ) en tant que Créateur (*Al-Khâliq*), Celui qui pourvoit à la subsistance (*Ar-Razzâq*), Celui qui donne la vie et la mort (*Al-Muhiy Al-Mumît*), et Gérant des affaires de Ses serviteurs (*Al-Mudabbir*). Il doit avoir la conviction que c'est Allah qui mérite l'adoration, Seul, sans aucun associé, adorations telles que les invocations, les sacrifices, les vœux et autres, et qu'Il est décrit par les attributs de majesté, de perfection, de grandeur, de magnificence, ainsi que d'autres croyances concernant Allah, Sa religion, Ses anges, Ses Livres, Ses messagers, le Jour Dernier, le destin favorable ou défavorable.

2- L'adoration relative aux paroles (*cIbâda lafdhiyya*)

Comme le fait de prononcer l'attestation de foi (*as-shahâdah*) : « *J'atteste qu'il n'y a de divinité digne d'adoration qu'Allah et que Muhammad est le Messager d'Allah* ». Ainsi que la lecture du Coran, les invocations, les rappels prophétiques.... et autres adorations par les paroles.

3- L'adoration effectuée par le corps (*cIbâdah Badaniyyah*).

Comme le fait de se mettre debout, de s'incliner et se prosterner dans la prière. Ainsi que le jeûne, les œuvres effectuées pendant le pèlerinage, la *Hijra*, le *Jihâd*… et autres adorations effectuées par le corps.

4- L'adoration effectuée avec ses biens (*cIbâda Mâliyyah*)

Comme la *Zakât*, les aumônes…

5- L'adoration relative au délaissement (*cIbâda Tarkiyyah*).

Elle consiste à ce que le musulman délaisse toutes les interdictions, les formes d'association et d'innovation en se conformant à la législation d'Allah. Cela est, de sa part, une adoration liée au délaissement. Le musulman est ainsi récompensé s'il délaisse les interdictions en recherchant par là le Visage d'Allah.

Se référer à l'ouvrage « *Tathîr Al-Ictiqâd can Adrân Al-Ilhâd* » du grand savant Muhammad Ibn Ismâcîl As-Sancânî, qu'Allah lui fasse miséricorde, p.6-7.

Leçon 59 : Les oeuvres ne sont acceptées qu'à deux conditions

Sache mon frère, qu'Allah nous guide à l'attachement au Coran et à la Sunna, qu'Allah n'accepte aucune œuvre de quelque musulman que ce soit si ce n'est en respectant deux conditions de base :

Premièrement : Que l'œuvre soit sincèrement vouée à Allah ; son auteur ne doit souhaiter que le Visage d'Allah.

Allah (ﷻ) dit :

إِنَّآ أَنزَلْنَآ إِلَيْكَ ٱلْكِتَٰبَ بِٱلْحَقِّ فَٱعْبُدِ ٱللَّهَ مُخْلِصًا لَّهُ ٱلدِّينَ ﴿٢﴾ أَلَا لِلَّهِ ٱلدِّينُ ٱلْخَالِصُ

« ***Nous t'avons fait descendre le Livre en toute vérité. Adore donc Allah en Lui vouant un culte exclusif. C'est à Allah qu'appartient la religion pure.*** »[1]

قُلْ إِنِّىٓ أُمِرْتُ أَنْ أَعْبُدَ ٱللَّهَ مُخْلِصًا لَّهُ ٱلدِّينَ ﴿١١﴾

« ***Dis : Il m'a été ordonné d'adorer Allah en Lui vouant un culte exclusif.*** »[2]

قُلِ ٱللَّهَ أَعْبُدُ مُخْلِصًا لَّهُۥ دِينِى ﴿١٤﴾

« ***Dis : C'est Allah que j'adore, et Lui voue exclusivement mon culte.*** »[3]

وَمَآ أُمِرُوٓا۟ إِلَّا لِيَعْبُدُوا۟ ٱللَّهَ مُخْلِصِينَ لَهُ ٱلدِّينَ

« ***Il ne leur a été commandé, cependant, que d'adorer Allah, Lui vouant un culte exclusif.*** »[4]

Et d'après Abû Hurayrah (ؓ), le Prophète (ﷺ) a dit : « *Allah dit : Je suis Celui qui se passe le plus d'associés. Quiconque accomplit une oeuvre où il M'associe à un autre, Je le délaisse, lui et son association.* » [5]

---

[1] Sourate *Az-Zumar*, v.2-3.

[2] Sourate *Az-Zumar*, v.11.

[3] Sourate *Az-Zumar*, v.14.

[4] Sourate *Al-Bayyinah*, v.5.

[5] Rapporté par Muslim n°2985.

Et c'est cela le sens de « Ash-hadu alLâ ilâha illa Allah » (J'atteste qu'il n'y a de divinité digne d'adoration qu'Allah).

Deuxièmement : Que l'œuvre soit en conformité avec la voie du Prophète (ﷺ).

ᶜÂ'ishah, qu'Allah l'agrée, rapporte que le Prophète (ﷺ) a dit : « *Quiconque introduit dans notre religion quelque chose qui n'en fait pas partie, elle est rejetée.* »[1]

Et c'est cela le sens de « *Ash-hadu anna Muhammad Rassul Allah* » (J'atteste que Muhammad est le Messager d'Allah).

Note : Cela concerne le musulman. Quant au mécréant, ses œuvres ne sont acceptées que si elles respectent trois conditions qui sont les deux précédentes plus **une troisième qui est l'Islam**. Ces conditions sont indispensables pour qu'Allah accepte les œuvres (*Shurût Sihhah*).

Allah (ﷻ) dit :

وَقَدِمْنَآ إِلَىٰ مَا عَمِلُوا۟ مِنْ عَمَلٍ فَجَعَلْنَـٰهُ هَبَآءً مَّنثُورًا ﴿٢٣﴾

« ***Nous avons considéré l'oeuvre qu'ils ont accomplie et Nous l'avons réduite en poussière éparpillée.*** »[2]

Et ces trois conditions sont citées dans la parole d'Allah (ﷻ) :

فَمَن كَانَ يَرْجُوا۟ لِقَآءَ رَبِّهِۦ فَلْيَعْمَلْ عَمَلًا صَـٰلِحًا وَلَا يُشْرِكْ بِعِبَادَةِ رَبِّهِۦٓ أَحَدًۢا

« ***Quiconque, donc, espère rencontrer son Seigneur, qu'il fasse de pieuses actions et qu'il n'associe dans son adoration personne à son Seigneur.*** »[3]

1- Sa parole « ***(espère) rencontrer son Seigneur*** » : c'est cela l'Islam.

2- Sa parole « ***pieuses (actions)*** » : c'est le fait d'être en conformité avec le Coran et la Sunna, vu que les œuvres ne peuvent être pieuses en dehors de ce cadre là.

3- Sa parole « ***et qu'il n'associe dans son adoration personne à son Seigneur*** » : c'est cela la sincérité (*Al-Ikhlâs*).

Et il reste deux autres conditions, celles-ci étant pour la plénitude des œuvres (*Shart Kamâl*), qui sont :

---

[1] Rapporté par Al-Bukhârî n°2550 et Muslim n°1718. Et Muslim a rapporté dans une autre version : « *Celui qui fait une œuvre non conforme à notre religion, celle-ci est rejetée* »

[2] Sourate *Al-Furqân*, v.23.

[3] Sourate *Al-Kahf*, v.110.

Première condition : tenir fermement aux préceptes de l'Islam

Allah ﷻ dit :

خُذُوا۟ مَآ ءَاتَيْنَٰكُم بِقُوَّةٍ

« *Tenez fermement à ce que Nous vous donnons.* »[1]

فَخُذْهَا بِقُوَّةٍ وَأْمُرْ قَوْمَكَ يَأْخُذُوا۟ بِأَحْسَنِهَا

« ***Prends-les donc fermement et commande à ton peuple d'en adopter le meilleur.*** »[2]

يَٰيَحْيَىٰ خُذِ ٱلْكِتَٰبَ بِقُوَّةٍ وَءَاتَيْنَٰهُ ٱلْحُكْمَ صَبِيًّا ﴿١٢﴾

« *Ô Yahyâ, tiens fermement au Livre !* »[3]

Et cela s'oppose à la situation des hypocrites qui n'ont en effet pas pris cette religion fermement mais plutôt avec négligence et paresse.

Allah (ﷻ) dit :

إِنَّ ٱلْمُنَٰفِقِينَ يُخَٰدِعُونَ ٱللَّهَ وَهُوَ خَٰدِعُهُمْ وَإِذَا قَامُوٓا۟ إِلَى ٱلصَّلَوٰةِ قَامُوا۟ كُسَالَىٰ يُرَآءُونَ ٱلنَّاسَ وَلَا يَذْكُرُونَ ٱللَّهَ إِلَّا قَلِيلًا ﴿١٤٢﴾ مُّذَبْذَبِينَ بَيْنَ ذَٰلِكَ لَآ إِلَىٰ هَٰٓؤُلَآءِ وَلَآ إِلَىٰ هَٰٓؤُلَآءِ وَمَن يُضْلِلِ ٱللَّهُ فَلَن تَجِدَ لَهُۥ سَبِيلًا ﴿١٤٣﴾

« ***Les hypocrites cherchent à tromper Allah, mais Allah retourne leur tromperie (contre eux-mêmes). Et lorsqu'ils se lèvent pour la Salât, ils se lèvent avec paresse et par ostentation envers les gens. A peine invoquent-ils Allah. Ils sont indécis (entre les croyants et les mécréants) n'appartenant ni aux uns ni aux autres. Or, quiconque Allah égare, jamais tu ne trouveras de chemin pour lui.*** »[4]

---

[1] Sourates *Al-Baqarah*, v.63/93, *Al-Acrâf*, v.171.

[2] Sourate *Al-Acrâf*, v.145.

[3] Sourate *Maryam*, v.12.

[4] Sourate *An-Nisâ'*, v.142-143.

وَمَا مَنَعَهُمْ أَن تُقْبَلَ مِنْهُمْ نَفَقَٰتُهُمْ إِلَّآ أَنَّهُمْ كَفَرُوا۟ بِٱللَّهِ وَبِرَسُولِهِۦ وَلَا يَأْتُونَ
ٱلصَّلَوٰةَ إِلَّا وَهُمْ كُسَالَىٰ وَلَا يُنفِقُونَ إِلَّا وَهُمْ كَٰرِهُونَ ﴿٥٤﴾

« Ce qui empêche leurs dons d'être agréés, c'est le fait qu'ils n'ont pas cru en Allah et Son Messager, qu'ils ne se rendent à la Salât que paresseusement, et qu'ils ne dépensent (dans les bonnes oeuvres) qu'à contrecoeur. »[1]

Seconde condition : concourir aux bonnes oeuvres

Allah ﷻ dit :

وَلَا تَنِيَا فِى ذِكْرِى

« Et ne négligez pas de M'invoquer. »[2]

فَٱسْتَبِقُوا۟ ٱلْخَيْرَٰتِ

« Rivalisez donc dans les bonnes oeuvres. »[3]

وَيُسَٰرِعُونَ فِى ٱلْخَيْرَٰتِ وَأُو۟لَٰٓئِكَ مِنَ ٱلصَّٰلِحِينَ

« Ils concourent aux bonnes oeuvres. Ceux-là sont parmi les gens de bien. »[4]

إِنَّهُمْ كَانُوا۟ يُسَٰرِعُونَ فِى ٱلْخَيْرَٰتِ

« Ils concouraient au bien. »[5]

أُو۟لَٰٓئِكَ يُسَٰرِعُونَ فِى ٱلْخَيْرَٰتِ وَهُمْ لَهَا سَٰبِقُونَ ﴿٦١﴾

« Ceux-là se précipitent vers les bonnes actions et sont les premiers à les accomplir. »[6]

1 Sourate *At-Tawbah*, v.54.
2 Sourate *Tâ-Hâ*, v.42.
3 Sourates *Al-Baqarah*, v.148 ; *Al-Mâ'idah*, v.48.
4 Sourate *Âl ʿImrân*, v.114.
5 Sourate *Al-Anbiyâ'*, v.90.
6 Sourate *Al-Mu'minûn*, v.61.

وَسَارِعُوٓاْ إِلَىٰ مَغۡفِرَةٖ مِّن رَّبِّكُمۡ وَجَنَّةٍ عَرۡضُهَا ٱلسَّمَٰوَٰتُ وَٱلۡأَرۡضُ أُعِدَّتۡ لِلۡمُتَّقِينَ

« *Et concourez au pardon de votre Seigneur, et à un Jardin (paradis) large comme les cieux et la terre, préparé pour les pieux.* »[1]

سَابِقُوٓاْ إِلَىٰ مَغۡفِرَةٖ مِّن رَّبِّكُمۡ وَجَنَّةٍ عَرۡضُهَا كَعَرۡضِ ٱلسَّمَآءِ وَٱلۡأَرۡضِ أُعِدَّتۡ لِلَّذِينَ

ءَامَنُواْ بِٱللَّهِ وَرُسُلِهِۦۚ ذَٰلِكَ فَضۡلُ ٱللَّهِ يُؤۡتِيهِ مَن يَشَآءُۚ وَٱللَّهُ ذُو ٱلۡفَضۡلِ ٱلۡعَظِيمِ ٢١

« *Hâtez-vous vers un pardon de votre Seigneur ainsi qu'un Paradis aussi large que le ciel et la terre, préparé pour ceux qui ont cru en Allah et en Ses Messagers. Telle est la grâce d'Allah qu'Il donne à qui Il veut. Et Allah est le Détenteur de l'énorme grâce.* »[2]

Se référer à l'explication de « *Riyâd As-Sâlihîn* » de Salîm Al-Hilâlî, 1/29.

[1] Sourate *Âl ʿImrân*, v.133.
[2] Sourate *Al-Hadîd*, v.21.

Leçon 60 : Concernant la sincérité (*Al-Ikhlâs*) et la conformité à la Sunnah du Prophète ﷺ (*Al-Mutâba^cah*), les gens se divisent en quatre catégories

Concernant la sincérité (*Al-Ikhlâs*) et la conformité à la Sunnah du Prophète ﷺ (*Al-Mutâba*ᶜ*ah*), les gens se divisent en quatre catégories :

Première catégorie : Ceux qui regroupent la sincérité (*Al-Ikhlâs*) et la conformité à la Sunna du Prophète (ﷺ) (*Al-Mutâba*ᶜ*ah*). Toutes leurs œuvres sont vouées à Allah, leurs paroles, leurs dons, leurs retenues, leur amour et leur animosité. Leur comportement avec les autres est voué extérieurement et intérieurement à Allah Seul. Ils ne veulent pour cela ni récompense, ni compliment de la part des gens, ni avoir leurs honneurs, ni leurs louanges ni gagner leur considération ni obtenir un haut rang dans leur cœur, ni fuir leur blâme. Ils considèrent plutôt ces gens comme les habitants des tombes, ne pouvant leur apporter ni dommage, ni profit, ni mort, ni vie, ni résurrection. Œuvrer pour les gens, rechercher leurs honneurs et leur considération et espérer qu'ils puissent être utiles ou craindre qu'ils puissent être nuisibles, tout cela ne peut aucunement provenir d'un homme qui connaît l'état de ces gens mais plutôt d'un homme qui ignore tout d'eux et de son Seigneur. Car celui qui connaît les gens les met chacun à la place qui lui revient. Et celui qui connaît Allah Lui voue sincèrement ses œuvres et ses paroles, ses dons et ses retenues, son amour et ce qu'il déteste. Aucun homme ne favorise les créatures par rapport à Allah que s'il méconnait Allah et la réalité des créatures. Car s'il connaissait réellement Allah et connaissait les hommes, il privilégierait le traitement d'Allah au détriment de ces hommes.

De même, toutes les œuvres et adorations seraient conformes à l'ordre d'Allah et à ce qu'Il aime et agrée. Telles sont les seules œuvres qu'Allah accepte, Il a éprouvé Ses serviteurs par la mort et la vie pour cela. Allah (ﷻ) dit :

ٱلَّذِى خَلَقَ ٱلْمَوْتَ وَٱلْحَيَوٰةَ لِيَبْلُوَكُمْ أَيُّكُمْ أَحْسَنُ عَمَلًا

« ***Celui qui a créé la mort et la vie afin de vous éprouver (et de savoir) qui de vous est le meilleur en oeuvre.*** »[1]

[1] Sourate *Al-Mulk*, v.2.

Il a fait de tout ce qui se trouve sur la terre un ornement afin de les éprouver et voir lequel d'entre eux est le meilleur en oeuvres.

Al-Fudayl Ibn ᶜIyâd a dit : « L'œuvre pieuse est la plus sincère et la plus juste. » On lui demanda : « Ô Abû ᶜAlî, comment donc la plus sincère et la plus juste ? » Il répondit : « Lorsque l'œuvre est sincère sans être juste, elle n'est pas acceptée. Et lorsque l'œuvre est juste sans être sincère, elle n'est pas acceptée. Elle n'est acceptée que si elle est sincère et juste. Et l'œuvre sincère est celle vouée exclusivement à Allah. Et l'œuvre juste est celle conforme à la Sunna. » Et c'est ce qui est indiqué dans la parole d'Allah (ﷻ) :

فَمَن كَانَ يَرْجُوا لِقَاءَ رَبِّهِ فَلْيَعْمَلْ عَمَلًا صَالِحًا وَلَا يُشْرِكْ بِعِبَادَةِ رَبِّهِ أَحَدًا

« ***Quiconque, donc, espère rencontrer son Seigneur, qu'il fasse de pieuses actions et qu'il n'associe dans son adoration personne à son Seigneur.*** »[1]

Et dans Sa parole ﷻ :

وَمَنْ أَحْسَنُ دِينًا مِّمَّنْ أَسْلَمَ وَجْهَهُ لِلَّهِ وَهُوَ مُحْسِنٌ وَاتَّبَعَ مِلَّةَ إِبْرَاهِيمَ حَنِيفًا

« ***Qui est meilleur en religion que celui qui soumet à Allah son être, tout en se conformant à la Loi révélée et suivant la religion d'Abraham, homme de droiture ?*** »[2]

Allah n'accepte donc parmi les œuvres que ce qui Lui a été exclusivement voué et qui est à la fois conforme à Son ordre. Et tout le reste sera jeté au visage de son auteur sous forme de miettes et de poussière, lorsqu'il en aura le plus besoin.

Et il est parvenu dans les deux *Sahîhs*, d'après ᶜÂ'ishah, que le Prophète (ﷺ) a dit : « *Quiconque introduit dans notre religion quelque chose qui n'en fait pas partie, elle est rejetée.* » Et dans une autre version de Muslim : « *Celui qui fait une œuvre non conforme à notre religion, elle est rejetée.* »

Donc, toute œuvre dépourvue de la conformité à la Sunna ne fait qu'éloigner son auteur d'Allah. Car Allah n'est adoré que conformément à Son ordre et non selon les opinions (des gens) et leurs passions.

Deuxième catégorie : Ceux qui n'ont ni sincérité ni conformité à la Sunna. Leurs œuvres ne sont donc pas conformes à la législation d'Allah et elles ne lui sont pas vouées. Comme le cas de ceux qui enjolivent leurs œuvres aux yeux des gens et agissent par ostentation avec ce qu'Allah n'a

---

[1] Sourate ***Al-Kahf***, v.110.
[2] Sourate ***An-Nisâ'***, v.125.

pas légiféré et ce que le Prophète (ﷺ) n'a pas transmis. Ceux-là sont les pires des créatures, les plus méprisées par Allah (ﷻ), et elles sont largement concernées par la parole d'Allah (ﷻ) :

لَا تَحْسَبَنَّ ٱلَّذِينَ يَفْرَحُونَ بِمَآ أَتَوا۟ وَّيُحِبُّونَ أَن يُحْمَدُوا۟ بِمَا لَمْ يَفْعَلُوا۟ فَلَا تَحْسَبَنَّهُم بِمَفَازَةٍ مِّنَ ٱلْعَذَابِ ۖ وَلَهُمْ عَذَابٌ أَلِيمٌ ﴿١٨٨﴾

« ***Ne pense point que ceux-là qui se réjouissent de ce qu'ils ont fait, et qui aiment qu'on les loue pour ce qu'ils n'ont pas fait, ne pense point donc, qu'ils trouvent une échappatoire au châtiment. Pour eux, il y aura un châtiment douloureux !*** »[1]

Ils se réjouissent de ce qu'ils adoptent comme innovation, égarement et association (*shirk*) et aiment être loués pour avoir suivi la Sunna et pour leur sincérité, alors qu'ils ne font pas partie des gens de la Sunna et de la sincérité. Les gens de cette catégorie sont nombreux parmi les pseudo savants, ascètes et dévots qui ont dévié du droit chemin. Ils commettent en effet toutes sortes d'innovations dans la religion, d'égarements, d'ostentation, œuvrent pour être entendus et aiment être loués pour ce qu'ils ne possèdent pas qu'il s'agisse de fidélité à la Sunna, de sincérité ou de science. Ces gens sont égarés et encourent la Colère d'Allah.

Troisième catégorie : Ceux qui sont sincères dans leurs œuvres mais n'agissent pas conformément à l'ordre (du Prophète ﷺ). Comme les ignorants parmi certains dévots et ascètes, et tous ceux qui adorent Allah autrement que par ce qu'Il a légiféré, s'imaginant que leurs adorations leur permettent de se rapprocher d'Allah. C'est le cas de ceux qui croient qu'entendre les sifflements et les battements des mains constituent une forme de rapprochement d'Allah, que la retraite au cours de laquelle ils manquent la prière du vendredi et les prières en commun, que jeûner continuellement le jour et la nuit, jeûner les jours de fête des deux *ʿId* le sont aussi, pensant se rapprocher d'Allah avec des innovations dans la religion et des désobéissances.

Leur sincérité dans ce cas ne leur profite en rien car ce sont des œuvres où se trouvent des choses introduites et innovées, et tous les actes innovés sont rejetés contre son auteur. On trouve ainsi dans le hadith de ʿÂ'ishah, mère des croyants, que le Prophète (ﷺ) a dit : « *Quiconque introduit dans notre religion quelque chose qui n'en fait pas partie, elle est rejetée.* » Rapporté par Al-Bukhârî et Muslim.

---

[1] Sourate ***Âl ʿImrân***, v.88.

Quatrième catégorie : Ceux dont les œuvres sont conformes à l'ordre (du Prophète ﷺ) mais qui ne sont pas vouées exclusivement à Allah. C'est le cas de ceux qui oeuvrent par ostentation, ou le cas de celui qui combat par esprit de corps et pour qu'on dise de lui qu'il est courageux, de celui qui effectue le pèlerinage pour qu'on dise de lui (que c'est un *Hâj* (un pèlerin)), qui apprend le Coran pour qu'on dise de lui (qu'il le connaît)… Les œuvres de ces gens sont en apparence pieuses et prescrites, mais en réalité, elles ne sont pas pieuses car elles ne sont pas vouées à Allah, et sont donc rejetées. Allah (ﷻ) dit :

وَمَآ أُمِرُوٓا۟ إِلَّا لِيَعْبُدُوا۟ ٱللَّهَ مُخْلِصِينَ لَهُ ٱلدِّينَ

« ***Il ne leur a été commandé, cependant, que d'adorer Allah, Lui vouant un culte exclusif.*** »[1]

Il n'a été ordonné à chacun que d'adorer Allah par ce qu'Il a légiféré, et de Lui vouer un culte sincère dans ses adorations. Les gens de la sincérité et de la conformité à la Sunna sont les gens de :

إِيَّاكَ نَعْبُدُ وَإِيَّاكَ نَسْتَعِينُ ۝٥

« ***C'est Toi [Seul] que nous adorons, et c'est Toi [Seul] dont nous implorons secours.*** »[2]

Fin de citation. Extrait de l'ouvrage « *Madârij As-Sâlikin* » du grand savant Ibn Al-Qayyim, qu'Allah lui fasse miséricorde, 1/95-97.

---

[1] Sourate ***Al-Bayyinah***, v.5.

[2] Sourate ***Al-Fâtihah***, v.5.

Leçon 61 : Les conditions de la conformité à la Sunna sont au nombre de six

Parole profitable :

Le grand savant jurisconsulte Muhammad Ibn Sâlih Al-cUthaymîn, qu'Allah lui fasse miséricorde, a dit dans son précieux livre « *Al-Ibdâc Fî Kamâl As-Sharc wa Khatar Al-Ibtidâc* », p.21-23 :

« ... Ô mes frères ! Suivre la Sunna du Prophète (*Al-Mutâbacah*) ne se réalise que si l'œuvre est en conformité avec la législation en six points :

1 - Dans sa cause. Comme celui qui prie deux *rakacât* en raison de la pluie (cela n'est pas permis).

2 - Dans son genre. Comme celui qui s'acquitte de la *Zakât-al-fitr* en argent (cela n'est pas permis).

3 - Dans sa quantité. Comme celui qui prie quatre *rakacât* volontairement lors de la prière du *Maghrib* (cela n'est pas permis).

4 - Dans sa manière. Comme celui qui fait ses ablutions en commençant par ses pieds et terminant par son visage (cela n'est pas permis).

5 - Dans son temps. Comme celui qui égorge la bête qu'il doit sacrifier pour *cId al-ad-hâ* pendant le mois de *Ramadân* (cela n'est pas permis).

6 - Dans son lieu. Comme celui qui fait *Al-Ictikâf* (retraite de dévotion dans les mosquées) dans les déserts (cela n'est pas permis).

Ô mes frères ! Accrochez-vous à la Sunna du Messager d'Allah (ﷺ) avec vos molaires, empruntez la voie des pieux prédécesseurs et conformez-vous à leur actes et observez : cela peut-il vous être néfaste ?! » Fin de citation.

Leçon 62 :
La religion de l'Islam repose sur deux bases

Sache mon frère, qu'Allah nous accorde la réussite dans ce qu'Il aime et agrée, que la religion de l'Islam repose sur deux principes de base primordiaux qui sont :

1 – N'adorer qu'Allah Seul sans rien Lui associer

Allah (ﷻ) dit :

قُلْ يَٰٓأَهْلَ ٱلْكِتَٰبِ تَعَالَوْا۟ إِلَىٰ كَلِمَةٍ سَوَآءٍۭ بَيْنَنَا وَبَيْنَكُمْ أَلَّا نَعْبُدَ إِلَّا ٱللَّهَ وَلَا نُشْرِكَ بِهِۦ شَيْـًٔا وَلَا يَتَّخِذَ بَعْضُنَا بَعْضًا أَرْبَابًا مِّن دُونِ ٱللَّهِ ۚ فَإِن تَوَلَّوْا۟ فَقُولُوا۟ ٱشْهَدُوا۟ بِأَنَّا مُسْلِمُونَ ﴿٦٤﴾

« ***Dis : « Ô gens du Livre, venez à une parole commune entre nous et vous : que nous n'adorions qu'Allah, sans rien Lui associer, et que nous ne prenions point les uns les autres pour seigneurs en dehors d'Allah. » Puis, s'ils tournent le dos, dites : « Soyez témoins que nous, nous sommes soumis. »*** »[1]

وَقَضَىٰ رَبُّكَ أَلَّا تَعْبُدُوٓا۟ إِلَّآ إِيَّاهُ

« ***Et ton Seigneur a décrété de n'adorer que Lui.*** »[2]

Et c'est cela le sens de « *Ash-hadu alLâ ilâha illa Allah* » (J'atteste qu'il n'y a de divinité digne d'adoration qu'Allah).

2 – N'adorer Allah qu'avec ce qu'Il a légiféré dans Son Livre ou la Sunna de Son Prophète Muhammad (ﷺ), non pas avec les innovations et l'obéissance aux passions

Allah (ﷻ) dit :

ٱتَّبِعُوا۟ مَآ أُنزِلَ إِلَيْكُم مِّن رَّبِّكُمْ وَلَا تَتَّبِعُوا۟ مِن دُونِهِۦٓ أَوْلِيَآءَ ۗ قَلِيلًا مَّا تَذَكَّرُونَ ﴿٣﴾

« ***Suivez ce qui vous a été descendu venant de votre Seigneur et ne suivez pas d'autres alliés que Lui. Mais vous vous souvenez peu.*** »[3]

---

[1] Sourate *Al ᶜImrân*, v.64.

[2] Sourate *Al-Isrâ'*, v.23.

[3] Sourate *Al-Aᶜrâf*, v.3.

وَمَآ ءَاتَىٰكُمُ ٱلرَّسُولُ فَخُذُوهُ وَمَا نَهَىٰكُمْ عَنْهُ فَٱنتَهُوا۟ ۚ وَٱتَّقُوا۟ ٱللَّهَ ۖ إِنَّ ٱللَّهَ شَدِيدُ ٱلْعِقَابِ

« ***Prenez ce que le Messager vous donne ; et ce qu'il vous interdit, délaissez-le ; et craignez Allah car Allah est dur en punition.*** »[1]

Et c'est cela le sens de « *Ash-hadu anna Muhammad Rassul Allah* » (J'atteste que Muhammad est le Messager d'Allah).

Et Shaykh Al-Islam Ibn Taymiyyah, qu'Allah lui fasse miséricorde, a dit dans son précieux ouvrage « *Iqtidâ as-Sirât Al-Mustaqîm Mukhâlafa Ashâbi-l-Jahîm* », p.451 :

« Ces deux principes regroupent l'essentiel de la religion : n'adorer qu'Allah, et ne L'adorer qu'avec ce qu'Il a légiféré, non avec des innovations… et ces deux principes sont la réalisation des deux attestations qui sont l'élement essentiel de l'Islam… » Fin de citation.

Se référer également à « *At-Tahqîq Wal-Idâh* » de Shaykh Ibn Bâz, qu'Allah lui fasse miséricorde, p.63.

[1] Sourate *Al-Hashr*, v.7.

Leçon 63 : Celui qui ne se suffit pas du Coran et de la Sunna, qu'Allah fasse que rien ne lui suffise

Parole profitable :

Le grand savant Ibn Al-Qayyim a cité dans l'ouvrage « *Zâd Al-Macâd* » 4/352 :

La parole d'Allah (ﷻ) :

أَوَلَمْ يَكْفِهِمْ أَنَّآ أَنزَلْنَا عَلَيْكَ ٱلْكِتَٰبَ يُتْلَىٰ عَلَيْهِمْ

« ***Ne leur suffit-il donc point que Nous ayons fait descendre sur toi le Livre et qu'il leur soit récité ?*** »[1]

Puis il (ibn Al-Qayyim) a dit : « Celui que le Coran ne guérit pas, qu'Allah fasse qu'il ne guérisse pas. Et celui à qui il ne suffit pas, qu'Allah fasse que rien ne lui suffise. » Fin de citation.

Et Abû Ibrâhim[2] dit : « Celui à qui le Coran et la Sunna ne suffisent pas, qu'Allah fasse que rien ne lui suffise. Et celui qui ne se satisfait pas du Coran et de la Sunna, qu'Allah fasse que rien ne le satisfasse. »

[1] Sourate *Al-cAnkabût*, v.51.

[2] NdT : C'est-à-dire Shaykh Muhammad Ibn cAbd Al-Wahhâb Al-Wusâbî, l'auteur de l'ouvrage que le lecteur a entre les mains, qu'Allah le protège.

Leçon 64 :
Définition de l'innovation dans la religion (*Al-bidcah*)

Al-bidcah : C'est toute croyance, parole ou acte introduits après la mort du Prophète (ﷺ) dans le but d'adorer Allah et de se rapprocher de Lui et qui ne repose sur aucune preuve du Coran, ni de la Sunna, ni de ce qu'ont fait les pieux prédécesseurs (*Salafs*).

Les innovations dans la religion (*Al-bidcah*) se divisent en cinq parties, toutes ne sont qu'égarements et certaines sont pires que d'autres :

1- L'innovation dans la croyance (*Bidca ictiqâdiyyah*) : C'est toute croyance en contradiction avec le Coran et la Sunna. Comme par exemple avoir la conviction que les *Aqtâb*, les *Abdâl* et les *Aghwâth*[1] agissent sur cet univers, ou qu'ils connaissent l'invisible. Et ceci est de la mécréance.

2- L'innovation dans les paroles (*Bidca lafdiyyah*) : C'est toute parole prononcée dans le but d'adorer Allah en contradiction avec le Coran et la Sunna. Comme par exemple invoquer Allah en disant Son nom seul « *Allah* », ou le pronom « *Huw* » c.-à-d. : « Lui ».

Se référer au recueil de *Fatâwas* de Shaykh Al-Islam Ibn Taymiyyah, 10/226-229.

3- L'innovation dans les oeuvres (*Bidca cAmaliyyah*) : C'est toute action provenant d'une personne dans le but d'adorer Allah en contradiction avec le Coran et la Sunna, comme par exemple danser en invoquant Allah.

4- L'innovation relative aux biens (*Bidca Mâliyyah*) : C'est tout bien dépensé dans le but d'adorer Allah et qui est en contradiction avec le Coran et la Sunna. Comme par exemple construire des dômes au dessus des tombes ou y placer des cercueils.

5- L'innovation relative au délaissement (*Bidca Tarkiyyah*) : C'est délaisser un précepte religieux ou une chose permise dans le but d'adorer Allah. Comme celui qui délaisse le mariage ou qui ne mange plus de viande pensant que cela est une adoration ou un signe de chasteté.

---

[1] Termes qu'utilisent les soufis pour désigner certains de leurs chefs spirituels à qui ils prêtent des pouvoirs surnaturels voire des caractéristiques divines [NdT].

Leçon 65 :
Autres divisions de l'innovation dans la religion

- **Les innovations se divisent en deux parties :**

1- L'innovation majeure (*Kubrâ*).

2- L'innovation mineure (*Sughrâ*).

Et nous pouvons aussi dire :

1- L'innovation entraînant la mécréance de son auteur (*Mukaffira*).

2- L'innovation entraînant la perversité de son auteur (*Mufassiqa*).

Se référer à l'ouvrage « *Hadî As-Sârî* » du Hâfidh Ibn Hajar, qu'Allah lui fasse miséricorde, p.385.

Et nous pouvons aussi dire :

1- L'innovation faisant sortir de l'Islam.

2- L'innovation ne faisant pas sortir de l'Islam.

Quant à l'innovation majeure, celle qui entraîne la mécréance de son auteur, faisant sortir de l'Islam : c'est celle dont l'auteur atteint le point de mécréance s'il la commet. Comme celui qui adhère aux principes du socialisme, ou du parti *ba*c*th*, ou du nationalisme arabe et autres comme principes de mécréance.

Quant à l'innovation mineure, celle qui entraîne la perversité de son auteur, ne faisant pas sortir de l'Islam : c'est celle dont l'auteur n'atteint pas le point de mécréance s'il la commet. Comme les invocations en groupe en élevant la voix.

Leçon 66 :
Les innovateurs sont de deux genres

- **Les innovateurs se divisent en deux parties** :

1- Ceux qui appellent à leurs innovations.

2- Ceux qui n'appellent pas à leurs innovations.

Se référer à l'ouvrage « *Hadî As-Sârî* » du Hâfidh Ibn Hajar, qu'Allah lui fasse miséricorde, p.385.

Leçon 67 :
Prenez garde aux innovations dans la religion !

1- cÂ'ishah rapporte que le Prophète (ﷺ) a dit : « *Quiconque introduit dans notre religion quelque chose qui n'en fait pas partie, cela sera rejeté.* »[1]

2- Jâbir Ibn cAbdillah (ﷺ) a rapporté que lorsque le Prophète (ﷺ) faisait un sermon, il disait : « ... *Ceci étant, la meilleure des paroles est Le Livre d'Allah et la meilleure voie est celle de Muhammad* (ﷺ). *Et la pire des choses est celle nouvellement introduite dans la religion, [et toute chose nouvellement introduite dans la religion est une innovation] et toute innovation est égarement [et tout égarement mène en Enfer].* »[2]

Médite bien mon frère ces deux nobles hadiths prophétiques authentiques provenant du coeur de la Sunna. Examine-les attentivement et tu trouveras qu'ils sont un remède pour toi - *inshâ Allah* - contre toute innovation introduite dans la religion d'Allah. Ceci étant, le Prophète (ﷺ) a jugé toute innovation comme étant un égarement, il n'a pas dit : certaines sont un égarement et d'autres ne le sont pas. Il a plutôt dit : « Toute (*Kul*) ». Et « Toute (*Kul*) », cher frère, désigne une généralité.

Médite aussi sur la parole du Prophète (ﷺ) : « *Quiconque introduit dans notre religion quelque chose qui n'en fait pas partie, cela sera rejeté.* » C'est à dire que cette chose n'est pas acceptée. Et il n'a pas dit que cela dépendait de l'intention de son auteur. Il l'a plutôt jugée comme étant rejetée.

Et si quelqu'un venait à dire : toute innovation n'est pas égarement, et tout acte introduit dans la religion n'est pas forcément rejeté. Alors dis lui : Qui est plus savant : toi ou le Prophète (ﷺ) ? Et qui craint le plus Allah : toi ou le Prophète (ﷺ) ? S'il revient et atteste de ce qui est explicite dans ces deux hadiths, en a la conviction et œuvre avec leur contenu, il a alors bien agi. Mais s'il persiste sur son premier propos affirmant que toute innovation n'est pas égarement, et que toute chose innovée dans la religion n'est pas forcément rejetée, alors dis-lui : Le Prophète (ﷺ) dit d'un côté : « *Toute innovation est égarement* » et « *Celui qui fait une œuvre non conforme à notre religion, cela sera rejeté.* » Et toi, tu dis d'un autre côté que toute innovation n'est pas égarement, et que tout acte introduit dans la

[1] Al-Bukhârî n°2550 et Muslim 1718. Et Muslim rapporte dans une autre version : « *Celui qui fait une œuvre non conforme à notre religion, elle sera rejetée.* »

[2] Rapporté par Muslim dans « *Al-Jumucah* », n°867 (2/592) et ce sont ses propos. Et An-Nasâ'î dans « *Al-cIdayn* » chap.22, 3/188-189, et les deux ajouts entre crochets sont de lui.

religion n'est pas forcément rejeté ! Dis lui aussi : Tu as, pour ta part, fait scission d'avec Le Messager (ﷺ) ! Et rappelle lui la parole d'Allah (ﷻ) :

وَمَن يُشَاقِقِ ٱلرَّسُولَ مِنۢ بَعۡدِ مَا تَبَيَّنَ لَهُ ٱلۡهُدَىٰ وَيَتَّبِعۡ غَيۡرَ سَبِيلِ ٱلۡمُؤۡمِنِينَ نُوَلِّهِۦ مَا تَوَلَّىٰ وَنُصۡلِهِۦ جَهَنَّمَۖ وَسَآءَتۡ مَصِيرًا ﴿١١٥﴾

« ***Et quiconque fait scission d'avec le Messager, après que le droit chemin lui est apparu et suit un sentier autre que celui des croyants, alors Nous le laisserons comme il s'est détourné, et le brûlerons dans l'Enfer. Et quelle mauvaise destination !*** »[1]

Ô Allah ! Fais que nous mourions en conformité avec le Coran et la Sunna, et épargne-nous toutes les innovations, Ô Seigneur des mondes.

- **Et voici une parole profitable du grand savant Ibn Al-Qayyim,** qu'Allah lui fasse miséricorde, extraite de son livre « *Madârij As-Sâlikîn* » 1/224 :

« L'innovation mène progressivement son auteur de la petite à la grande, jusqu'à ce qu'il soit dépouillé de sa religion comme un cheveu est enlevé d'une pâte. Seuls les gens doués de clairvoyance se rendent compte des méfaits des innovations. Quant aux aveuglés, ils sont perdus dans les pénombres de l'égarement.

وَمَن لَّمۡ يَجۡعَلِ ٱللَّهُ لَهُۥ نُورًا فَمَا لَهُۥ مِن نُّورٍ

« ***Celui qu'Allah prive de lumière n'a aucune lumière.*** »[2]

[1] Sourate *An-Nisâ'*, v.115.

[2] Sourate *An-Nûr*, v.40.

Leçon 68 : Jugement concernant la construction de dômes et de monuments funéraires sur les tombes

1 – D'après Jâbir Ibn ᶜAbdillah (ﷺ) : « *Le Messager d'Allah (ﷺ) a interdit de plâtrer les tombes, de s'asseoir dessus ainsi que de construire un édifice dessus.* »[1]

2 – Abû-l-Hayyâj Al-Assadî a dit : ᶜAlî Ibn Abî Tâlib (ﷺ) m'a dit : Veux-tu que je t'envoie avec l'ordre avec lequel le Prophète (ﷺ) m'a envoyé ? « *Ne laisse aucune statue sans la détruire, ni aucune tombe surélevée sans l'aplanir.* »

Et dans une autre version de Muslim : « *Et aucune image (d'êtres possédant une âme) sans l'effacer.* »[2]

- **Je dis** : On déduit de ces deux hadiths ce qui suit :

1 – L'interdiction de construire des édifices sur les tombes.

2 – L'interdiction de plâtrer les tombes.

3 – L'interdiction de s'asseoir dessus.

4 – L'interdiction de représenter des êtres possédant une âme.

5 – L'obligation d'effacer les représentations d'êtres possédant une âme.

6 – L'obligation de détruire ce qui a été construit sur les tombes si cela dépasse un empan.

Le grand savant As-Shawkânî, qu'Allah lui fasse miséricorde, a dit dans son livre « *Sharh As-Sudur bi Tahrîm Rafᶜ Al-Qubur* » :

« Si cela est établi, on sait que surélever les tombes et construire des dômes par dessus, des mosquées ou des monuments funéraires est interdit, le Prophète (ﷺ) ayant maudit ceux qui le font. Parfois comme vu précédemment, et parfois en disant : « *Que s'accroisse la colère d'Allah contre ceux qui ont pris les tombes de leurs prophètes comme lieux de prière.* » Il a invoqué Allah pour que s'aggrave Sa colère contre eux pour ce qu'ils ont commis comme péché, et cela est rapporté dans le Sahîh.

Et d'autres fois, il a interdit cela. Et il a aussi envoyé des émissaires pour les détruire. Et il a parfois considéré cela comme étant une des caractéristiques des juifs et des chrétiens, ou encore en disant : « *Ne faites*

---

[1] Rapporté par Muslim n°970.
[2] Rapporté par Muslim n°969.

pas de ma tombe un monument que l'on adore » ou : « *Ne faites pas de ma tombe un lieu de pèlerinage* », c'est-à-dire une période où les gens s'y rassemblent. Comme se sont mis à le faire beaucoup d'adorateurs des tombes avec certains morts, établissant certaines périodes connues où ils se réunissent auprès de leurs tombes, leur vouant des actes de dévotion (sacrifices) et s'y dévouant. Chacun connaît les actes de ces désemparés qui ont délaissé l'adoration d'Allah, Lui qui les a créés, les nourrit, les fait mourir et les fera revivre, et ont adoré un serviteur parmi les serviteurs d'Allah se trouvant au fond de la terre, ne pouvant pour lui-même ni profit, ni dommage, conformément à ce qu'Allah a ordonné à Son Prophète (ﷺ) de dire :

قُل لَّآ أَمۡلِكُ لِنَفۡسِى نَفۡعًا وَلَا ضَرًّا

« ***Dis : ‹Je ne détiens pour moi-même ni profit ni dommage.*** »[1]

Méditez comment le meilleur des gens et l'élu d'Allah parmi Sa création dit sur ordre de Son Seigneur qu'il ne détient pour lui-même ni profit ni dommage. Le Prophète (ﷺ) a aussi dit : « *Ô Fâtimah fille de Muhammad ! Je ne te serais d'aucun secours auprès d'Allah.* » Si le Messager d'Allah tient ces propos sur lui-même et sur ce qu'il a de plus proche et de plus aimé, qu'en est-il alors du reste des morts qui n'ont pas été des prophètes préservés, ni des messagers envoyés ? Ils ne sont tout au plus que des membres de cette communauté et des gens parmi tant d'autres de cette religion musulmane. Ce mort dans sa tombe est incapable, bien plus qu'incapable, d'apporter un bien ou de repousser un mal. Et comment ne serait-il pas impuissant face à une chose concernant laquelle le Prophète (ﷺ) lui-même était impuissant ? Et il en a d'ailleurs informé sa communauté comme il en a été informé. Allah lui a ordonné de dire aux gens qu'il ne détient pour lui-même ni profit ni dommage, et qu'il ne peut être d'aucun secours auprès d'Allah pour la personne qu'il a de plus proche.

Comme cela est étonnant ! Comment une personne dotée de la moindre part de science ou d'un minimum de connaissance peut prétendre qu'un membre de la communauté du Prophète (ﷺ) puisse lui apporter quelque profit ou dommage, alors que le Prophète (ﷺ) tient ces propos sur lui-même ? Le fait est que ce mort fait partie de ceux qui se doivent de le suivre et d'obéir à sa législation. Est-ce que tes oreilles ont entendu – qu'Allah t'accorde Sa droiture – un égarement de la raison plus grand que celui dans lequel sont tombés les adorateurs des gens des tombes ?!

---

[1] Sourate *Al-Acrâf*, v.188.

إِنَّا لِلَّهِ وَإِنَّآ إِلَيْهِ رَٰجِعُونَ

« ***Nous appartenons à Allah, et c'est à Lui que nous retournerons.*** »[1]

Fin de citation tirée de « *Sharh As-Sudur* », p.75-76 contenu dans « *Majmu^ca at-Tawhîd* ».

- **Shaykh Al-Islam Ibn Taymiyyah**, qu'Allah lui fasse miséricorde, dit dans son livre « *Iqtidâ As-Sirât Al-Mustaqîm* », p.319 :

« Ces monuments funéraires futiles n'ont été érigés que pour chercher à imiter les maisons d'Allah (les mosquées) et pour donner de l'importance à ce à quoi Allah n'en a pas donné, pour se vouer à ce qui n'apporte ni bien, ni mal, et afin d'obstruer le sentier d'Allah aux gens. »

[1] Sourate ***Al-Baqarah***, v.156.

Leçon 69 : L'interdiction de prier en direction des tombes

D'après Abû Marthad Al-Ghanawî, le Prophète (ﷺ) a dit : « *Ne priez pas en direction des tombes et ne vous asseyez pas dessus.* »[1]

- **Je dis** : Le texte est clair concernant l'interdiction de prier en direction des tombes et celle de s'asseoir dessus. Comme cité dans la règle des spécialistes en fondements de la jusrisprudence : « La base dans la prohibition est l'indication du caractère illicite, sauf si une preuve vient détourner cela. » Or, ici, il n'y a pas de preuve venant détourner cette prohibition. Que ceux, donc, qui s'opposent aux commandements d'Allah et de Son Prophète (ﷺ) craignent Allah, et qu'ils se rappellent Sa parole (ﷻ) :

فَلْيَحْذَرِ ٱلَّذِينَ يُخَالِفُونَ عَنْ أَمْرِهِۦٓ أَن تُصِيبَهُمْ فِتْنَةٌ أَوْ يُصِيبَهُمْ عَذَابٌ أَلِيمٌ

« ***Que ceux, donc, qui s'opposent à son commandement prennent garde qu'une épreuve ne les atteigne, ou que ne les atteigne un châtiment douloureux.*** »[2]

[1] Rapporté par Muslim n°972.
[2] Sourate ***An-Nûr***, v.63.

Leçon 70 : Jugement concernant les visites annuelles déterminées de certaines tombes

Question : Est-ce que la législation approuve les visites annuelles déterminées de certaines tombes où les gens dansent, où se mêlent hommes et femmes et où adviennent d'autres choses répréhensibles ?

Réponse : Allah étant Celui qui guide à la vérité, est que la législation n'approuve pas ces visites annuelles déterminées de certaines tombes où les gens dansent, où se mêlent hommes et femmes et où adviennent d'autres choses répréhensibles. Elles font plutôt partie des choses innovées dans la religion et des mauvaises coutumes ne reposant sur aucune preuve révélée par Allah. Le devoir des responsables - qu'Allah nous raffermisse ainsi qu'eux sur la vérité - et des savants - qu'Allah nous accorde la réussite ainsi qu'à eux - est de changer cette horrible chose répréhensible qui conduit à la destruction de la croyance authentique de l'Islam dans les cœurs des hommes et des femmes à cause de leurs invocations, de leurs sacrifices ou de leurs vœux pour autre qu'Allah, et à la déchéance des mœurs et des valeurs musulmanes.

Et les preuves concernant la mise en garde contre les innovations dans la religion ont précédé et le lecteur pourra s'y référerer. Ces visites annuelles déterminées de certaines tombes font partie des innovations dans la religion du fait qu'ils les ont spécifiées dans un temps, un endroit, une tombe sans aucune preuve légiférée. Et il peut se mêler à ces visites certaines choses répréhensibles ou d'autres comme l'association (*shirk*), qu'Allah nous en préserve. De plus, sachez - qu'Allah nous accorde le succès - que les visites des tombes se divisent en trois parties qui sont :

1 – Les visites légiférées.

2 – Les visites innovées.

3 – Les visites considérées comme étant de l'association (*shirk*).

1 - Quant aux visites légiférées : Ce sont celles qui sont légiférées en Islam ; elles doivent respecter ces trois conditions :

- Première condition : Ne pas voyager pour les visiter.

D'après Abû Sacîd Al-Khudrî (ﷺ), le Prophète (ﷺ) a dit : « *Ne sanglez les montures (c.-à-d. ne voyagez) que pour aller à trois mosquées : ma mosquée, la Mosquée Sacrée (masjid-al-Harâm) et la mosquée de Jérusalem (masjid al-Aqsâ).* »[1]

– Seconde condition : Ne pas y tenir de propos inconvenants.

D'après Buraydah (ﷺ), le Prophète (ﷺ) a dit : « *Je vous avais interdit de visiter les tombes, faîtes-le à présent.* »[2]

Et An-Nasâ'î l'a rapporté dans « *Al-Janâ'iz* », chap.100, 4/89 comme suit : « *Je vous avais interdit de visiter les tombes. Que celui qui veut maintenant les visiter le fasse, et n'y tenez pas de propos inconvenants (Hujr)* » Sa chaîne de transmission est authentique.

Concernant la parole du Prophète (ﷺ) : « ... *et n'y tenez pas de propos inconvenants (Hujr)* » : « *Hujr* » : ce sont les propos indécents. Se référer à « *An-Nihâyah* » d'Ibn Al-Athîr, 5/245.

- **Je dis** : Médite, qu'Allah te fasse miséricorde, comment le Prophète (ﷺ) nous a interdit de tenir des propos inconvenants et vains lors des visites des tombes. Et quel propos est plus indécent et vain que d'invoquer les morts ou de chercher protection auprès d'eux en dehors d'Allah ? Par Allah ! Cela est le comble de l'inconvenant et du vain ! Mais comme Allah (ﷻ) dit :

وَلَٰكِنَّ أَكْثَرَ ٱلنَّاسِ لَا يَعْلَمُونَ

« ***... mais la plupart des gens ne savent pas.*** »

À onze reprises dans le Noble Coran : Dans les sourates *Al-Acrâf* v187, *Yûsuf* v21, v40 et v68. *An-Nahl* v38. *Ar-Rûm* v6, v30. *Saba'* v28, v36. *Ghâfir* v57. *Al-Jâthiyah* v26.

Et c'est Allah qui dit la vérité, comme dans Sa parole :

وَمَا يُؤْمِنُ أَكْثَرُهُم بِٱللَّهِ إِلَّا وَهُم مُّشْرِكُونَ ﴿١٠٦﴾

« ***Et la plupart d'entre eux ne croient en Allah qu'en lui donnant des associés.*** »[3]

---

[1] Rapporté par Al-Bukhârî n°1139 en ces termes : « *Les montures ne doivent être sanglées (on ne doit voyager) que pour...* » Et Muslim dans « *Al-Hajj* » 2/976 n°415, et c'est sa version. Et Al-Bukhârî n°1132 et Muslim n°1397 d'après Abû Hurayrah avec les termes indiquant la négation.

[2] Rapporté par Muslim n°977.

[3] Sourate ***Yûsuf***, v.106.

– <u>Troisième condition</u> : Ne pas spécifier ces visites en une période déterminée, car il n'y a aucune preuve à ce sujet.

2 – Quant aux visites innovées : Ce sont celles qui ne respectent pas une ou plusieurs de ces conditions.

3 – Quant aux visites considérées comme étant de l'association (*shirk*) : Ce sont celles où son auteur tombe dans l'une des catégories de l'association (*shirk*). Comme invoquer autre qu'Allah, égorger ou faire un vœu pour autre qu'Allah, chercher protection, aide, ou secours auprès d'autres qu'Allah ; ou demander un enfant, l'assistance, la pluie, la guérison à autre qu'Allah ; ou solliciter autre qu'Allah pour repousser un ennemi, un mal, apporter un quelconque profit ; ou d'autres choses similaires parmi les différentes sortes d'association.

Se référer au recueil de *Fatâwas* de Shaykh Al-Islam Ibn Taymiyyah, qu'Allah lui fasse miséricorde, 1/165-166.

Leçon 71 : Le statut juridique concernant celui qui prend les cimetières pour routes et terrains de jeu

Question : Est-il permis de prendre les cimetières pour chemins ou parkings, ou de commettre d'autres manques de respect ?

Réponse : Allah étant Celui qui guide à la vérité, est que les offenses et les injustices sont interdites, qu'elles soient perpétrées à l'encontre des êtres vivants ou des morts. L'interdiction est même d'autant plus grande pour les morts en raison de ce qu'il est rapporté dans ces deux nobles hadiths :

1- D'après Abû Hurayrah (ﷺ), le Prophète (ﷺ) a dit : « *Il est préférable à l'un de vous de s'asseoir sur une braise qui lui brûle ses vêtements jusqu'à atteindre sa peau que de s'asseoir sur une tombe.* »[1]

2- D'après ᶜUqbah Ibn ᶜÂmir (ﷺ), le Prophète (ﷺ) a dit : « *Il m'est préférable de marcher sur des braises ou un sabre, ou de coudre mes sandales à mes pieds que de marcher sur la tombe d'un musulman. Et, pour moi, faire ses besoins au milieu des tombes est égal à les faire en plein milieu d'un marché.* »[2]

- **Je dis** : Ceci étant, il est interdit à un musulman qui croit en Allah et au Jour Dernier de porter préjudice à son frère musulman, qu'il soit vivant ou mort. Il incombe à l'Etat d'empêcher l'injustice de ceux qui prennent les cimetières pour routes, marchés ou lieux de rassemblement. Et il incombe aux savants de montrer la vérité, Allah étant Celui qui accorde le succès.

Shaykh Al-Islam Ibn Taymiyyah, qu'Allah lui fasse miséricorde, a dit dans son livre « *Iqtidâ As-Sirât Al-Mustaqîm* » p.325 :

« Les tombes des musulmans ont un caractère sacré comme rapporté dans la Sunna, car elles sont la demeure des musulmans une fois morts. Et il est unanimement convenu qu'il est interdit d'y jeter des impuretés, de marcher dessus, de les piétiner ou de s'y étendre, d'après nous et l'ensemble des savants. Il est également interdit d'y porter préjudice aux morts en proférant des paroles ou en commettant des actes ignobles. Il est recommandé lorsqu'on leur rend visite de saluer ses occupants et d'invoquer Allah pour eux. Et plus le mort a de mérite, plus son droit est avéré. »

---

[1] Rapporté par Muslim n°971.

[2] Rapporté par Ibn Mâjah 1/499 avec une chaîne de transmission authentique. Voir « *Al-Jâmiᶜ As-Sahîh* » de Shaykh Muqbil 2/280.

Le grand savant Shaykh Al-Albânî, qu'Allah lui fasse miséricorde, a dit dans « *Ahkâm Al-Janâ-iz* » p.298,299 :

« On déduit de cela le délit perpétré par quelques administrations musulmanes qui font disparaître certains cimetières musulmans, qui les profanent à cause de l'organisation urbaine sans prendre en considération leur caractère sacré et l'interdiction de les piétiner, de casser les os des morts ou autre. Et que personne ne s'imagine que l'organisation désignée justifie ces transgressions. Oh que non ! Car elle ne fait pas partie des nécessités mais plutôt des choses superflues ne justifiant pas l'outrage commis envers ces morts. Que les vivants organisent donc leurs affaires sans porter préjudice à leurs morts.

Et parmi les choses étranges qu'il convient de souligner est que nous constatons que ces administrations sont beaucoup plus respectueuses des pierres ou des édifices érigés au dessus de certaines tombes que des morts eux-mêmes. En effet, si certains de ces édifices se trouvent au milieu du plan de leur prétendue organisation, comme des coupoles, des églises ou autres, ils les laissent tels qu'ils sont et remanient ce plan afin que ces constructions demeurent car ils les considèrent comme faisant partie des vestiges anciens ! Quant aux tombes des morts, elles ne méritent pas selon eux ces remaniements. » Fin de citation.

Et Shaykh Muqbil, qu'Allah lui fasse miséricorde, a été questionné à propos de ceux qui prennent les tombes pour marchés, comme dans « *Qamᶜ Al-Muᶜânid* » 1/165. Voici sa réponse :

« Les cimetières sont considérés comme les demeures des morts. Il n'est donc permis à personne de s'asseoir dessus ni de passer par dessus, que ce soit à pieds ou à bord d'un véhicule… ni de transformer l'endroit en terrain de jeu, en institut, en école ou en mosquée et autres sortes d'intérêt…

Le devoir des musulmans est de s'abstenir de cela. Et même si une maison de cinq étages ou plus a été construite sur un cimetière, il n'est pas permis d'y habiter car le Prophète (ﷺ) a interdit de s'asseoir sur les tombes. » Fin de citation.

Leçon 72 : L'interdiction de porter préjudice aux musulmans

- **L'Imam At-Tirmidhî** cite dans son *Jâmi*[c] (4/378, n°2032) :

Yahya Ibn Aktham et Al-Jarud Ibn Mu[c]adh ont rapporté d'après Al-Fadl Ibn Mûsâ, d'après Al-Husayn Ibn Wâqid, d'après Awfâ Ibn Dilham, d'après Nâfi[c], d'après Ibn [c]Umar qui a dit : Le Prophète (ﷺ) est monté sur le Minbar et a appelé d'une voix haute en disant : « *Ô vous qui êtes devenus musulmans par la parole et dont la foi ne s'est pas encore répandue dans les cœurs : ne portez pas préjudice aux musulmans, ne les prenez pas en raillerie pas et ne soyez pas à la recherche de leurs défauts. Car quiconque poursuit les défauts de son frère musulman, Allah poursuivra les siens. Et celui dont Allah poursuit ses défauts sera dévoilé, même s'il se trouve au sein de sa demeure.* »

Les rapporteurs de la chaîne de transmission du hadith sont :

- Yahya Ibn Aktham : le jurisconsulte et juge. Il est cité dans l'ouvrage intitulé *At-Taqrîb* comme étant un homme droit, il y a des critiques le concernant. Voir l'ouvrage *At-Tahdhîb* 11/179. Mais ici se joint à lui Al-Jarud. Et Al-Jarud Ibn Mu[c]adh : An-Nasâ'î l'a jugé digne de confiance comme cité dans *At-Tahdhîb* 2/53.

- Al-Fadl Ibn Mûsâ : il est digne de confiance selon plusieurs personnes. Se référer à *At-Tahdhîb* 7/286.

- Al-Husayn Ibn Wâqid : juge de Maru, il est digne de confiance selon Yahya Ibn Ma[c]în. Abû Zur[c]ah et An-Nasâ'î ont dit de lui qu'il était convenable. Voir *At-Tahdhîb* 2/373. Awfâ Ibn Dilham : il est digne de confiance selon An-Nasâ'î. Voir *At-Tahdhîb* 1/385.

- Nafi[c] : L'affranchi de [c]Abd Allah Ibn [c]Umar. Il est cité dans *At-Taqrîb* comme étant un homme de confiance, sage, de science.

- Ibn [c]Umar : c'est Abd Allah Ibn [c]Umar, compagnon fils d'un compagnon.

- **Je dis** : Ce hadith est authentique, louange à Allah. Il contient les preuves concernant l'interdiction de porter préjudice aux musulmans, de les prendre en raillerie ou d'être à la recherche de leurs défauts. Et Shaykh Al-Albânî, qu'Allah lui fasse miséricorde, l'a authentifié dans « *Sahîh Al-Jâmi*[c] » n°7985. Et se référer à « *Al-Jâmi*[c] *As-Sahîh*» de Shaykh Muqbil 1/285-286.

Leçon 73 : L'appel à la voie d'Allah

L'appel à la voie d'Allah fait partie des plus grandes formes d'obéissance à Allah et rapproche de Lui. C'est pour cela qu'Il l'a enjoint à Ses serviteurs.

Allah (ﷻ) dit :

قُلْ هَٰذِهِۦ سَبِيلِىٓ أَدْعُوٓا۟ إِلَى ٱللَّهِ ۚ عَلَىٰ بَصِيرَةٍ أَنَا۠ وَمَنِ ٱتَّبَعَنِى ۖ وَسُبْحَٰنَ ٱللَّهِ وَمَآ أَنَا۠ مِنَ ٱلْمُشْرِكِينَ ﴿١٠٨﴾

« Dis : Voici ma voie, j'appelle les gens [à la religion] d'Allah, moi et ceux qui me suivent, nous basant sur une preuve évidente. Gloire à Allah ! Et je ne suis point du nombre des associateurs. »[1]

ٱدْعُ إِلَىٰ سَبِيلِ رَبِّكَ بِٱلْحِكْمَةِ وَٱلْمَوْعِظَةِ ٱلْحَسَنَةِ ۖ وَجَٰدِلْهُم بِٱلَّتِى هِىَ أَحْسَنُ ۚ

« Par la sagesse et la bonne exhortation appelle (les gens) au sentier de ton Seigneur. Et discute avec eux de la meilleure façon. »[2]

وَٱدْعُ إِلَىٰ رَبِّكَ ۖ وَلَا تَكُونَنَّ مِنَ ٱلْمُشْرِكِينَ

« Appelle les gens vers ton Seigneur et ne sois point du nombre des associateurs. »[3]

وَمَنْ أَحْسَنُ قَوْلًا مِّمَّن دَعَآ إِلَى ٱللَّهِ وَعَمِلَ صَٰلِحًا وَقَالَ إِنَّنِى مِنَ ٱلْمُسْلِمِينَ

« Et qui profère plus belles paroles que celui qui appelle à Allah, fait bonne oeuvre et dit : ‹Je suis du nombre des Musulmans› ? »[4]

وَٱلَّذِينَ ءَاتَيْنَٰهُمُ ٱلْكِتَٰبَ يَفْرَحُونَ بِمَآ أُنزِلَ إِلَيْكَ ۖ وَمِنَ ٱلْأَحْزَابِ مَن يُنكِرُ بَعْضَهُۥ ۚ قُلْ إِنَّمَآ أُمِرْتُ أَنْ أَعْبُدَ ٱللَّهَ وَلَآ أُشْرِكَ بِهِۦٓ ۚ إِلَيْهِ أَدْعُوا۟ وَإِلَيْهِ مَـَٔابِ ﴿٣٦﴾

« Et ceux à qui Nous avons déjà donné le Livre se réjouissent de ce qu'on a fait descendre vers toi. Tandis que certaines factions en rejettent une partie. Dis : Il m'a seulement été commandé d'adorer Allah et de ne rien

1 Sourate *Yûsuf*, v.108.
2 Sourate *An-Nahl*, v.125.
3 Sourate *Al-Qasas*, v.87.
4 Sourate *Fussilat*, v.33.

Lui associer. C'est à Lui que j'appelle [les gens], Et c'est vers Lui que sera mon retour. »[1]

وَٱدْعُ إِلَىٰ رَبِّكَ ۖ إِنَّكَ لَعَلَىٰ هُدًى مُّسْتَقِيمٍ

« ***Et appelle à ton Seigneur. Tu es certes sur une voie droite.*** »[2]

Et le croyant de la famille de Pharaon a dit :

وَيَٰقَوْمِ مَا لِىٓ أَدْعُوكُمْ إِلَى ٱلنَّجَوٰةِ وَتَدْعُونَنِىٓ إِلَى ٱلنَّارِ ﴿٤١﴾ تَدْعُونَنِى لِأَكْفُرَ بِٱللَّهِ وَأُشْرِكَ بِهِۦ مَا لَيْسَ لِى بِهِۦ عِلْمٌ وَأَنَا۠ أَدْعُوكُمْ إِلَى ٱلْعَزِيزِ ٱلْغَفَّٰرِ ﴿٤٢﴾

« ***Ô mon peuple, mais qu'ai-je à vous appeler au salut, alors que vous m'appelez au Feu ? Vous m'invitez à renier Allah et à Lui donner des associés dont je n'ai aucun savoir, alors que je vous appelle au Tout Puissant, au Grand Pardonneur.*** »[3]

Et Allah (ﷻ) dit :

يَٰٓأَيُّهَا ٱلنَّبِىُّ إِنَّآ أَرْسَلْنَٰكَ شَٰهِدًا وَمُبَشِّرًا وَنَذِيرًا ﴿٤٥﴾ وَدَاعِيًا إِلَى ٱللَّهِ بِإِذْنِهِۦ وَسِرَاجًا مُّنِيرًا

« ***Ô Prophète ! Nous t'avons envoyé [pour être] témoin, annonciateur, avertisseur, appelant (les gens) à Allah, par Sa permission ; et comme une lampe éclairante.*** »[4]

Et les preuves de la Sunna sont nombreuses, parmi celles-ci :

1 – D'après Abû Masᶜud ᶜUqbah Ibn ᶜAmr Al-An*s*ârî Al-Badrî (رضي الله عنه), le Prophète (ﷺ) a dit : « *Quiconque indique une bonne œuvre a la même récompense que celui qui l'accomplit.* »[5]

2 – D'après Abû Hurayrah (رضي الله عنه), le Prophète (ﷺ) a dit : « *Quiconque indique une bonne œuvre obtient la récompense de tous ceux qui l'accomplissent, sans que cela ne diminue en quoi que ce soit leur récompense. Et celui qui appelle à un égarement obtient le péché de tous ceux qui le suivent, sans que cela ne diminue en quoi que ce soit leur péché.* »[6]

---

[1] Sourate *Ar-Raᶜd*, v.36.

[2] Sourate *Al-Hajj*, v.67.

[3] Sourate *Ghâfir*, v.41-42.

[4] Sourate *Al-Ahzâb*, v.45-46.

[5] Rapporté par Muslim n°1893.

[6] Rapporté par Muslim n°2674.

3 – D'après Abû-l-ᶜAbbâs Sahl Ibn Saᶜd As-Sâᶜidî (ﷺ), le Prophète (ﷺ) a dit le jour de Khaybar : « *Demain je confierai l'étendard à un homme par lequel Allah nous donnera la victoire ; il aime Allah et Son Messager, et Allah et Son Messager l'aiment.* » Les présents passèrent la nuit à se demander qui allait être cet homme. Le lendemain matin, les fidèles se rendirent auprès du Messager d'Allah (ﷺ), chacun d'eux espérant recevoir l'étendard. Le Prophète (ﷺ) demanda : « *Où est ᶜAlî Ibn Abî Tâlib ?* » On lui répondit : « Ô Messager d'Allah, il souffre de ses yeux. » Le Prophète (ﷺ) reprit : « *Qu'on aille le chercher !* » On l'amena et le Messager d'Allah (ﷺ) cracha dans ses yeux et fit une invocation. ᶜAlî guérit aussitôt comme si aucun mal ne l'avait touché. Le Prophète (ﷺ) lui ayant remis l'étendard, ᶜAlî dit: « Ô Messager d'Allah, dois-je les combattre jusqu'à ce qu'ils soient (musulmans) comme nous ? » Le Prophète (ﷺ) répondit : « *Avance tranquillement jusqu'à atteindre leur terre puis appelle-les à l'Islam et informe-les de ce qui leur incombe concernant le droit d'Allah. Par Allah ! Le fait qu'Allah guide par ton intermédiaire un seul homme vaut mieux pour toi que les (précieuses) chamelles rousses.* »[1]

Shaykh Al-Islam Ibn Taymiyyah, qu'Allah lui fasse miséricorde, a dit dans son précieux livre « *Iqtidâ As-Sirât Al-Mustaqîm* » p.453 :

« Celui qui appelle à autre qu'Allah a certes commis de l'association (*shirk*). Et celui qui appelle à Allah sans Son autorisation a certes commis de l'innovation. Or l'association est une innovation, et l'innovateur emprunte la voie qui mène à l'association. Et on ne trouve pas d'innovateur qui échappe à un genre d'association… »

- **Je dis** : Que le musulman prenne donc garde contre le fait d'appeler les gens à l'esprit de parti (*hizbiyya*) ou aux innovations. Il ne doit les appeler qu'à la voie de leur Créateur (ﷻ) selon ce qu'Il a légiféré, non pas avec les innovations et les passions.

[1] Rapporté par Al-Bukhârî n°3498 et Muslim n°2674.

Leçon 74 : Les gens de la Sunna ne taxent aucune personne parmi les musulmans de mécréance

Shaykh Al-Islam Ibn Taymiyyah, qu'Allah lui fasse miséricorde, a dit dans son précieux livre « *Al-ᶜaqîda al-Wâsitiyyah* », p.67 :

« On trouve parmi les fondements des gens de la Sunna et du Consensus (*Ahl as-sunna wal jamâᶜah*) que la religion et la foi (*Al-Îmân*) sont à la fois paroles et œuvres : paroles du cœur et de la langue ; œuvres du cœur, de la langue et des membres. Et la foi augmente avec l'obéissance, et diminue avec la désobéissance. De plus, ils ne taxent pas de mécréance les gens de la *Qibla* pour une quelconque désobéissance ou de grands péchés[1], comme le font les *Khawârij*. Bien au contraire, la fraternité dans la foi (*al-ukhuwwa al-imâniyyah*) subsiste malgré les désobéissances, comme Allah (ﷻ) a dit dans le verset du Talion (*Al-Qisâs*) :

فَمَنْ عُفِيَ لَهُۥ مِنْ أَخِيهِ شَىْءٌ فَٱتِّبَاعٌۢ بِٱلْمَعْرُوفِ وَأَدَآءٌ إِلَيْهِ بِإِحْسَٰنٍ

« ***Celui à qui son frère aura pardonné en quelque façon doit faire face à une requête convenable.*** »[2]

وَإِن طَآئِفَتَانِ مِنَ ٱلْمُؤْمِنِينَ ٱقْتَتَلُوا۟ فَأَصْلِحُوا۟ بَيْنَهُمَا ۖ فَإِنۢ بَغَتْ إِحْدَىٰهُمَا عَلَى ٱلْأُخْرَىٰ فَقَٰتِلُوا۟ ٱلَّتِى تَبْغِى حَتَّىٰ تَفِىٓءَ إِلَىٰٓ أَمْرِ ٱللَّهِ ۚ فَإِن فَآءَتْ فَأَصْلِحُوا۟ بَيْنَهُمَا بِٱلْعَدْلِ وَأَقْسِطُوٓا۟ ۖ إِنَّ ٱللَّهَ يُحِبُّ ٱلْمُقْسِطِينَ ﴿٩﴾ إِنَّمَا ٱلْمُؤْمِنُونَ إِخْوَةٌ فَأَصْلِحُوا۟ بَيْنَ أَخَوَيْكُمْ ۚ وَٱتَّقُوا۟ ٱللَّهَ لَعَلَّكُمْ تُرْحَمُونَ ﴿١٠﴾

« ***Et si deux groupes de croyants se combattent, faites la conciliation entre eux. Si l'un d'eux se rebelle contre l'autre, combattez le groupe qui se rebelle, jusqu'à ce qu'il se conforme à l'ordre d'Allah. Puis, s'il s'y conforme, réconciliez-les avec justice et soyez équitables car Allah aime les équitables. Les croyants ne sont que des frères. Etablissez la concorde entre vos frères, et craignez Allah, afin qu'on vous fasse miséricorde.*** »[3]

---

[1] NdT : Observez bien que l'auteur a dit : « *pour une quelconque désobéissance ou de grands péchés* » et non pas « *pour une désobéissance ou de grands péchés.* » Car il y a certaines désobéissances qui sont de la mécréance. Fin de citation.
Voir l'explication de « *Al-ᶜaqîda al-Wâsitiyyah* » de Shaykh Ibn ᶜUthaymin, p.580.

[2] Sourate ***Al-Baqarah,*** v.178.

[3] Sourate ***Al-Hujurât,*** v.9-10.

Et *Ahl as-sunna wal-jamâcah* ne retirent pas au musulman désobéissant (*Al-Fâssiq Al-Millî*)[1] le nom de croyant (*mu'min*), et ils ne disent pas qu'il demeurera éternellement en Enfer comme le prétendent les *Mu^ctazillah.* Le musulman désobéissant (*Al-Fâsiq*) conserve la foi, mais elle est amoindrie, comme cité dans la parole d'Allah (ﷻ) :

وَمَن قَتَلَ مُؤۡمِنًا خَطَـًٔا فَتَحۡرِيرُ رَقَبَةٖ مُّؤۡمِنَةٖ وَدِيَةٞ

« ***Quiconque tue un croyant par erreur se libérera par l'affranchissement d'un esclave croyant.*** »[2]

On ne saurait cependant lui appliquer le nom de croyant à la foi complète, comme dans la parole d'Allah (ﷻ) :

إِنَّمَا ٱلۡمُؤۡمِنُونَ ٱلَّذِينَ إِذَا ذُكِرَ ٱللَّهُ وَجِلَتۡ قُلُوبُهُمۡ وَإِذَا تُلِيَتۡ عَلَيۡهِمۡ ءَايَٰتُهُۥ زَادَتۡهُمۡ إِيمَٰنٗا وَعَلَىٰ رَبِّهِمۡ يَتَوَكَّلُونَ ٢

« ***Les vrais croyants sont ceux dont les coeurs frémissent quand on mentionne Allah. Et quand Ses versets leur sont récités, cela fait augmenter leur foi.*** »[3]

Et dans la parole du Prophète (ﷺ) : « *Le fornicateur, au moment où il fornique, n'est pas un croyant à la foi complète ; le voleur, au moment où il vole, n'est pas un croyant à la foi complète ; l'homme qui boit du vin, au moment où il boit, n'est pas un croyant à la foi complète ; l'homme qui s'approprie illégalement un bien précieux au su et au vu des gens, n'est pas un croyant à la foi complète au moment où il le fait.* »[4]

Nous disons qu'il s'agit plutôt d'un croyant dont la foi est amoindrie ; ou qu'il est croyant par sa foi et désobéissant par son péché majeur. On ne lui attribue donc pas le nom de croyant à la foi complète, mais on ne le dépouille pas non plus du nom de musulman possédant la base de sa foi. » Fin de citation.

L'imam At-Tahâwî, qu'Allah lui fasse miséricorde, a dit :

---

[1] N. du T. : *Al-Fâssiq Al-Millî* : C'est le pervers qui ne sort pas de l'Islâm, c.-à-d. celui qui commet un péché majeur (ne faisant pas sortir de l'Islâm) ou persiste sur le péché mineur. Fin de citation.
Voir l'explication de « *Al-^caqîda al-Wâssitiyya* » du Shaikh Ibn ^cUtheymin, p.583.

[2] Sourate ***An-Nisâ'***, v.92.

[3] Sourate ***Al-Anfâl***, v.2.

[4] Rapporté par Al-Bukhârî n°2343 et Muslim n°57, d'après Abû Hurayrah

« Nous ne taxons aucun membre de cette *Qibla* de mécréance à cause d'un péché, tant qu'il ne le considère pas comme étant licite. Et nous ne disons pas que le péché n'affecte pas la foi de celui qui le commet. »

Voir l'explication de « *Al-cAqîda At-Tahâwiyyah* » avec l'authentification des hadiths faite par Shaykh Al-Albânî, qu'Allah lui fasse miséricorde, p.316.

L'imam At-Tahâwî, qu'Allah lui fasse miséricorde, a également dit :

« Nous espérons pour les bienfaisants parmi les musulmans qu'Allah leur pardonne et les fasse entrer au Paradis par Sa miséricorde. Et nous ne leur garantissons rien, ne témoignons pas pour eux du Paradis. Nous demandons le pardon d'Allah pour ceux d'entre eux qui ont commis des fautes. Nous craignons pour eux sans pour autant désespérer. »

Voir l'explication de « *Al-cAqîda At-Tahâwiyyah* » avec l'authentification des hadiths faite par notre Shaykh, spécialiste du hadith de cette époque : Shaykh Al-Albânî, qu'Allah lui fasse miséricorde, p.325.

Muwaffaq Ad-Dîn Ibn Qudâma Al-Maqdisî, qu'Allah lui fasse miséricorde, a dit dans son livre « *Lumcatu-l-ictiqâd Al-Hâdî ila Sabîl Ar-Rashâd* », p27:

« Nous ne certifions à aucun membre de cette communauté l'entrée au Paradis ou en Enfer, sauf ceux pour qui le Prophète (ﷺ) l'a certifié. Par contre, nous espérons pour les bienfaisants (le Paradis) et craignons pour les malfaiteurs (l'Enfer). Et nous ne taxons aucun membre de cette communauté de mécréance à cause de péchés[1], ni ne le faisons sortir de l'Islam par un quelconque acte[2]. » Fin de citation.

Je dis : Vous voyez ces paroles solides rapportées des gens de la Sunna et du Consensus (*Ahl as-sunna wal jamâcah*). Et j'ai opté pour des citations tirées de ces trois livres car ils sont étudiés dans les écoles et mosquées de *Ahl as-sunna wal jamâcah* partout dans le monde. Quiconque veut prendre connaissance de la croyance de *Ahl as-sunna wal jamâcah* de façon globale et détaillée, qu'il revienne donc à ces trois livres, ainsi qu'à d'autres parmi les livres des gens de la Sunna, cela bien sûr après avoir pris connaissance du Livre d'Allah et de la Sunna de Son Messager (ﷺ). Et *Ahl as-sunna wal jamâcah* concernant cette question, ainsi que les autres questions sur la législation, ne jugent pas avec leurs raisons. Ils reviennent plutôt au Livre d'Allah et à la Sunna de Son Messager (ﷺ), et ne tranchent qu'avec des preuves provenant de la législation.

---

1 NdT : C'est-à-dire de péchés ne faisant pas sortir de l'Islam.

2 NdT : Ne l'en faisant pas sortir.

Ceux qu'Allah et Son Messager ont jugés comme étant musulmans sont musulmans, et ceux qu'Allah et Son Messager ont jugés comme étant mécréants sont mécréants.

إِنِ ٱلْحُكْمُ إِلَّا لِلَّهِ

« *Le jugement n'appartient qu'à Allah.* »[1]

Et les preuves dans la Sunna sont nombreuses. Parmi elles :

1 – D'après Ibn ᶜUmar (ﷺ), le Prophète (ﷺ) a dit : « *Lorsqu'un homme dit à son frère : « Ô mécréant ! », cela se retourne sûrement contre l'un des deux.* »[2]

2 – D'après Abû Dharr (ﷺ), le Prophète (ﷺ) a dit : « *Aucun homme n'accuse un autre homme de perversité ou de mécréance sans que son accusation ne retombe sur lui si celui-ci n'est pas comme il a dit* »[3]

3 – D'après Abû Hurayrah (ﷺ), le Prophète (ﷺ) a dit : « *Si un homme dit à son frère : « Ô mécréant ! », cela se retourne sûrement contre l'un des deux* »[4]

4 – D'après Thâbit Ibn Ad-Dahhâk (ﷺ), le Prophète (ﷺ) a dit : « *Celui qui taxe un croyant de mécréance à commis un acte équivlent à le tuer.* »[5]

[1] Sourate *Yûsuf*, v.40.

[2] Rapporté par Al-Bukhârî n°5753 et Muslim n°60.

[3] Rapporté par Al-Bukhârî n°5698 et Muslim n°61.

[4] Rapporté par Al-Bukhârî n°5752.

[5] Rapporté par Al-Bukhârî n°5754.

Leçon 75 : L'être humain a un libre arbitre et est à la fois dirigé (selon son destin)

Le comité permanent des savants de l'*Iftâ* a répondu à une question concernant ce sujet dans sa *fatwâ* n°4513, datée du 4/11/1401H., comme dans « *Majallat Al-Buhuth Al-Islamiyyah* » 19/159 :

« L'être humain a un libre arbitre et est à la fois dirigé (selon son destin) :

- Quant au fait qu'il ait un libre arbitre : c'est parce qu'Allah (ﷻ) lui a donné une raison, une ouïe, une vue et une volonté. Il peut par conséquent distinguer le bien du mal, ce qui est profitable de ce qui nuit, et ainsi choisir ce qui lui convient. Et c'est pour cela qu'il s'est vu imposer des ordres et des interdictions et ainsi mérite d'être récompensé pour son obéissance à Allah et à Son Messager, et d'être châtié pour sa désobéissance.

- Quant au fait qu'il soit dirigé : c'est parce qu'il ne sort pas avec ses actes et ses paroles de la prédestination d'Allah et de Sa volonté universelle, comme Allah (ﷻ) dit :

مَآ أَصَابَ مِن مُّصِيبَةٍ فِى ٱلْأَرْضِ وَلَا فِىٓ أَنفُسِكُمْ إِلَّا فِى كِتَٰبٍ مِّن قَبْلِ أَن نَّبْرَأَهَآ ۚ إِنَّ ذَٰلِكَ عَلَى ٱللَّهِ يَسِيرٌ ﴿٢٢﴾

« ***Nul malheur n'atteint la terre ni vos personnes, qui ne soit enregistré dans un Livre avant que Nous ne l'ayons créé ; et cela est certes facile à Allah.*** »[1]

لِمَن شَآءَ مِنكُمْ أَن يَسْتَقِيمَ ﴿٢٨﴾ وَمَا تَشَآءُونَ إِلَّآ أَن يَشَآءَ ٱللَّهُ رَبُّ ٱلْعَٰلَمِينَ ﴿٢٩﴾

« ***Pour celui d'entre vous qui veut suivre le chemin droit. Mais vous ne pouvez vouloir, que si Allah veut, [Lui], le Seigneur de l'Univers.*** »[2]

هُوَ ٱلَّذِى يُسَيِّرُكُمْ فِى ٱلْبَرِّ وَٱلْبَحْرِ

« ***C'est Lui qui vous fait aller sur terre et sur mer.*** »[3]

---

[1] Sourate *Al-Hadîd*, v.22.
[2] Sourate *At-Takwîr*, v.28-29.
[3] Sourate *Yûnus*, v.22.

Il y a beaucoup de versets et de hadiths authentiques concernant ce sujet, tous indiquant ce que nous avons cité pour celui qui médite Le Coran et la Sunna.

Et c'est Allah qui accorde la réussite. Et que les éloges et le salut d'Allah soient sur notre Prophète Muhammad, sa famille et ses compagnons. » Fin de citation.

Leçon 76 : Les gens de la Sunna et du Consensus occupent une place de juste milieu entre les divers groupes innovateurs de la communauté, tout comme cette communauté occupe une place de juste milieu entre l'ensemble des communautés

Shaykh Al-Islam Ibn Taymiyyah, qu'Allah lui fasse miséricorde, a dit dans son livre « *Al-ᶜAqîda al-Wâsitiyyah* » :

« Les gens du groupe sauvé, *Ahl as-sunna wal-jamâᶜah,* croient à ce dont le Prophète (ﷺ) nous a informés comme ils croient à tout ce qu'Allah a fait connaître de Lui-même dans Son Livre et cela sans déformation (*Tahrîf*), sans négation (*Taᶜtîl*), sans s'interroger sur le comment de Ses noms et attributs (*Takyîf*) et sans anthropomorphisme (*Tamthîl*).

Le groupe sauvé, *Ahl as-sunna wal-jamâᶜah,* occupent une place de juste milieu (*Wasat*) entre les différentes sectes de la communauté musulmane, tout comme cette communauté occupe une place de juste milieu entre les autres communautés.

- Sur la question des attributs divins, ils occupent une position de juste milieu entre les *Jahmiyyah,* partisans de la négation, et les *Mushabbihah,* partisans de la comparaison d'Allah avec Ses créatures.
- Sur la question de la menace divine (*waᶜîd*), ils occupent une position de juste milieu entre les *Murji'ah* et les *Waᶜîdiyyah,* qu'ils soient parmi les *Qadarîyyah* ou d'autres.
- De même, sur la question des appellations relatives à la foi (*Al-Îmân*) et à la religion (*Ad-Dîn*) [1], ils occupent une position de juste milieu entre, d'une part, les *Haruriyyah* et les *Muᶜtazillah* et, d'autre part, les *Jahmiyyah* et les *Murji'ah.*
- Enfin, ils occupent une position de juste milieu, en ce qui concerne les Compagnons, entre les *Râfidah* et les *Khawârij.* » Fin de citation.

[1] NdT : Ce qui est désigné par « *appellations relatives à la foi (Al-Îmân) et à la religion (Ad-Dîn)* », c'est le fait de désigner quelqu'un comme étant « croyant », ou « musulman », ou « mécréant », ou « pervers »… Fin de citation. Voir l'explication de « *Al- ᶜaqîda al-Wâssitiyyha* » de Shaykh Harrâs, p.138.

Le grand savant Shaykh cAbd Al-Rahmân Ibn Nâsir As-Sacdî, qu'Allah lui fasse miséricorde, a dit dans « *At-Tanbîhât Al-Latîfa cala ma-htawat calayi al-caqîda al-Wâssitiyya mina-l-mabâhith al-munîfah* » p.59-60 :

« Le sens de « *Wasat* » est les justes, les meilleurs, ceux qui prennent la part de vérité parmi les propos de ceux qui ont succédé et rejettent toutes les choses vaines qu'elles contiennent. Allah (ﷻ) dit :

وَكَذَٰلِكَ جَعَلْنَٰكُمْ أُمَّةً وَسَطًا لِّتَكُونُوا۟ شُهَدَآءَ عَلَى ٱلنَّاسِ وَيَكُونَ ٱلرَّسُولُ عَلَيْكُمْ شَهِيدًا

« ***Et aussi Nous avons fait de vous une communauté de justes pour que vous soyez témoins aux gens, comme le Messager sera témoin à vous.*** »[1]

Cette communauté se situe donc au juste milieu entre les autres communautés : celles qui ont tendance à l'exagération et l'excès, et celles qui ont tendance au laxisme menant à la perte. Car certaines communautés ont exagéré à propos des créatures en leur conférant des caractéristiques du Créateur et en leur octroyant certains de Ses droits.

Et d'autres se sont détournées des Prophètes et de ceux qui les ont suivis en rejetant leur appel et en allant même jusqu'à les tuer. Tandis que cette communauté croit en tous les Messagers qu'Allah a envoyés. Elle a la conviction de la véracité de leurs messages et reconnaît la haute considération qu'Allah leur a accordée sans pour autant exagérer au sujet de l'un d'entre eux en le surélevant au-dessus de son rang. D'autres communautés ont pour leur part rendu permis toute chose, bonne et mauvaise. Alors que d'autres ont interdit des choses licites, par exagération et détournement. Quant à cette communauté, Allah lui a rendu licite les bonnes choses et lui a interdit toutes les mauvaises. Et il y a bien d'autres choses dont Allah l'a gratifiée, toutes avec la juste modération.

C'est ainsi que *Ahl as-sunna wal-jamâca* occupent une place de juste milieu entre les groupes innovateurs de cette communauté qui ont dévié du droit chemin. » Fin de citation.

Le grand savant Shaykh cAbd Al-cAzîz Ibn cAbdillah Ibn Bâz, qu'Allah lui fasse miséricorde, a dit dans ses annotations sur « *Al-caqîda al-Wâssitiyyah* » p.60-61 :

« *Ahl as-sunna wal-jamâcah* se distinguent des autres groupes d'égarements et d'innovations par le fait qu'ils sont au juste milieu (*Wasat*) et en accord avec la vérité dans tous les chapitres de la science et de la

[1] Sourate ***Al-Baqarah***, v.143.

religion. Ils ne sont ni excessifs, ni laxistes, contrairement aux gens de l'innovation.

Sur la question des attributs divins, ils occupent une position de juste milieu entre les *Jahmiyyah*, partisans de la négation, et les *Mushabbihah*, partisans de la comparaison d'Allah avec Ses créatures. Les *Jahmiyyah* ont en effet renié les attributs du Créateur tandis que les *Mushabbihah* les ont affirmés, mais ont exagéré de façon outrancière au point de faire ressembler Allah à Sa création.

Quant à *Ahl as-sunna wal-jamâcah*, ils les ont affirmés d'une façon convenant à la Grandeur d'Allah, sans comparaison ni anthropomorphisme.

Sur la question des actes (*afcâl*) d'Allah, ils occupent une position de juste milieu entre les *Jabriyyah* et les *Qadariyyah*. Car les *Jabriyyah* ont été excessifs dans la reconnaissance de la prédestination (*qadar*) en prétendant que l'individu ne faisait aucun acte par son libre-arbitre, mais qu'il était plutôt semblable à un arbre que le vent fait bouger à droite et à gauche. Les *Qadariyyah* ont quant à eux été laxistes au point d'affirmer que l'individu créait ses actes indépendamment de la volonté d'Allah.

Quant à *Ahl as-sunna wal-jamâcah*, ils occupent une position de juste milieu et disent : l'individu choisit ce qu'il souhaite mais ne crée pas ses actes, c'est plutôt Allah qui l'a créé, lui et ses actes. Et ils disent : la volonté et le vouloir de la personne ne sortent pas de la volonté universelle d'Allah. Comme Allah (ﷻ) dit :

لِمَن شَآءَ مِنكُمْ أَن يَسْتَقِيمَ ﴿٢٨﴾ وَمَا تَشَآءُونَ إِلَّآ أَن يَشَآءَ ٱللَّهُ رَبُّ ٱلْعَٰلَمِينَ ﴿٢٩﴾

« ***Pour celui d'entre vous qui veut suivre le chemin droit. Mais vous ne pouvez vouloir, que si Allah veut, [Lui], le Seigneur de l'Univers.*** »[1]

Sur la question de la menace divine (*wacîd*), ils occupent une position de juste milieu entre les *Murji'ah* et les *Wacîdiyyah*, qu'ils soient parmi les *Qadarîyyah* ou d'autres. Car les *Murji'ah* disent que le péché n'affecte pas la foi, et ils prétendent que le désobéissant n'entrera pas en Enfer. Les *Wacîdiyyah*, qu'ils soient parmi les *Qadarîyyah* ou d'autres parmi leurs semblables, ont outrepassé la menace divine (*wacîd*) en ce qui concerne le désobéissant. Ils ont en effet dit que si le désobéissant, comme par exemple le voleur ou le fornicateur, ne se repent pas, il demeurera éternellement en Enfer.

[1] Sourate *At-Takwîr*, v.28-29.

Quant à *Ahl as-sunna wal-jamâca,* ils occupent une position de juste milieu et disent : les péchés entraînent une diminution de la foi et leur auteur est sous la volonté d'Allah. Il se peut donc qu'il entre en Enfer mais il n'y demeurera pas éternellement comme en atteste ce qui a été rapporté du Prophète (ﷺ).

Sur la question des appellations relatives à la foi (*Al-Îmân*) et à la religion, ils occupent une position de juste milieu entre, d'une part, les *Haruriyyah* et les *Muctazilah* et, d'autre part, les *Murji'ah* et les *Jahmiyyah.* Car les *Haruriyyah* et les *Muctazillah* disent que la religion et la foi sont paroles, œuvres et croyance, mais qu'ils n'augmentent pas et ne diminuent pas. Donc, celui qui commet un péché majeur comme la fornication ou autre, est mécréant selon les *Haruriyyah.* Et selon les *Muctazilah,* il est un pervers qui demeurera éternellement en Enfer, et ils disent également qu'il n'est, dans cette vie présente, ni croyant ni mécréant. Ils le mettent plutôt dans une position médiane qui est la perversité.

Quant aux *Murji'ah* : ce sont ceux qui disent que la foi est paroles seulement. Ou alors, paroles et approbation (*tasdîq*) du cœur. Ils considèrent donc que les péchés n'entraînent pas une diminution de la foi et que leur auteur ne mérite pas l'Enfer s'il ne les considère pas comme étant licites. Et les *Jahmiyyah* sont semblables aux *Murji'ah* car ils disent que la foi est la simple reconnaissance.

Quant à *Ahl as-sunna wal-jamâcah,* ils occupent une position de juste milieu entre ces quatre groupes. Ils disent en effet que la foi est paroles, œuvres et croyance, qu'elle augmente avec l'obéissance et diminue avec la désobéissance. Ils disent que le désobéissant ne devient pas mécréant en commettant un quelconque péché et ne demeurera pas non plus éternellement en Enfer, contrairement à ce que prétendent les *Khawârij* et les *Muctazilah.*Ils disent également que le péché entraîne une diminution de la foi et que son auteur mérite l'Enfer, exepté si Allah lui pardonne, contrairement à ce que prétendent les *Jahmiyyah* et les *Murji'ah.*

Ahl as-sunna wal-jamâcah occupent une position de juste milieu, en ce qui concerne les Compagnons du Prophète (ﷺ), entre les *Râfidah* et les *Khawârij*. Car les *Râfidah* ont exagéré en surélevant au-dessus de leurs rangs cAlî et la famille du Prophète (*Ahl Al-Bayt*). Et les *Khawârij* ont taxé de mécréance certains Compagnons, et de perversité certains autres. Quant aux gens de la Sunna, ils ne se comportent pas de la sorte : ils aiment tous les Compagnons et n'exagèrent pas en ne surélevant aucun d'entre eux au-dessus de son rang. » Fin de citation.

Quelques propos profitables :

Ibn Kathîr, qu'Allah lui fasse miséricorde, a dit dans l'exégèse de ce verset :

وَكَذَٰلِكَ جَعَلْنَٰكُمْ أُمَّةً وَسَطًا لِّتَكُونُوا۟ شُهَدَآءَ عَلَى ٱلنَّاسِ وَيَكُونَ ٱلرَّسُولُ عَلَيْكُمْ شَهِيدًا

« ***Et aussi Nous avons fait de vous une communauté de justes pour que vous soyez témoins aux gens, comme le Messager sera témoin à vous.*** »[1]

Il a dit : « « *Al-Wasat* » désigne ici les meilleurs, les plus nobles. Comme on dit de *Quraysh* qu'ils sont les *Awsat* parmi les arabes en descendance et en demeure, c'est-à-dire les meilleurs d'entre eux. Et le Prophète (ﷺ) était *Wasat* dans son peuple, c'est-à-dire le plus noble en descendance. Et de là, on dit que la prière *Al-Wusta* est la meilleure prière, c'est celle du *ᶜAsr*.... » Fin de citation.

Al Qâdi ᶜIyâd a dit : « *Al Wasat* » désigne les justes, les meilleurs. Se référer à l'explication du *Sahîh* Muslim faite par An-Nawawi au chapitre « *Kitâb Salât Al-ᶜIdayn* ».

L'imam Al-Bukhârî, qu'Allah lui fasse miséricorde, a dit dans le hadith n°3161, 3/1215 : « Mûsâ Ibn Ismâᶜîl nous a rapporté d'après ᶜAbd Al-Wâhid Ibn Ziyâd, d'après Al-Aᶜmâsh, d'après Abû Sâlih, d'après Abû Saᶜîd : le Messager d'Allah (ﷺ) a dit : « *Nuh (Noé) viendra avec sa communauté et Allah dira alors : « As-tu transmis (le message) ? » Nuh dira : « Oui mon Seigneur. » Allah dira alors en s'adressant à la communauté de Nuh : « Vous a-t-il transmis (le message) ? » Ils diront : « Non, aucun Prophète ne nous est venu. » Allah dira alors à Nuh : « Qui témoigne en ta faveur ? » Il répondra : « Muhammad (ﷺ) et sa communauté ». Nous témoignerons alors qu'il a transmis (le message). Et c'est cela la parole d'Allah (ﷻ) :*

وَكَذَٰلِكَ جَعَلْنَٰكُمْ أُمَّةً وَسَطًا لِّتَكُونُوا۟ شُهَدَآءَ عَلَى ٱلنَّاسِ وَيَكُونَ ٱلرَّسُولُ عَلَيْكُمْ شَهِيدًا

« ***Et aussi Nous avons fait de vous une communauté de justes pour que vous soyez témoins aux gens, comme le Messager sera témoin à vous.*** »[2]
Wasat : c'est à dire justes. » Fin de citation.

Sa parole : « *Wasat : c'est à dire justes* » : Al-Hâfidh a dit dans « *Al-Fath* » 8/172 : « Elle vient du Prophète (ﷺ) (*marfuᶜ*) à partir de la même information. Et elle n'est pas *Mudraj* - c'est à dire un ajout au texte du hadith par un des rapporteurs - comme ont pu se l'imaginer certains. »

[1] Sourate ***Al-Baqarah***, v.143.
[2] Sourate ***Al-Baqarah***, v.143.

Conclusion

La connaissance du *Tawhîd* (l'unicité) est la plus noble et la plus importante des sciences. Et c'est la chose la plus importante qu'Allah ait ordonné, sachant qu'Il (ﷻ) n'accepte les œuvres que de celui qui L'unifie. Allah (ﷻ) dit :

فَمَن كَانَ يَرْجُوا۟ لِقَآءَ رَبِّهِۦ فَلْيَعْمَلْ عَمَلًا صَٰلِحًا وَلَا يُشْرِكْ بِعِبَادَةِ رَبِّهِۦٓ أَحَدًۢا

« ***Quiconque, donc, espère rencontrer son Seigneur, qu'il fasse de bonnes actions et qu'il n'associe dans son adoration aucun à son Seigneur.*** »[1]

Et le *Tawhîd* est l'édifice de la prédication (*dacwah*) de tous les Messagers. Allah (ﷻ) dit :

وَمَآ أَرْسَلْنَا مِن قَبْلِكَ مِن رَّسُولٍ إِلَّا نُوحِىٓ إِلَيْهِ أَنَّهُۥ لَآ إِلَٰهَ إِلَّآ أَنَا۠ فَٱعْبُدُونِ

« ***Et Nous n'avons envoyé avant toi aucun Messager à qui Nous n'ayons révélé : ‹Point de divinité (digne d'adoration) en dehors de Moi. Adorez-Moi donc›.*** »[2]

Notre Prophète (ﷺ) demeura à la Mecque en appelant au *Tawhîd* pendant treize années. Il envoyait des émissaires en leur enjoignant de débuter leurs prêches aux peuples par le *Tawhîd*, comme il (ﷺ) a dit à Mucadh Ibn Jabal lorsqu'il l'envoya au Yémen : « *Tu vas te présenter à un peuple parmi les gens du Livre. La première chose à laquelle tu devras les appeler est d'unifier Allah* (ﷻ). »[3]

Vue l'importance que revêt le *Tawhîd*, les gens de la Sunna et du Consensus (*Ahl as-Sunna wal jamâcah*) s'en sont grandement occupés. Ils en ont fait l'édifice de leur prédication (*dacwah*) et y consacrent la majeure partie de leur temps et de leur vie. Ils prennent soin de l'apprendre, l'enseigner et le prêcher aux gens. Le musulman se doit donc de veiller à connaître le *Tawhîd* afin d'adorer Allah avec science et clairvoyance, et afin de connaître les choses qui annulent le *Tawhîd* pour s'en écarter. Allah (ﷻ) dit :

---

1 Sourate ***Al-Kahf***, v.110.

2 Sourate ***Al-Anbiyâ'***, v.25.

3 Rapporté par Al-Bukhârî n°6937 et Muslim n°30 et 31, ceci étant la version d'Al-Bukhârî d'après Ibn cAbbâs.

إِنَّ ٱللَّهَ لَا يَغْفِرُ أَن يُشْرَكَ بِهِۦ وَيَغْفِرُ مَا دُونَ ذَٰلِكَ لِمَن يَشَآءُ ۚ وَمَن يُشْرِكْ بِٱللَّهِ فَقَدْ ضَلَّ

ضَلَٰلًۢا بَعِيدًا ﴿١١٦﴾

« ***Certes, Allah ne pardonne pas qu'on Lui donne des associés. À part cela, Il pardonne à qui Il veut. Quiconque donne des associés à Allah s'égare, très loin dans l'égarement.*** »[1]

Je demande à Allah (ﷻ) qu'il fasse que ce livre profite à son auteur, son lecteur, celui qui le répand et celui qui l'enseigne aux gens.

Allah nous suffit et Il est notre meilleur garant. Et que les éloges et le salut d'Allah soient sur notre Prophète Mu*h*ammad, sa famille et ses compagnons.

L'auteur : Mu*h*ammad Ibn ᶜAbd Al-Wahhâb Al-Wu*s*âbî
A *H*udaydah, le 15/5/1421 H.

تم بحمد الله

Achevé, par la grâce d'Allah.

[1] Sourate *An-Nisâ'*, v.116.

إِنَّ اللَّهَ لَا يَغْفِرُ أَن يُشْرَكَ بِهِ وَيَغْفِرُ مَا دُونَ ذَٰلِكَ لِمَن يَشَاءُ ۚ وَمَن يُشْرِكْ بِاللَّهِ فَقَدْ
ضَلَّ ضَلَالًا بَعِيدًا

Certes, Allah ne pardonne pas qu'on Lui donne des associés. À part cela, Il pardonne à qui Il veut. Quiconque donne à Allah des associés s'égare très loin dans l'égarement [1].

Je demande à Allah (ﷻ) qu'Il fasse que ce livre profite à son auteur, son lecteur, celui qui le répand et celui qui l'enseigne aux gens.

Allah nous suffit et Il est notre meilleur garant. Et que les éloges et le salut d'Allah soient sur notre Prophète Muhammad, sa famille et ses compagnons.

L'auteur : Muhammad ibn Sa'îd Al-Qahtânî Al-Hibayyib (ﷺ)

Achevé par la grâce d'Allah.

[1] Sourate An-Nisâ, v.116

Sommaire